地址，能告訴你什麼？
一場橫跨身分、種族、貧富和權力的反思

門牌下的真相

The
ADDRESS BOOK

What Street Addresses Reveal About Identity, Race, Wealth, and Power

DEIRDRE MASK

迪兒德芮·麥斯葛——著　韓翔中——譯

獻給保羅（Paul），他也很明白為何獻給他

「在一九三三年三月二十日的呂貝克（Lübeck），
當街道被重新命名後不久，
一大群人就受到所謂的『保護性監禁』（protective custody）。」

——布蘭特（Willy Brandt），
《左派與自由：我的道路，一九三〇年至一九五〇年》
（*Links und frei. Mein Weg 1930-1950, trans. Maoz Azaryahu, Hamburg:Hofmann und Campe, 1982, 80.*）

目次

第三部

政治

第四部

種族

第五部

階級與地位

推薦序

住址說了些什麼？

洪廣冀／國立臺灣大學地理環境資源學系副教授

各位手上這本書的英文主標題為「Address Book」，表示這是一本關於「address」的書。看到「address」一詞，率先躍入心頭的中文翻譯當是地址、地址與網址，再來便是該詞的動詞意義，即公開演說與致詞，例如說林肯總統著名的蓋茲堡演說，英文便是「Gettysburg Address」。為何「address」一詞具有這樣的雙重含意？這是我看到迪兒德芮．麥斯葛（Deirdre Mask）這本書的英文書名時，心頭浮現的疑問。

於是我查了語源學辭典。原來，「address」一詞的起源可追溯到十四世紀法文的 *adrecier* 與拉丁文的 *addirectiare*。ad 代表 to，而 *directiare* 有直接的意思，兩部分加總起來的含義是導向、瞄準與引導。到了十六世紀至十七世紀，address 開始出現對著人演說、做出指示之意。至於「住址」這個含義，則要到十八世紀早期才出現，到十九世紀初才逐漸確立為「居住的地方」，即「place of residence」。

語源學辭典無法告訴我們為何 address 一詞會經歷從動詞到名詞、從導引到居住地的轉變。各位手上這本「address book」則提供了可能的解答。作者麥斯葛出身北卡羅萊納州，畢業於哈佛大學，曾在哈佛法學院擔任《哈佛法律評論》（*Harvard Law Review*）編輯，又在國立愛爾蘭大學（National University of Ireland）攻讀寫作，於哈佛大學和倫敦政經學院任教，同時在《紐約時報》、《衛報》等著名刊物上發表文章。麥斯葛認為，「address」一詞的出現與轉變關於「權力」，包括「命名的權力、塑造歷史的權力，還有決定誰重要、誰不重要，以及為何重要的權力」。她強調，「我們常將街道地址想成單純的實用與行政工具，但其實它們呈現的是一部更加恢宏的故事，敘述著數百年來權力是如何移轉與蔓延」。

麥斯葛是如何得到這個結論的？或者說，是什麼樣的機緣，讓法律出身的麥斯葛，踏上這趟地址的探索之旅？在「導論」中，她說她的動機來自一些日常生活的小體會。比如說，她驚訝地發現，在某些年間，紐約市議員花了大量時間爭論街道名稱——就連仿若四平八穩、以開國元勳傑佛遜為名的街道，都有議員批評，紐約市民為何要接受一位「蓄奴戀童癖」的街道名？在瀏覽萬國郵政聯盟（Universal Postal Union）的網站時，她又發現，這世界上多數家庭是沒有地址的；事實上，當紐約議會諸公們正爭論合適的街道名時，美國某些鄉村地區連街道名都沒有，更不用說以街道名構成的地址。不僅如此，她也得知，「給地址」（addressing）竟被該聯盟視為「脫離貧窮、獲得信用、取得投票權、接觸全球市場的最便宜方法之一」。這些林林總總的小發現激發了麥斯葛的好奇心。她驅車前往美國西維吉尼亞州（West Virginia）的鄉村地區，想了解這些沒有地址的人們是怎麼過日子。她的發現是，對當地人而言，沒有住址不代表貧窮、落後，每個人仿若無根之萍地漂浮在虛空中，無法著陸。恰好相反，她看到的是緊密的、強韌的在地社群；面對政府（以及接政府標案為當地人編地址的電信業者）的說詞，像是「若你們沒有地址，救護車就找不到你們」，當地人回答，當他們需要緊急就醫時，有朋友可以載他們過去。遠水救不了近火，遠親不如近鄰；近鄰不需要政府與電信業者編的地址，就可以找到彼此。對當地人而言，有了地址，意味著政府、警察、稅務機關、法院可以找到他們；也因為如此，他們的日常生活，開始要為帳單、稅單、傳票等事煩憂。

麥斯葛的住址之旅就此展開。她先來到加爾各答與海地，探討當地政府與非政府組織，如何透過「給住址」來根除貧民窟與推動公共衛生。緊接著，她帶領讀者來到歷史上的羅馬、倫敦與維也納，探討住址的概念與給住址的實作是如何出現。援引社會學者史考特（James Scott）的《如國家般地看著》（*Seeing Like a State*），她認為該轉變與近代國家的形成（state-making）有著密切關係。史考特為耶魯大學的政治社會學者，著作等身，《如國家般地看著》是當中最有名的一本。依據史考特，十八世紀早期，略具雛形的現代國家，看待自然與社會的方式，起了莫大變化。國家開始汲汲營營地計算國境內的自然資源，彷彿那就是國家的資產，而要管理這些資產，國家得替自然劃界，再把這劃界後的自然，在地圖上一一定位，屬於國家的，一點都不能少，一絲也不能放。對於原本以血緣、地緣，或各種理由組合起來的社會，國家也如法炮製。社會中的個人要有戶籍，而戶籍要跟地籍綁在一起，有了這樣的組合，國家可以清點你有多少財產，看今年可以跟你徵多少稅。於是，國家要address（導引）社會往「文明」的方式發展，關鍵就是給社會裡的根本單位設個address（地址）。那麼，是什麼驅使著國家做此轉變？麥斯葛認為，這是啟蒙精神的延續。當波義耳、康德等自然哲學家倡議人皆有理性、而人之所以為人，便是人會運用這個理性，觀察、分類與描述這個世界，國家也開了眼，社會則從國家的眼中，看到了自己的倒影，也據此迎向、逃逸、模仿國家那凜冽的目光。值得注意的，麥斯葛不打算拿理論來解釋歷史；在她的敘事中，國家不是如史考特所稱的單數（「a state」）；既然住址是在國家與社會的你來我往中產生，各地的住址系統必然存在著差異。於是，麥斯葛告訴我們，與歐洲各國不同，美國偏好用數字編號的街道；而在日本，街道不過是街區與街區間的空隙，不用說編號了，往往連名稱都沒有。

在後續的章節，麥斯葛的筆觸益發沈重。讀者開始察覺，麥斯葛之所以要訴說這些住址的奇聞軼事，恐怕不只是為了要解決日常生活的好奇，而是要緩解成長過程的切身之痛。麥斯葛為非裔美國人，是奴隸的後代。她的母親曾住在布朗克斯、布魯克林與哈林區，而非裔、女性、居住地點三個因素的加總，讓她幾乎動彈不得。在一九七〇年代的紐約，麥斯葛寫道，「海洛因一包只賣兩、三美元，時代廣場上皮條客橫行，地下鐵車輛無一不被塗鴉」；她也說，「我媽從沒學會游泳，因為泳池那裡有一堆戀童癖，她從來沒學會騎單車，因為公園裡都是毒販」。至於麥斯葛自己，她雖未經歷過她母親曾經歷過的；然而，成長於北卡羅萊納州的她，也對該州以南北戰爭中的南方英雄為名的街道與地名，感到不自在；並且，由於學校多為白人學生，她也不敢表達她的不自在。在種族與階級的章節中，麥斯葛告訴讀者許多類似的故事。我們看到，以黑人民權鬥士金恩博士命名的街道，非但沒有達到彰顯種族平等的效果，卻成為污名的象徵；彷彿住在街上的人們就是黑的，而黑就等同於矮人一截。我們也看到，當一心一意想要找工作的遊民因為沒有住址而無法翻身，紐約建商竟可付錢來購買「中央公園西大道」、「時代廣場一號」這樣的「浮華地址」（vanity address）。作為住址的「address」從來不是中性的，它同時也在大聲地說話（address）。某些住址之所以說話比較大聲，就是因為住址本身就牽涉到隔離、排除、噤聲與消音。

在種族與階級的章節後，麥斯葛的這本書也到了尾聲。她希望讀者多想的是，如果說住址的出現係反映啟蒙的精神，為何住址反倒與啟蒙揭櫫的人人生而平等、人性的解放、自由作為人類根本權利等理想背道而馳？麥斯葛也告訴我們，在當代世界中，以住址來啟蒙世界的計畫正在持續。她介紹了由幾個年輕創業家所啟動、辦公室位於西倫敦的三詞地址系統（what3words）。該計畫的巧妙之處在於，將全世界以三乘三公尺的方格區分開來，但每格不用座標，而是用三個詞的組合來表示。該系統用了四萬個詞，共有六十四兆種組合方式。根據該系統，麥斯葛告訴我們，泰姬瑪哈陵（Taj Mahal）的中央位於「懷疑．轟炸．小巷」（doubt.bombard.alley），而艾菲爾鐵塔（Eiffel Tower）則位在「嚇人．演化．尿布」（daunting.evolves.nappy）上（順道一提，依據該系統，臺灣大學位在「降落．推算．告訴」）。麥斯葛表示，不僅年輕的創業家，如Google與臉書等巨擘都加入這場為全世界設立地址的熱潮。不過，麥斯葛說，在書寫這本書前，對這樣的計畫，她樂觀其成；但她現在不那麼肯定了。她說：「若說我從這本書裡學到什麼，那就是人們對於路名這件事未必想法一致。數位地址可以繞過關於路名意義的爭論，然而我喜歡這些爭論，爭論會分化社群，但是爭論也是使社群之所以為社群的成分」。很明顯的，按照三詞地址勾勒出的空間系統，就讓地表上每個三乘三公尺的方格，彼此間斷了聯繫。要知道隔壁的住址，我們無法從自己的住址推算出來，也無法以社群共同的空間感來定義，我們得去查閱那間位在西倫敦辦公室發展出來的APP。麥斯葛寫道，至少在十八世紀，人們捍衛這樣的社群感與相應的空間感；因為，他們知道，那些為官員寫在家門前的號碼，意味著「他們會被找到、被徵稅、被巡邏、被統治」；居民也明白，「為這個世界設置地址，並不是一個中性的舉動」。麥斯葛以一句問句結束全書：「那我們知道嗎？」

我相信，在閱讀麥斯葛這本《門牌下的真相》時，讀者一定會好奇，臺灣有沒有自己獨特的住址史？雖然，我們現在還欠缺如麥斯葛一書般面向群眾的地址書，但在歷史地理學者的努力下，臺灣地址史的重要篇章都已經到位。例如，在一篇發表在《臺灣史研究》的文章中，施添福教授表示，在長達半世紀（一八九五至一九四五年）的日本殖民時期，臺灣總督府先經由土地調查（一八九八至一九〇五年），「為島上的土地建立了一套大小字（街庄與土名）地理空間單位系統」，再以該系統為基礎，「調整或創設各種管理臺灣土地、人民與社會的制度」。施添福教授認為，日治時期前的臺灣社會是以血緣與原鄉地緣組成的社會；不過，在總督府以「地理空間單位系統」的治理下，構成社會的人們得以「擺脫血緣的羈絆，突破原鄉地緣的束縛」，並「透過長期的守望相助，增進互動、促進了解、彼此認同，而建立一個以空間為基礎來維繫人群關係的社會」。黃雯娟教授則在一篇發表在《地理學報》的文章中，探討前述空間系統於戰後臺灣的轉型。依據她的分析，一九四五年十一月，甫自日本手中接過臺灣的行政長官公署，公布〈臺灣省各縣市街道名稱改正辦法〉，宣稱「為破除日本統治觀念起見」，凡「具有紀念日本人物、宣揚日本國威、顯明為日本名稱」的街道名稱，都得在當地縣市政府成立後的兩個月內修改，以「發揚中華民族精神、宣揚三民主義、紀念國家偉大人物、適合當地地理或習慣且具有意義」的名稱取代之。於是，黃教授告訴我們，原本以街廓式的町名系統（町的空間通常是街廓範圍，也有一部分是以街道為中心），以及相應的明治町、大正町、若松町等名稱，被以道路為軸線而重新編排；往往只是各町之間隙的道路，開始被命名為中正路、中山路、民權路、民族路與信義路等等。當然，隨著政治解嚴、本土意識興起、轉型正義等趨勢，政府與民意代表，就如同紐約市議員一般，爭辯著什麼才是最本土、最能代表臺灣、政治上最為正確的街道名。同樣的，如同麥斯葛筆下的海地、加爾各答與倫敦一樣，臺灣社會也出現各式各樣的努力，以更精準、更難以辯駁、更無模糊與協商空間的地理系統來促進發展與終結貧窮。當然，我們也可看到，面對這套號稱能放諸四海皆準的絕對空間體系，不乏社區與部落發動各式抵抗，拒絕己身的歷史與空間觀被收斂為該體系中的點。這個島嶼的統治者，就如史考特筆下的國家一樣，從啟蒙思潮中汲取靈感，試著內化那套國家的視角。不過，或許因為統治臺灣的政權更迭過於頻繁，且臺灣社會的組成分子來源複雜，可以預期，臺灣的地址史不會只有一部，必然還有許多篇章，等著被一一說出。

行文至此，我不禁好奇，最近臺灣出現什麼關於「地址」的新聞。於是，我以地址為關鍵字，搜尋幾個新聞網站。不出所料，多數涉及地址的新聞是與防疫有關。在新冠肺炎肆虐的當下，住址顯然是政府展開防堵、匡列、隔離、評估的基本單位，且政府也透過手機訊號、警察與村里長，來確定政府可以找到該被找到的人。我也注意有則新聞，內容大致是，某位女子至溪邊打水漂而招惹到某黑道大哥的鬼魂，即便求了平安符都無法擺脫糾纏。該女子於是求助三太子，央其出面與鬼魂商量。是晚，女子便夢到有個房間，房內有個鋪著紅桌巾的桌子，桌上有個牛皮紙袋。女子打開紙袋，發現當中有個住址。循著該址，女子找到黑道大哥的家人，辦完法會超渡後，大哥鬼魂就此消失。

如麥斯葛所言，設置住址從來就不是個中性的舉動，而住址也不會是個免疫於價值判斷的點。並且，就算是發明家與大企業，援引各式各樣新型的地理座標系統，讓設置住址更趨中性，而住址也更為客觀或冷酷無情，我們還是可以預期，人們還是會賦予住址各式各樣的意義。我們也有理由相信，即便在一個啟蒙到起乩、徹底除魅的世界中，地址還是會如兩個圓接觸的切點一般，沒有直徑與圓周，但卻是溝通不同世界與場域的橋梁。

導論

街道地址為何重要？

紐約、西維吉尼亞與倫敦

在某些年間，紐約市議會通過的地方法令中，有四成關於街道名稱變更。[1]讓我們花點時間想想這件事。紐約市議會之於市長，類似於美國國會之於總統。紐約市議會有五十一位議員監督全美最大的學校系統與警察機關，而且他們有權決定全球人口最稠密區域之一的土地使用。紐約市議會的預算高過多數的州，它的人口數在全美排名第十二。此外，紐約街道大多早在十九世紀就已被命名或編號，有些名稱甚至可以追溯到當年曼哈頓只不過是個荷蘭貿易據點的時代，例如史岱文森街（Stuyvesant）與包厘街（Bowery）。[2]

然而，我要再重申一次：在某些年間，由紐約市議會通過的地方法令當中，有四成內容是街道名稱的變更。

市議會通常將重點放在紀念街道名稱，紀念街道名會置於常規地圖的頂層。所以當你走在城市當中，你可能會身在西第一〇三街，卻抬頭看見自己也是在「亨佛萊·鮑嘉街」（Humphrey Bogart Place）譯❶。或者，當你在百老匯與西第六十五街時，你同時就在「李奧納德·伯恩斯坦街」（Leonard Bernstein Place）譯❷；你在西第八十四街，你同時也在「埃德加·愛倫·坡街」（Edgar Allan Poe Street）譯❸；或是東第四十三街就是「戴維·本—古里安街」（David Ben-Gurion Place）譯❹。最近，市議會核准史泰登島（Staten Island）的「武當幫區」（Wu-Tang Clan District），布魯克林（Brooklyn）用以紀念「聲名狼藉先生」（Notorious B.I.G.）的「克里斯多福·華勒斯道」（Christopher Wallace Way），還有皇后區（Queens）的「雷蒙斯道」（Ramones Way）。[3]光是二〇一八年，市議會就在一百六十四條街道的原名外又加上新名。

但是，在二〇〇七年時，紐約市議會否決了一項以卡爾森（Sonny Carson）來重新命名街道的提案，抗議者為此走上街頭。卡爾森是位軍人出身的黑人社會運動者，他發起「黑人抗快克運動」（Black Men's Movement Against Crack），且組織遊行抗議警方暴力，同時促進社區對於學校的影響力。然而他也提倡暴力，擁護殘酷的種族主義思想，當一位海地女性指控某家韓國店鋪主人對她進行攻擊，卡爾森遂組織人們杯葛所有韓國雜貨店，示威者呼籲黑人不要付錢給「長得不像我們的人」。卡爾森曾被問及，他是不是個反閃族、反猶太（anti-Semitic）人士，他回答道，「我反對白人，但可別把我反對的對象限於一個族群」。[4]紐約市長彭博（Michael Bloomberg）則說：「在命名本市街道上，大概沒有任何人的名字會比卡爾森讓我覺得更適合。」[5]

可是，支持此項命名提案的人主張，卡爾森早在別人關心布魯克林之前，就已經在積極地組織他的布魯克林社區。市議員巴倫恩（Charles Barron）是前黑豹黨（Black Panther）成員，他表示，卡爾森這位韓戰老兵所關閉的販毒店家數量，比紐約市警局還要更多。卡爾森的支持者訴求道，不要用他最挑釁的言論來評斷他的一生。雖然如此，卡爾森在非裔美國人社群中也是備受爭議。當黑人市議員康姆利（Leroy Comrie）收回他對街道命名的支持票時，巴倫恩的助理普朗莫（Viola Plummer）表示，康姆利的政治生涯已經完蛋，就像一場「刺殺」[6]，後來康姆利受到警方的保護（而普朗莫堅持，她的意思是「政治生涯的刺殺」，而不是實際的刺殺）。

當市議會最終否決卡爾森命名提案，卻同時准許《法網游龍》（*Law & Order*）演員歐巴赫（Jerry Orbach）與編舞家艾利（Alvin Ailey）的命名案後，數百位布魯克林居民蜂擁至貝德福德—史特維森特（Bedford-Stuyvesant），將自己製作的「桑尼·阿

❶ 亨佛萊·鮑嘉（一八九九—一九五七），美國傳奇好萊塢男演員，出生於紐約市，代表作包括《北非諜影》（*Casablanca*, 1942）、《碧血金沙》（*The Treasure of the Sierra Madre*, 1948）、《非洲女王號》（*The African Queen*, 1952）等。

❷ 李奧納德·伯恩斯坦（一九一八—一九九〇），紐約愛樂音樂總監，著名音樂家，作品頗眾，有三部交響樂代表作以及音樂劇《西城故事》（*West Side Story*, 1957）等。

❸ 埃德加·愛倫·坡（一八〇九—一八四九），美國重要文學家、小說家，住在紐約市多年，尤其以短篇小說著稱，被公認為推理小說、驚悚小說的始祖。

❹ 戴維·本—古里安（一八八六—一九七三），以色列建國重要推手，也是以色列第一任總理，第一次世界大戰期間曾居於紐約市。

布巴狄卡・卡爾森大道」（Sonny Abubadika Carson Avenue）標誌懸在蓋茲大道（Gates Avenue）上。市議員巴倫恩指出，紐約市長期以來都在榮耀有缺點的人，包括傑佛遜（Thomas Jefferson）這位蓄奴的「戀童癖」，巴倫恩向憤怒的群眾喊道：「我們要在這裡發起全面的街道易名行動，擺脫那些奴隸主的名字。」[7]

布朗克斯區（Bronx）的米拉迪（Theodore Miraldi）投書《紐約郵報》（*New York Post*）道：「為什麼社區領袖要花時間去擔憂街道的命名呢？」[8]好問題！米拉迪先生，我們何必介意任何街道命名問題呢？

我會回到這件事，但首先，要談另一個故事。

起初，我並沒有計畫寫一整本關於街道地址的著作；相反地，我一開始只是要寫封信。我曾住在愛爾蘭西部，我寫了張生日卡片給身在北卡羅萊納（North Carolina）的父親。我把郵票貼在信封上，僅僅四天後，卡片就出現在我父母親的信箱裡。我大概不是第一個這樣想的人，但寄這張卡片的花費，比想像中還要便宜。而且，愛爾蘭跟美國是怎麼分享這筆費用的呢？難道郵局有封閉的祕密房間，裡面坐著會計，計算這兩個國家該得到多少便士嗎？

為了解答這個問題，我找上萬國郵政聯盟（Universal Postal Union），它建立於一八七四年，是全世界歷史第二悠久的國際組織，其根據地在瑞士的伯恩。萬國郵政聯盟協調全世界的郵政系統，我很快就沉浸於它的網站當中，這網站出奇地令人著迷，其中解釋了網路銀行（e-banking）的辯論、非法毒品的郵政警務，還有較為光明面的內容，例如「世界郵政日」（World Post Day）、「國際寫信大賽」（international letter-writing competition）。

這解答了我的疑問：萬國郵政聯盟有套複雜的系統，可以決定各國在跨國郵件寄送時對彼此收取的費用。疑問解決後，我看見一項叫作「地址全世界，人人有地址」（Addressing the World, An Address for Everyone）的活動，在此，我首次得知，這個世界上大多數家庭是沒有地址的。萬國郵政聯盟主張，「地址」是讓人們脫離貧窮、獲得信用、取得投票權、接觸全球市場的最便宜方法之一。這不僅是開發中國家的問題而已，我隨即得知，連美國某些鄉下地區都沒有街道地址。我在下一次返家時，借了我老爹的車，決定開往西維吉尼亞州（West Virginia）親眼瞧瞧沒有地址會是什麼樣子。

我遇上的第一個問題，就是要怎樣找到莊斯敦（Alan Johnston）。莊斯敦是我朋友的朋友，他向郡政府提出訂定街道地址的請願。他所居住的街道從來沒有名字，而他從來沒擁有過住址編號，如同多數麥道威郡（McDowell County）居民一樣，他必須去郵局領信。當他首次試圖購買電腦時，Gateway 電腦公司的女職員詢問他家住址，對方說：「你一定住在某條路上，你一定『在』某個地方吧。」對方後來聯絡了電力公司，還派出代表進行三方通話，才確定莊斯敦的所在處。有時候，送貨員可以找到莊斯敦，但有時候則找不到。莊斯敦經常得開車到四英里外的威爾屈（Welch，人口數一千一十五人），去與UPS的新司機會面。

莊斯敦給我他家的交通指南，大概有半張紙那麼多，但我打從第一個轉彎處就已經迷路了，接著我發現，在西維吉尼亞這裡有群全世界最熱心的指路人。有個打赤膊在他草地上忙活的人，奔過一條交通來往繁忙的路來告訴我，要在社區醫院處左轉。但不知為何，我竟然右轉，到了一條長滿葛藤的路上，愈加前行，路愈來愈窄，於是我順著原路回頭，在溼熱的天氣裡，我看見有個人靠著他的皮卡車旁。我於是搖下車窗。

我告訴他：「我要去普雷密爾（Premier）。」普雷密爾是莊斯敦居住的小型獨立村莊。那個人望著我，端詳我爸的長型黑色車，開口說：「你迷路了。」他的評論非常正確。我向他詢問方位，但他搖搖頭說：「我必須帶你過去，不然你永遠都找不到那地方。」在我反對無效之下，這位陌生人掐熄香菸，駕著他的皮卡車，領我走了一英里到一條比較大的路上，我瞧見莊斯敦囑咐要注意那座老廣播電台。那位先生按按喇叭之後便驅車離開，我向他不斷揮手，直到我已遠離他的視線之外。

現在我知道自己比較接近目的地了。莊斯敦先前跟我說，如果我開過B&K貨運公司，那我就過頭了。所以當我的車經過B&K貨運後，我就迴轉掉頭。有兩位市府工人在路邊耙東西，我停下車向他們確認，我的方向是否正確。

他們一邊擦去額上汗水一邊問我：「對方指的是哪家B&K貨運？這條路上有兩家B&K貨運公司啊。」我以為他們在開玩笑，但他們的臉色一派認真。

接著，我在路邊遇到一輛紅色皮卡車，駕駛座上是位戴著卡車帽的年長牧師。我試圖向他描述我要去哪裡，然後帶著一絲希望，我告訴他，我要去見莊斯敦。他點頭道：「喔！莊斯敦啊，我知道他住哪。」他暫停下來，企圖導引我，到最後，他開口問我：「你知道『我』家在哪嗎？」

我不知道！

最終，我找到那道沒有標誌的急轉彎，引領我到達莊斯敦住的石子路上，我停在一輛淡藍色的大客車旁，那是莊斯敦和他妻子修好的車。我得知莊斯敦的朋友以一種大型的西維吉尼亞比斯吉稱呼他為「貓頭」，而莊斯敦在當地稱為「谷地」的迂迴石子路上過著不錯的生活，他在濃密的樹林裡擁有一間溫暖、堅固的木屋，屋內牆壁上掛滿他妻子與孩子的照片。莊斯敦的父親過去在附近的煤礦工作，而莊斯敦家族從來沒離開過本地。我們談話過程中，莊斯敦一邊彈撥著吉他，他全身衣裝都是丹寧布，灰白的頭髮綁成馬尾。

很顯然他需要一個地址，他對此有沒有什麼想法呢？

他告訴我：「好幾年前，當我還在念學級學校（grade school）時，有一群史戴西家族的人住在這『谷地』，從那時開始，當地人就稱這裡為『史戴西谷地』（Stacy Hollow）。」

西維吉尼亞州進行了數十年的街道命名編號計畫。在一九九一年前，西維尼亞州內小型城市以外地區的人幾乎都沒有地址。後來，州政府抓到威訊公司（Verizon）濫漲電訊費率，但案子和解的方式頗不尋常，有一部分是該公司同意支付一千五百萬美金——幾乎是字面意義地——來「把西維吉尼亞放到地圖上」。

世世代代以來，來往於西維吉尼亞的人們創意十足。交通指南是用「段落」的方式呈現：注意白色教堂、石頭教堂、磚頭教堂，舊小學、舊郵局、舊製衣廠，大轉彎、大壁畫、刺青店、得來速，噴成像乳牛的垃圾箱、田野中央的那輛皮卡車。但是，當然，如果你住在當地，可能就不需要任何指南，反正就是沿著泥土路，迂迴地穿越各個谷地與乾河床，反正大家都知道大家住在哪。

緊急服務則需要更正式的找人方式。請你閉上眼睛，然後試著在沒有地址的狀況下解釋你家在哪裡。好，現在再演練一遍，不過這次要想像你的處境是突然中風了。醫護人員要趕到西維吉尼亞州的某間屋子，但他們獲得的資訊描述是屋前有雞，結果卻發現，家家戶戶門前都有雞。有人告訴我，這裡的人會走到門廊上向陌生人揮手，導致醫護人員根本分不清楚誰只是在表達友好、誰是在示意他們停下來。有著一身古銅色肌膚的塞里諾（Ron Serino）是位諾斯福克（Northfork，人口數四百二十九人）地區的消防員，他解釋自己會怎麼告知慌張的報案人仔細聆聽消防車警報聲，於是一場捉迷藏就在這片道路蜿蜒的各個谷地上開始了。他會透過電話這樣問：「有變得更熱嗎？有更接近了嗎？」

西維吉尼亞州鄉間有許多街道擁有郵局制定的鄉村道路編號，但這些號碼並沒出現在任何地圖上。曾有個九一一專線的人員這麼說道：「我們根本不知道那玩意到底在哪。」[9]

要為一條街道命名根本算不上是挑戰，但如果是幾千條呢？當我和凱勒（Nick Keller）這位說話輕聲細語的麥道威郡地址協調員（addressing coordinator）見面時，他告訴我，他的辦公處本來雇用一家位於維爾蒙特（Vermont）的承包商來處理地址事宜，結果以失敗告終，該公司留下千百張設定地址的黃單子，而凱勒沒辦法將其與實際的房舍相連結（我聽說，西維吉尼亞州居民因為以採煤為主業，他們不會接聽維爾蒙特區碼的電話，因為他們擔心來電的是環保人士）。

凱勒獨自要負責為郡內約一千條街道命名。他上網找點子，借用遠方地區所用的名稱，或試圖以歷史性名稱來對應地點。樹名啊、花名啊，他都已經用盡了。他告訴我：「往後世世代代的人將會咒罵我起的路名。」凱勒自己去訂製路牌，帶著大錘子親自安裝，他的體力是自小砍柴訓練出來的。

西維吉尼亞州各郡都在花心思擬出自己的命名策略。有的是走學術取向，透過地方史書找出適當的名字；有的則是借來查爾斯頓（Charleston）、摩根敦（Morgantown）地區的電話簿；如果有地址工作人員想要找到可以塞進地圖上的短名，他的祕書會去搜索「拼字遊戲」網站。大家的創意可多了！某位工作人員跟我說，有個寡婦，「一位很辣的女士」，她發現自己竟然住在「美洲獅巷」（Cougar Lane）。譯❺有人則利用拼字遊戲的方式，為另一條街的盡頭處命名，「什麼是宴會後剩下的東西？」——賓果！答案是「啤

❺ cougar 的俚語意思是「與青年男子有性關係的年長女性」。

酒罐谷地」（Beer Can Hollow）。

另外外一位地址協調員告訴我，有時他可能在路的盡頭坐了三刻鐘，手撐著頭，就是為了想出個名字。

我問他：「就像是替嬰兒取名，對嗎？」。

他嘆了口氣道：「是啦，但你可沒有九個月的時間可以來想名字。」

公民投入並非不存在，雷里郡（Raleigh）的街道命名需要當地居民同意方可通過；其他各郡的居民則採取了可謂比較折衷的作法。顯然，有人真的很想住在「酥脆格蘭諾拉路」（Crunchy Granola Road）上；另外有個社區奮力爭取保留當地街道名字，叫作「鼻屎乾谷地」（Booger Hollow）。但如果鄰近住家不願同意的話怎麼辦？一位地址協調員帶著邪惡的笑容告訴我：「我會使出威脅，告訴他們，那麼我們就用菊花的學名（Chrysanthemum）來命名吧。」

有個住戶希望讓自家的道路稱為「笨蛋之道」（Stupid Way）。為什麼呢？她驕傲地表示：「因為這整件街道命名的鳥事就是笨蛋才做的！」

此事引導我看見層面更廣的問題。西維吉尼亞州有很多人真的不想要地址。有時候，他們就是不喜歡新的街道名。隔壁維吉尼亞州有個農夫，他為了自家街道以某個銀行家命名而發火，因為那個銀行家在經濟大恐慌時期拒絕貸款給農夫的祖父。[10]不過通常的狀況是，問題不是出在特殊的命名，而是命名這件事情本身。抗議者不斷重申的是，大家都知道彼此住在哪裡。曾有位三十歲男子氣喘病發作，救護車卻迷了路，男子最終死去，男子的母親告訴報社：「救護人員該做的就是停車，問問別人，我們住在哪裡。」[11]那麼，這位母親是怎麼跟外來人士指路的呢？「古柏（Coopers）球場，左手邊第一條路，向右急轉彎後上山。」

但是，正如凱勒告訴我說：「你會很驚訝，沒多少人能在凌晨三點時認得出你。」倘若醫護人員在半夜時分去錯了房子，迎接他的也許會是一把手槍。

有位九一一專線人員告訴我，她是怎樣試圖說服麥道威郡高齡社區接受地址計畫，此地的年輕人搬遷到工作機會較多的地區，而老年人口比例相對增長。她告訴我：「有些人說，我不想要地址。我會說，那如果你需要救護車怎麼辦？」

那他們怎麼回答呢？「我們不需要救護車，我們會照顧自己。」

有位地址協調員曾在某次全國大會發表這樣的言論：「有地址並不是娘娘腔才做的事。」[12]在西維吉尼亞，被派去命名街道的工作人員，曾經被四輪驅動車和霰彈槍招呼。有位市府職員曾碰過，一個男人褲子口袋插著把開山刀。「他有這麼急著要那個地址嗎？」[13]

與我談話的人們當中，有些人認為該地區缺乏地址，代表這裡是落後的鄉下社區，但我不會這樣看。麥道威郡確實處於困境，它是全國最貧窮的幾個郡之一，但當地的社群關係緊密，居民了解自己的鄰居，了解這片土地的豐富歷史，看得見外來者看不見的東西。舉例來說，在巴特利（Bartley，人口數二百二十四人），當地居民是以二十年前燒毀的老巴特利學校（Barley School）為中心來指引方位；但現在的我卻在我從小長大的市鎮裡使用 GPS 定位。我感到好奇的是，如果沒有地址，我們是否會用不同的方式來看待自己所處的地方。

居民的擔憂絕非杞人憂天，這些擔憂是有根據的、甚至是合理的。地址不只適用於救護服務，地址同時可以讓人找到你、監督你、向你徵稅，或是寄信推銷你不需要的玩意。西維吉尼亞人對於地址計畫的懷疑，跟十八世紀某些反抗政府在自家門上編號的歐洲人如出一轍，本書會在後面呈現這段故事。

可是，很多西維吉尼亞人和莊斯敦一樣，他們深深了解能在 Google 地圖上被找到所帶來的好處，就像是十八世紀歐洲人學著喜愛信件從門上縫隙塞進來那悅耳的「撲通」聲那般。離開西維尼吉亞州的幾個星期之後我與莊斯敦通話，他告訴我，他撥打了九一一並向專線人員描述自己的住家，對方在地圖上找到了莊斯敦的新地址。

莊斯敦目前住在「史戴西谷地路」上。

現在要說本章的最後一個故事。寫完西維吉尼亞故事後不久，我在托特納姆（Tottenham）尋找住屋，那裡是倫敦北區以勞動階級為主的區域。我先生和我剛搬到倫敦，但我們難以在預算內找到喜歡的房子。托特納姆是個充滿活力與多元性的地方，在這裡，加勒比海料理外賣店、猶太食品商店、清真肉舖會出現在同一條街上。此地居民約有百分之七十八是少數族群，超過一百一十三個種族的人們擠在這片僅有布魯克林區百分之三面積大小的所在。

托特納姆命運飄零，該地在二〇〇一年八月爆發暴動，造成五人死亡，亂事自此波及全英格蘭，暴動起因是警方開槍射擊一位二十九歲男子。此地的地毯行、超級市場、家具行等遭人放火，警方以搶劫、縱火與襲擊等罪名逮捕了四千多人。[14]至今，托特納姆的失業率、犯罪率依然極高。然而，當我們去拜訪剛搬到該地的朋友時，他們的鄰居滿是來自世界各地的年輕家庭。不久之後，我前往參觀一間剛剛準備出售的雙臥室排屋。

那裡的街道很整齊，而我看見可能的未來鄰居在前院修剪籬笆、種花。路的一端是間看來很友善的酒吧，另外一端則是所頗為宏偉的公立學校，內部設有園藝教室及游泳池。從屋子步行五分鐘，可以到達一座綠意盎然的公園，裡頭有小型的遊樂場、網球場，還有綠蔭密布的小徑。這間房子正好座落在全英國、甚至是全歐洲郵遞區號最多樣的地帶。

房屋仲介勞琳達（Laurinda）讓我進屋，它確實和她在電話裡敘述的一樣可愛，有實木地板、凸窗，每個房間都有火爐，連浴室裡也有。她帶著我快速繞了一圈；已經有人開價，所以我們得動作快。

我真的很喜歡這間房子。但有件事情讓我心煩：我真的能讓自己住在「黑男孩巷」（Black Boy Lane）嗎？

沒有人真正知道黑男孩巷是如何得名的。雖然英國在第二次世界大戰後出現了其史上最大的黑人移民潮，但英國在此之前早就有黑人了。莎士比亞（William Shakespeare）筆下就有兩個黑人角色，而女王伊莉莎白一世（Elizabeth I）也有黑皮膚的僕人與音樂家。取得黑人小孩，在上層階級中蔚為風尚，通常這些小孩僅是種「裝飾人」（human ornaments），其功用與掛毯、壁紙和貴賓狗差不多。[15]

英國人是世界上最厲害的奴隸貿易商之一，不過絕大多數英國人運載的非洲人最後並不是來到英格蘭。在英國的非洲人是僕人（servant），某法庭曾宣告英格蘭的「空氣太純淨，不容奴隸（slave）在此呼吸」[譯❻]。反之，英國奴隸船是從布里斯托（Bristol）、利物浦（Liverpool）等港口出發，滿載著英國貨物前往購買非洲奴隸。奴隸船上塞滿著男男女女航行至美洲，用人口來交易蔗糖、菸草、蘭姆酒，以及其他新世界的貨品，再將其載回歐洲。據估計，英國人在這段跨洋航程中總共載運了三百一十萬人。[16]

廢奴運動（abolitionist movement）的參與者，包括曾身為奴隸的艾奎亞諾（Olaudah Equiano），他於一七八九年出版的自傳裡記載著自己如何從奈及利亞被抓的歷程，這本書籍成為英格蘭最早出版的黑人作品之一，也是本暢銷書。然而最顯要的反奴隸運動者，當屬政治家威伯福斯（William Wilberforce），威伯福斯是位羊毛商人的富家子弟，他自稱「強烈的宗教皈依力量」啟發了他的廢奴思想，雖然他的身高只有五英尺四，但他顯然找到別的方式來增加自己的高度。詹森（Samuel Johnson）傳記作者包斯威爾（James Boswell）曾寫道：「原本我只看見桌上有隻蝦子。但隨著我的聆聽，牠不斷長大、長大，小蝦最後變成了大鯨魚。」十八年來，威伯福斯一次又一次地提出廢除奴隸貿易的法案，直到一八〇七年法案終於通過，下議院為他起立鼓掌致敬。二十六年之後，威伯福斯得知，大英帝國境內也通過了奴隸解放的法律。

當時威伯福斯的人生已快走到盡頭，他經常意識不清，有次，他短暫清醒過來，他告訴兒子亨利（Henry）：「我處在非常沮喪的狀態。」亨利回答：「是的。但你的雙腳已站在磐石上了。」威伯福斯答道：「我不會貿然講得這麼肯定，但我希望如此。」威伯福斯逝世於隔日早晨，埋葬在西敏寺。[17]

我們沒有為黑男孩巷上的房子出價，或許是因為它的廚房太老舊，或許我們就是還沒準備好，又或者終究是因為這條巷道的名字。身為非裔美國人，我的祖先曾經待在那些船艙裡。而這個巷道名字所連結的時代距今並不遙遠，當時美洲的黑人男性無論老少一概被稱為「男孩」。我說「距今並不遙遠」是字面上的意義，肯塔基州（Kentucky）眾議員戴維斯（Geoff Davis）於二〇〇八年談論美國核子武器時曾說：「那男孩的手指不需要放在按鈕上。」他口中的「男孩」是指歐巴馬（Barack Obama）。[18]

但也有人主張這條巷子的名稱跟奴隸貿易毫無關係，此名其實是皮膚黝黑的英國國王查理二世（King Charles II）的綽號。而我所遇到在這條巷子上生活的人們，看來都沒

❻ 這句話的意涵有些複雜與諷刺，法庭認為英格蘭太高尚，所以不允許此地有奴隸，導致在此的黑人身分不淪為奴隸而為僕人（但實際上黑人是被送去別的地方當奴隸）。

特別對這個名字感到不舒服，當我向一位在照料前庭花園的老人提及此事時，他只是笑著表示，這名字經常是開啟話題的方式。

無論如何，當我們最後買下隔壁郵遞區哈克尼（Hackney）的一間公寓，我覺得很開心，哈克尼是北倫敦另一個組成多元的區域，這間房子也接近一座林蔭濃密的公園，而且廚房剛翻新過。但這次，街道名字乃是成交關鍵：「威伯福斯路」。

當我寫完的西維吉尼亞州故事登在《大西洋》（*The Atlantic*）雜誌後，[19]人們開始與我分享自己的地址故事：布達佩斯有條街道會隨著政治風向而改名；在哥斯大黎加找地方而沒有地址會遇到什麼危險；某城鎮居民請願變更街道名稱等等。我想知道人們為什麼對這件事這麼在乎？以及我為何對於莊斯敦能住在「史戴西谷地路」上會這麼高興，只是因為這個名字對他有意義？

這引導我回到本書開頭所提到的問題。米拉迪先生對於「桑尼．阿布巴狄卡．卡爾森大道」質疑道：「為什麼這些社區領袖要把時間花在擔憂街道的命名呢？」我想我寫這本書就是要來找出答案。我所學到的是，街道名字關乎身分認同、財富，以及種族，如桑尼．阿布巴狄卡．卡爾森街道的命名案所示。而絕大多數都關乎權力：命名的權力、塑造歷史的權力，還有決定誰重要、誰不重要，以及為何重要的權力。

有些書籍談的是小事物如何改變全世界，例如鉛筆或牙籤，然而本書不屬於那種類型；相反地，這本書是段複雜的故事，關於啟蒙運動（Enlightenment）的街道命名或編號計畫，是如何與我們改變生活方式、塑造社會的革命相重疊。我們常將街道地址想成單純的實用與行政工具，但其實它們呈現的是一部更加恢宏的故事，敘述著數百年來權力是如何移轉與蔓延。

我會透過各種故事來表達上述主張，例如以金恩博士（Martin Luther King Jr.）命名的街道、古羅馬人的尋路方法，以及柏林街道上出沒的納粹鬼魂。本書旅行至「鍍金時代」（Gilded Age）的曼哈頓，[譯7] 遊歷維多利亞女王（Victoria）統治時期的倫敦，還有法國大革命期間的巴黎。不過，要了解地址的意義是什麼，首先我必須學著了解沒有地址的意義是什麼。

所以，讓我們從印度開始，從加爾各答的貧民窟啟程。

❼「鍍金時代」是指十九世紀後期內戰結束後的美國，當時是個工業進展、經濟發展、地區開發極為快速的時代。

第一部

發展

第一章

加爾各答：地址如何改造貧民窟？

在二月的加爾各答（Kolkata，以前拼作Calcutta）一個炎熱而芬芳的早晨，我與社工納夫（Subhashis Nath）走到卡利神壇（Kalighat）區內的巴羅達銀行（Bank of Baroda），那裡是城中最古老的區域之一。我們避過叫賣沸騰印度茶與切爾米香（jhal muri，這是種點心，混合了米香、扁豆、堅果與一些我認不出來的香料）的小販。幾個赤腳的人力車夫在人行道上吃早餐的同時，通勤的人群迅速地經過他們。

到達涼爽的銀行內，納夫繞過坐在金屬椅上耐心等待的群眾，直直地走向銀行襄理。襄理身著純白紗麗，中分的頭髮下點著硃砂，她向納夫微笑，並遞給他一疊新開帳戶的表格，填表者是加爾各答貧民窟之一的切特拉（Chetla）居民。每張表格都缺少一些資訊，例如簽名或母親的婚前姓名。這些表格看起來就像是我自己開戶時所使用的，上頭有姓名、電話號碼、收入，還有個空間用來蓋指印，以及表格角落方形的大頭照欄位；當然，還有一欄空行供申請人填寫地址。

納夫是非政府組織「給無地址者地址」（Addressing the Unaddressed）的計畫經理，

該組織的唯一目的，就是要讓全印度的貧民窟都能有街道地址，其行動從加爾各答開始。納夫年齡三十多歲，他看來不像社工，更像是個科技企業家。那天早上，他穿著白色T恤與深色修身剪裁牛仔褲，他的頭髮有淺棕色挑染；他看起來總是冷靜而有自制力，似乎當他在混亂的街頭上穿梭時，是身處在一個空調氣球裡。納夫將銀行表格收進後背包，並且向銀行襄理表示感激。

納夫的工作並非位於加爾各答的富裕區域，像是那些有爵士俱樂部、購物中心，或英國統治時期老舊大宅的地區。給無地址者地址協會在城中確實有個小辦公室，它非常乾淨，一堆鞋子整齊擺在前門，裡面有西式浴室、一排新電腦。可是納夫大部分工作時間都處於城市的貧民窟，例如切特拉，這也是我們接著前往的地方。

加爾各答的交通實在太恐怖了，近來政府決定開始播放鎮定心神的音樂，[20]音樂透過擴音器放送的聲音之大，連坐在冷氣車內都能聽得一清二楚。抵達機場以後，我算過自己總共搭了九種不同的交通工具，包括馬匹。保佑人們掃除障礙的象頭神甘尼許（Ganesha）雕像，在每一輛黃色計程車的儀表板上蹦蹦跳。納夫的員工經常前往數英里之外的貧民窟，他告訴我，他們經常就只靠雙腳到處走。

但是，要從銀行走到切特拉所花的時間會太久，所以我們先招了輛三輪嘟嘟車，和滿頭汗的旅伴擠在一塊，下車後再搭上一輛人力腳踏車。終於，我們靠雙腳到達切特拉的正門，並聽見孩子齊聲頌唱的聲音從學校教室裡傳來。

切特拉是一片擠壓在運河與鐵路之間的老舊貧民窟。從事都市研究的羅依（Ananya

Roy）教授曾撰寫加爾各答發展的民族誌，描述了切特拉的孩子是如何在運河帶來的腐爛動物屍體間遊玩，她寫道：「我必須用盡全身的力量來防止自己嘔吐。」[21]然而，在某些方面，我發現切特拉某種程度是個可以自城市解脫的地方。貧民窟的人口密集（多數的加爾各答貧民窟每四百五十平方英尺——這大概還比曼哈頓單間公寓的平均大小少了一百平方英尺——就擠了約十三個人），但或許是因為此地居民多數來自村莊，所以這裡很奇怪地有種鄉下的感覺，公雞啼叫、母雞啄食，女人在戶外炸洋蔥，兒童在鐵軌上吹著湊合製作的樂器，當火車呼嘯而過的時候，他們才匆匆跑開。

當我和納夫抵達之際，居民暫時停下手邊的煮飯洗衣，聚集在他的筆記型電腦周圍，納夫團隊已經花費數週時間來使家家戶戶獲得一個「GO碼」，GO碼是由九位字母及數字組成，可以連結至該地的GPS定位。編碼本身不是那麼方便，但要為街道或在充斥著蜿蜒小路與死巷的貧民窟裡定義何謂「街道」命名，則是曠日廢時的工作，而且會與政治有關，所以目前仍然得用編碼。GO碼印在一張藍白色的標誌牌上，釘在每間小屋的正面。截至當時為止，切特拉已有超過兩千三百間屋子配有GO碼，這意味著約有近八千人擁有了正式的地址。

貧民窟似乎有比地址更為迫切的需求，例如衛生設施、乾淨水源、健康醫療等，甚至是用來度過印度雨季的屋頂。然而，缺乏地址一事會剝奪貧民窟的人們擺脫貧民窟的機會；若沒有地址，你幾乎不可能擁有銀行帳戶，一旦沒有銀行帳戶，你就不能存錢、貸款，甚至是領取國家養老金。以下的醜聞層出不窮：放債者與地下錢莊橫行加爾各答的貧民窟，據報有些居民因為畢生積蓄落入壞人之手而自殺。有了新地址，並在納夫團隊的協助下，切特拉有更多居民能在巴羅達銀行開戶，並申請提款卡。

更重要的是，地址對於你的身分極為必要。所有印度人都應該有張「阿德哈爾卡」（Aadhaar card），這是利用生物辨識技術並由政府發行的身分證，每個人都擁有獨特的十二位數字。若沒有這張卡，一個人幾乎不可能獲得如孕期協助、養老津貼，甚至是孩童教育等服務（有位加爾各答女性因在火災中失去指紋而被拒絕發卡，她為此提起訴訟）。若無阿德哈爾卡，你就不能得到糧食補助，社運人士將印度各地的餓死情事歸咎於卡片的缺乏。身處貧民窟雖不至於完全無法取得阿德哈爾卡，但當你沒有地址的時候，事情只會更加困難。如果人們沒有地址證明，政府可以接受「介紹者」來加速阿德哈爾卡之申辦，但是介紹者本身必須是已領有阿德哈爾卡的人。[22]以二〇一五年為例，政府表示僅有百分之〇．〇三的阿德哈爾卡是透過此種方式發放。

納夫和我在切拉特的迷宮裡趕路，尋找銀行表格沒填完整的當事人來把表格完成。我們找到了一個剛從午睡醒來、還抓著寬鬆衣服在腰間的當事人；有個戴著金色鼻環、把嬰兒抱在大腿上的婦女，想知道為何她的丈夫還沒收到他的銀行帳戶資料（還要再等一週）；有個男人本來在玩印度康樂棋（carrom），看到納夫後，他跳起來追問著自己的帳戶為何被關閉（你得在頭幾個月去存錢，否則帳戶就會關閉）；有個斜倚著門口的人詢問納夫一個格外棘手的問題，納夫搜尋一番卻找不到答案，那人笑著說：「我們以為你什麼都知道呢！」

★ ★ ★

近三百年前，東印度公司（East India Company）職員查爾諾克（Job Charnock）決定在他稱作 Calcutta 之地設立據點。查爾諾克是個不尋常的人，他是個採行印度作風的英國人，據說他迎娶一位年僅十五歲的公主，當時這位公主正準備殉身於亡夫的火葬柴堆裡。那時，加爾各答是瘧疾肆虐的沼澤區旁的村落群，但沿著胡格利河（Hooghly River）的此地具有一處深水港口，非常適合用以出口鴉片、靛藍染料與棉花。加爾各答很快便成為英屬印度（British India）的統治中心。

對當地的英國人而言，印度人是用來服侍他們的。十八世紀後期加爾各答名譽郡長（Sheriff of Calcutta）馬克雷比（Alexander Macrabie）曾敘述自家所需人員，包括一位管家、兩個隨身男僕、十一個家務僕人、每人一位燙衣匠、八人負責抬轎；[23]他還列出四個「佩恩」（Peon）、四個「西卡拉」（Hircarah）、兩個「楚巴達」（Chubdar）、以及兩個「傑馬達」（Jemmadar），這些人的角色我只能用猜的。[譯❽]全部加起來，他為四個英國人列了一百一十位僕人。

英國人將加爾各答分成「黑鎮」（Black Town）與「白鎮」（White Town），英國人所住的白鎮區域有歐式建築，並且以類似倫敦的都市規畫而自豪，此區房屋經常像是宮

❽ Peon 本意是非自由勞工，在英國統治東南亞的歷史背景下，這個詞可能是指侍衛；Hircarah 可能是導遊或信差；Chubdar 是有官者的僕人，手持長杖，負責唱誦主人或訪客的名號頭銜；Jemmadar 可能是某種行政或收稅的人員。

殿或希臘神廟，有著氣勢宏偉的列柱；至於黑鎮，則是沒有列柱。加爾各答的人口在過去兩百年來增加五十倍，但是房舍數量卻只增加十一倍，於是貧民窟暴增已是意料中之事。[24]

英國殖民政府每十年會進行一次印度人口調查。而殖民政府還決定，每過十年，印度人的房舍必須要加以編號，以確保調查時不會重複計算。但事實上，要在加爾各答推動永久性編號，幾乎是不可能的事。部分的問題在於，人們對於一間「房子」是什麼根本無法形成共識，在英國什麼是「房子」——一間房舍或一戶公寓——的概念實在無法套用於印度。在印度，不同的家庭可能住在不同的房間，於是就會有不同的編號；但是，如果一個房間被草蓆分成兩個家庭居住呢？印度人口調查的工作人員對於自己所收到的房舍編號指示感到驚慌，有個工作人員曾經喊道：「我不能了解這些文件，我該怎麼辦？」於是，計畫失敗了。[25]

或許英國人並不能了解印度城市的運作情況，或許，更有可能的是他們不想了解。哈里斯（Richard Harris）和路易斯（Robert Lewis）致力於分析加爾各答殖民時代街道編號的紀錄文獻，他們表示，對英國人來說，印度「不只是在抗拒他人的了解，印度在本質上是不可了解的」。[26]英國人拒絕學習印度人在城內的交通方式或他們的真實生活。（英國殖民者已經知道該怎麼去自己想去的地方，例如商業中心或旅館。）正如哈里斯與路易斯所指出，英國人是靠忠心的當地領袖引導他們前往那些區域，而不是靠自己親身前去。若說地址是一種身分，那麼英國人根本不在乎他們的印度臣民究竟是誰。

後殖民時代的加爾各答，已透過名稱變更而否決英國的統治遺緒，將英式拼音 Calcutta 改成以孟加拉語發音的 Kolkata。在理論上，就給予人民地址一事，後殖民時代的加爾各答應該做得更好才對。該地已有長久左派政治的歷史；然而，印度政府並不必然比英國人更重視貧民窟居民的地址。在二〇〇〇年代初期，羅依發現加爾各答都會發展局（Calcutta Metropolitan Development Authority）正在從事一項對兩萬個家庭的調查，其計畫目的是要為窮苦的加爾各答人提供糧食。這太棒了！但是，當她與該部門主管會面時，他承認這項研究其實刻意排除非法聚落區，他告訴羅依：「我們擔心對於非法區域的調查，會導致當地居民誤以為自己的居住具有正當性，我們不能正式承認他們的居住資格。」[27]

英國人偶爾會拆毀貧民窟，但他們這麼做，或許為了開闢道路，或許是為殖民活動開發更多土地等等。[28]英國人對於被強迫遷移者的處境不甚關心，但他們也從來不認為可以徹底讓貧民窟消失。可是，西孟加拉邦（West Bengal）政府（迄二〇一一年，它仍由經民主選舉的共產黨執政，且其執政是世上最長的）似乎相信可以創建出無貧民窟的印度，此種信念讓它輕易地合法清除貧民窟，以擺脫這個「麻煩事」。[29]一個「不應該」在那裡——「未來」也不會在那裡——的貧民窟有什麼重要性呢？對於某些人來說，繪製地圖、製作地址、計算貧民窟居民，等同於准許這些居民繼續留下。

我前去與德．薩爾卡（Paulami De Sarkar）見面，當時她是希望基金會（The Hope Foundation）的負責人，該組織是促進保護加爾各答街上兒童安全的愛爾蘭慈善機構。

疊在德・薩爾卡桌上的文件，給人一種西西弗斯式的氣氛，譯❾乾淨的托盤送上又熱又甜的咖啡，在我們喝咖啡時，辦公室周遭繼續繁忙不已。政府掃除愈來愈多的貧民窟，但她神情疲憊地告訴我：「貧民窟總會在那邊。」

然而，計算或調查居民可以讓貧民窟受到注意，且讓他們獲得需要的幫助。德・薩爾卡跟我說，利用給無地址者地址協會製作的新地址，慈善團體如今可以進行人口調查，並且鎖定需要提供援助服務的目標。舉例而論，希望基金會的員工連結某家庭的男孩數量、家庭收入、輟學狀況的資訊，搜尋出有大量童工的區域；此外，地址還能幫助孩童取得出生證明，而出生證明乃是入學的必要資格。

離開之後，我和納夫在「希望咖啡廳」（Hope Café）用午膳，這間餐廳訓練貧民窟的人們工作與待客之道。我們點了傳統塔里（thali），用手挖米飯和醬汁來吃。納夫知道政府有時不想要從事地址相關工作，他在飯間告訴我：「這就像是擁有兩個孩子，一個無知、一個好奇。好奇的小孩子想要問問題，而無知的小孩就是不想知道。」

德蕾莎修女（Mother Teresa）在加爾各答的遺緒其實很複雜，許多人認為她重視天主教的「死」勝過印度教的「生」。不管怎樣，德蕾莎修女確實使得加爾各答被人奉為絕望之地，譯❿我無法以言語形容這裡的貧困，但其他西方人顯然更有文采，「宇宙裡最糟的地方」、「令人憎恨」、「恐怖夜晚之城」，馬克・吐溫（Mark Twain）如此寫道，這個地方的天氣「足以讓黃銅門把潰爛」。[30]或者，如邱吉爾（Winston Churchill）致信母親時，聰明簡潔地寫道：「我會始終對於自己見過它感到很高興，這和爸爸很高興自己見過里斯本的理由一樣，那就是，以後再也不用見到它了。」[31]

然而，現在有許多來訪的人——包括我——擁抱著加爾各答生氣洋溢的魅力。加爾各答的暱稱是「喜樂之城」（City of Joy），這並不是諷刺的說法。與我談話過的每個加爾各答人，都對於該城的精神、知識聲望而感到自豪，加爾各答有電影學校、如沙龍般的咖啡廳、有充滿活力的政治、一流的大學。納夫個人就浸淫於孟加拉音樂及文學領域，[譯⓫]有天早晨他帶來了加爾各答人泰戈爾（Rabindranath Tagore）的木雕像送我，泰戈爾是一九一三年諾貝爾文學獎得主，著有詩集《吉檀迦利》（*Gitanjali*）。另外有一天，納夫帶我去逛加爾各答的書市，市場似有一英里長，他為我選了一本薄薄的孟加拉詩集翻譯讓我帶回去。（他也逗留在一本巴布・狄倫〔Bob Dylan〕歌詞集旁，當他聽見要價兩千盧比時，便趕緊把書放了回去。）

即便是貧民窟，它們之間也有劇烈的差異。「貧民窟」是個涵蓋很廣的語詞，可以包含很多不同的聚落。多數的貧民窟出現於運河旁、道路旁、空地，這是非法的，居民

❾ 西西弗斯（Sisyphus）是希臘神話人物，他被眾神處罰要將一顆巨石推上山頂，但巨石又總會再度滾落；「西西弗斯式的任務」被用來形容「重複而永無止境的任務」，但這背後可能還暗示當事者有知其不可而為的精神毅力，不是單純的徒勞無功。

❿ 這句話的意思應該是指，德蕾莎修女的慈善事蹟，反而更加明確而強化人們對於加爾各答窮苦的印象。

⓫ 傳統「孟加拉」地區包括今「孟加拉國」（東孟加拉）與加爾各答所在的「西孟加拉」。

是擅自侵占，沒有經過土地擁有者的允許；其餘的貧民窟則是合法的，稱為「巴斯替」（bustee），通常其房屋品質稍高，而土地是經承租而來。

不過，貧民窟畢竟有許多共通處：通風不良、水質不佳、廁所短少、排汙系統缺乏。政府官方對於貧民窟建築定義之一的敘述是「擠在一塊」，我本來以為這只是字面形容，而非實際情況，直到我看見在棚屋裡，人們「真的」相互扶持。據估計，有三百萬加爾各答人居住在約五千座貧民窟內，而包含在這個估計數字裡頭的人，其實還算是幸運兒，因為他們至少還有遮風蔽雨的地方。最窮苦、最可憐的一群，是住在行道旁的人，他們就這樣睡在街上，夫妻仔細地將小嬰兒放置在兩人中間。雖然就技術層面來說，人力車已被禁止，但近裸的車夫還是赤腳奔跑在汙穢的街道上。

有的貧民窟比其他的處境更好。接近加爾各答市區的貧民窟如切特拉，通常有幾百年的歷史，這些地方會有「普卡」（pukka）屋，[譯12]以混凝土興建，覆有錫製屋頂，還有真正的地板。我到了潘恩帢南特拉（Panchanantala）——這個名字的發音讓我有藉口一直把它掛在嘴上——大約有二十個少女穿著亮麗的紗麗，她們坐在當地的主要街道上，喜悅地對著印度教神壇吟唱，周遭人們則在碾磨東西、向小販購買蔬菜水果。我自己沒辦法用有意義的方式評估這種生活品質，舉例來說，我沒看到任何廁所，然而，這至少是一個富有生氣活力的忙碌社區，而我感覺全然地受到歡迎與安全。後來我得知，當地醫院曾遭遇火災，最終有八十八人喪生，而我並不感到意外的是，當醫院警衛棄之不顧時，附近的潘恩帢南特拉居民卻衝去協助，居民架起竹梯，並用沙麗和被單綁成繩子狀，幫助病患自窗戶脫逃。[32]

接著，納夫和他的同事羅米歐（Romio）帶我去巴格爾（Bhagar），垃圾堆積成的「大樓」會在此地入口處迎接你。女人與小孩在垃圾堆上攀爬，蒐羅任何有價值的東西，同時垃圾車正在排隊，準備繼續增加垃圾大樓的高度。巷子內飼養的豬隻，是當地家庭的一項額外收入（臨時充當的屠夫將血淋淋的豬肉塊掛在陋屋的棚下，蒼蠅群嗡嗡作響）。我看到一個女孩小心翼翼地在墨黑色的湖中洗澡，而有人告訴我那湖可能會因為化學物質而自發性著火。但是，納夫跟我說，巴格爾還是比許多貧民窟狀況好很多，至少垃圾為他們帶來了收入。

在巴格爾時，納夫拿出他的電腦，然後把臉擦了擦，他的T恤因此沾上菸灰。納夫的團隊已在巴格爾發送地址，但他和羅米歐必須來為新的、臨時搭建的建物更新資料。貧民窟無時無刻都在改變、轉換；房舍被拆毀然後又蓋起；從鄉村來的家庭又返回家。有些新來的家庭居住在房舍的走廊上，睡在拴住的羊群旁。納夫與羅米歐向新來的家庭分配地址，並且即時將他們的資料搭配上他們面前的新建物。從納夫上次來過後到現在，這裡已有很大的改變，這讓我感覺，他們不久後還得再來。

一九八〇年代時，世界銀行（World Bank）致力於處理開發中世界經濟低成長的主

⓬ 印地語「普卡」的意思是固定、永久。

因之一：不穩固的土地所有權。也就是說，缺乏關於房地產擁有權的中央化資料庫，使得土地買賣、利用土地進行貸款都變得益加艱難。此外，當土地擁有者不明時，徵收土地稅自然也很困難。理想上，國家會擁有地籍資料，也就是登記地點、擁有者、土地價值的公家資料庫；一個良好的地籍系統，可以讓土地買賣與收稅變得容易。當你買下一塊地，你（和政府的稅務機關）可以確定你——只有你一人——真的擁有這塊地。

但是，由世界銀行推動的地籍計畫經常失敗。貧窮國家缺乏資源來更新資料庫，而地籍體制也可能出現腐化問題——如果官員輸入錯誤資料，剝奪了原本擁有者的權利。此外，高薪的顧問竟不去設計簡單的註冊系統，而是打造高科技、電腦化的系統，使運作、管理上變得過於複雜。千百萬美金就這樣付諸流水，這些永無止境的計畫到最後什麼都沒能完成。

世界銀行與萬國郵政聯盟這類組織決定採取比較簡易的作法。開發中國家所缺乏的其實不只是地籍資料，它們也缺乏街道地址。有地址可以讓城市「從初期就開始」（begin at the beginning）。[33]有街道地址的話，就可以找到居民、蒐集資訊、維護基礎建設、製作人人可以使用的城市地圖。

專家開始密集訓練行政人員如何讓城市有地址。查德、布吉納法索、幾內亞、馬利都是先行採納這種作法的國家。世界銀行的專家為如何對街道訂定地址而寫作、規畫線上課程，甚至贊助一場宣傳地址益處的桌上遊戲設計比賽——官員坐在會議室裡評審參賽的三十五個遊戲，最後的優勝者是《我需要標誌》（*I need a sign*）以及《城市與公民》

（*Urbs and Civitas*）。

此舉的好處立刻彰顯。街道地址促進民主政治，讓投票人的登記更加容易，也使投票區的劃定變得比較簡單；街道地址也強化了治安，因為未規畫地址的區域較易孳生犯罪（但另一方面，在規畫地址後，要逮捕政治異議分子也變得比較容易）；自來水公司、電力公司如今被迫要規畫自身的收費系統，並且得維護基礎建設，而街道地址系統使得這些任務能更輕易執行；政府也可以更容易地確認納稅人，並且正確收取欠稅。研究者發現，街道地址與收入兩者呈現正相關，而設有街道地址地區的收入不平等現象，低於沒有街道地址的地區。[34]以上這一切，有關當局只要對每個人投入幾分錢的成本。

上述種種，正是為何總部設在愛爾蘭的給無地址者地址協會，認為自己的工作如此重要。在抵達加爾各答的幾個月前，我在五千英里之外認識了皮葛特（Alex Pigot），他是給無地址者地址協會共同創辦人，此人頗有領導魅力。我們在都柏林接近郊區的一家泰式餐廳見面，餐廳供應咖哩配蘇格蘭蘇打麵包，甜點是蘋果奶酥。皮葛特是個商人，一頭突出的白髮，一臉海鹽白與辣椒紅相間的鬍子，身穿皺得很優雅的亞麻外套。他在一九七〇年代甫入職場時，是在愛爾蘭當聖誕節郵差（Christmas postman），後來皮葛特在一九八〇年代開始郵務事業。要寄東西，一定要有精確的街道地址，所以他很快就變成了這行的專家。

在某次會議上，皮葛特剛好遇到基金會「加爾各答願景」（Hope Kolkata）的創辦者，這位愛爾蘭女性名叫佛瑞斯特（Maureen Forrest），我之後也曾去造訪她的辦公室。佛瑞斯特告訴皮葛特，她正在尋找協助，她希望對該慈善團體所幫助的貧民窟進行人口調查，於是皮葛特提供了自己唯一的真正專業：地址。

事情沒有皮葛特原本設想的那麼容易。加爾各答許多貧民窟房舍的大小，還不如我們所在餐廳的一格座位區，所以皮葛特得改善科技。他廢除原本地址使用的塑膠牌，因為當地居民擔心牌子會從門上掉下來，可能會被牛吃掉。起初給無地址者地址協會用大張塑膠紙列印貧民窟的地圖，並填上家家戶戶的新 GO 碼，但這些地圖很快就不見了，因為居民在雨季時把它用來填補屋頂的漏洞。但慢慢地，皮葛特與團隊開始發展出可以有效運作的系統。

某天，我和納夫及其同事前往接近加爾各答港口的席克蘭（Sicklane），這裡整天都是卡車呼嘯而過、整天都是塵土飛揚。在某條寬度僅容兩人貼身的小徑中，納夫的某位員工一手捧著電腦，螢幕上顯示的是貧民窟地圖，他點擊地圖上的房舍，就會顯示該房舍的 GO 碼，他將號碼唸出來給另一位員工聽，對方便整齊地將號碼寫在房子的門上，根據這間房子的外觀看來，這應當是通往女眾房間的通道，他們之後還會再回來並在門上安裝正式的編號門牌，那是一片厚厚的藍色招牌，長度和我的前臂差不多。（在我離開加爾各答後不久，Google 便與給無地址者地址協會合作，他們現已使用 Google 的 Plus Codes 地址系統。）

在另個貧民窟裡，有兩位穿著西式衣服與網球鞋的法律系學生志願者在進行人口調查的工作，他們是給無地址者地址協會的實習生。這些大學生是土生土長的加爾各答人，但他們生為中產階級，在從事此實習工作之前從未到過貧民窟。他們笑得像青少年一般，但他們遊刃有餘地在貧民窟裡穿梭。即便被問問題的是貧民窟裡的長者，也會順從地聽著他們的話，調查問卷只有一張紙，上頭要記錄居民的ＩＤ、衛生設備、自何地取水等，實習生挨家挨戶地去，有時還得先輕輕搖醒在戶外打盹的人。

忽然間，有個身著雲彩紫沙麗的女人向團隊招手召喚，她說她也想要有編號，但團隊不知為何錯過了她。女人引著我們到她的地方，就隱匿在幾間棚戶的後面，房間僅容一張大床、幾個疊起來的煮飯鍋，有兩個人在床上睡覺，一個人睡在床下泥土地，房間雖有屋頂但意義不大，它基本上與外界毫無阻隔。

有個男孩拿著乾淨梳子在整理頭髮，他來到門前並將襯衫的扣子扣上，冷靜地代自己的母親回答問題。沒有，他們沒有ＩＤ；沒有，他們沒有阿德哈爾卡；但與我們遇到的多數人雷同，他有隻手機，他緩慢而清楚地向納夫唸出號碼。我到現在才知道，男孩的母親已有孕在身，這位母親沒有開口說話，但是她向我微笑點頭，以世界通用的再見方式向我致意。到底，她有地址能對她有什麼作用？她有可能賺到錢去存進銀行帳戶裡嗎？雖然現實上可能沒幫助，但我想，這件事可以讓她與她的家人感覺不被排斥而受包容。

「包容」是街道地址的祕密武器之一。世界銀行的僱員很快便發現，地址能幫助人們獲得力量，讓他們產生社會的歸屬感，對貧民窟居民而言，這尤其屬實。一本由專家群寫作的街道地址書籍是這麼說的：「一個公民或市民（citizen）並不是迷途都市叢林中的匿名實體，只剩下他們的家人跟同事認識他們而已。」反之，公民應該有途徑可以「觸及團體或政府機關，或被觸及」，且亦能被其他公民接觸，即使彼此先前完全不認識。[35]易言之，若沒有地址，你就只能和認識你的人交流；然而，那些不認識你的人，往往會是能夠幫你最多的人。

在貧民窟地區，公民身分（civic identity）的意識特別重要，因為這裡的人就是生活在社會的邊緣上。其實，對於給無地址者地址協會這類的組織，是有值得質疑之處的，因為他們並不是將貧民窟併入加爾各答現存的地址系統，卻是將新類型的地址分配給貧民窟，而這樣的地址只適用於貧民窟。它們並沒有讓貧民窟與城市其餘地區相互融合；你大可主張；它們所做的事情其實正好相反。

某種層面上，我同意這樣的批評，如果地址系統可以結合明明住在隔壁的兩種加爾各答人，事情會更好；我喜歡這樣的想法，那就是貧民窟的人能夠「屬於」城市，而不僅是屬於彼此。不過，正如上述，市政府看來不願意或沒能力進行這樣的包容；所以，目前為止，貧民窟的人只能靠納夫。

某天晚上大約十點左右，納夫和我乘上了當地獨有的「大使牌」黃色計程車，駛向一條漫長黑暗的路，到底之後，我們慢慢地走向柯莉（Koley）市場，這裡的街燈顏色是藍與白，也就是加爾各答的代表色。小販在五顏六色的墊子擺上他們的商品，我從來沒有看過那麼多種類的蔬菜，我覺得自己像個懵懂的兒童，手指著蔬菜水果向納夫詢問名稱。有些商販用七彩燈光照亮商品，紅燈讓番茄看來更鮮嫩多汁、紫燈讓茄子看來更光鮮亮麗；一些老婦人則拿著竿子戳著魚隻，讓牠們在毯子上跳動。

我們來這裡要見的是達拉（Salil Dhara），這個人的帥勁帶有嬉皮風，一頭非式髮型與黑框眼鏡，夾腳拖鞋配了件T恤，衣上圖案是緊握的手，圖下方印的標語為「更勝言語」（More Than Words）。當他還是學生的時候，曾被派到鄉村地區幫人們配眼鏡，他從來沒有見過如此的貧困，有患者明明近視不算深，卻因為視線不清而慘遭火吻。那裡的患者是拿南瓜來支付費用的。達拉返家後，決定放棄驗光學，接受社工訓練；很快地，他成為一間孤兒院的主事者，那裡的男孩比他小很多，他們都喚他為「爸爸」。如今，達拉就住在貧民窟附近，為加爾各答願景組織工作。

走了大約一英里，我們到達一間水泥矮屋，納夫和達拉是要來此取得當地市議員的准許，以便在此貧民區進行地址作業，這是所有新地址計畫的第一項步驟（然後他們會組織會議請居民參加、諮詢長者、向居民說明地址事宜）。不過，現在在矮屋裡，市議員正在進行選民服務，她已經在市中心工作了大半天，現在又回來做「回家作業」，也就是了解想見她的排隊民眾的需求。我們在外頭等待近一小時，在這沒有星星的夜晚聽著聚集於此的群眾的交談，有個睫毛捲翹的小女孩跨步過來，大膽地握了我的手；嬰兒在哭泣，遠方市場的小販在大聲叫賣，而人人手中都握著一疊紙。

終於，我們被邀請入內並坐在金屬椅子上，椅子已經被前面那麼多人坐暖了。市議員穿著樸素的沙麗、戴著眼鏡，她身旁有個全身從帽子到鞋子都是白色的助手，她的選民如流水般進入，文件做好了、接著要蓋章，官僚作業轉動不已。達拉緊張地站起來，手中拿著一個紅色資料夾，裡面裝有其他市議員同意地址計畫的信件。市議員的視線穿過她又小又方的眼鏡，認真地看著達拉，並且問了幾個問題，經歷幾分鐘的談話之後，市議員簽署了同意計畫的文件。

但接著，市議員要求和我說話。我侷促不安地站著，詢問她對於街道地址的看法，並同時暗罵自己竟沒有準備更好的問題。市議員迅速回答：「這區有很多罪犯，若有街道地址，我們就可以找到他們。」她完全沒談到銀行帳戶或身分證的事情。

離開矮屋之後，已將近晚間十一點。納夫招了輛摩托車，說要載我離開。我拒絕上車，我想到我的兩個女兒，她們可能正在我們位於北倫敦林蔭道上的安靜公寓裡玩著，小女兒還不滿一歲，仍在喝奶，所以我在加爾各答時得悄悄地在各間浴室——無論有多簡陋——裡抽取多餘的母乳以免溢乳。（當我的吸乳器壞掉時，納夫毫不靦腆地帶我去藥局，藥局裡塞滿藥罐、便盆、繃帶、拐杖，在這堆積如山的醫療用品列柱之間，我幾乎看不見戴著眼鏡的藥師面容。我必須告訴納夫，我們不可能隨便在加爾各答的街頭找到吸乳器，我們得搭黃色計程車去很遠之外的昂貴、西式的購物中心。但是，藥師迅雷不及掩耳地從他的小山上，優雅地抽出一副完好的吸乳器。這已不是我第一次低估加爾各答了。）

我不想在沒戴安全帽的情況下搭摩托車，我希望能夠安全地回到家人身邊。但是，納夫非常堅持，在這片漆黑的地方，沒有任何計程車願意來，而且時間已經晚到不適宜步行。結果，我跨上摩托車，沒戴安全帽，擠在兩個精壯的男人中間，一同在瘋狂的加爾各答交通裡扮演其中一分子。

終於，我們到達了一個可以招呼計程車的地點，接著司機首先將我們載到當地的火車站，納夫衝去趕晚班火車，回家見妻子與小孩。但是他才剛跳下車，我就想到我忘記旅館的地址，而我身上沒帶旅館名片（後來我發現，我也沒帶旅館的房間鑰匙），我也沒有手機，別無選擇之下，我只好下車，穿越六條車流到最近的警察局求助。

穿著迷彩服的警察看來很嚇人。幸好，有個看起來像是將軍——頂著整齊的貝雷帽與蓄著濃密的八字鬍——的警官可以說一口好英文（我本來都是靠納夫為我翻譯孟加拉語）。警官檢查了我的護照之後翻閱一大本號碼簿，找到旅館的名稱。起初，他對我以地標說明方位，「先經過餐廳，在鞋店處轉彎」，而我也仔細地聆聽；但是，當我聽到要找一間洗腎中心時，我已經要抓狂了，我知道自己不可能找得到，腦海中出現的景象是我永遠遊蕩在加爾各答的街頭，永無止境地搜尋「洗腎中心」的孟加拉語拼字。

出於同情心，警官安排了一輛摩托車護送我，我心想，這是同一夜的第二趟無安全帽之旅，結果事實上更慘，因為有兩位大警察已經坐在摩托車上，幾乎沒有我能坐的空間。所以，我決定在車流邊緣慢跑跟著他們的車，一邊閃避呈「之」字前進的腳踏人力車、嘟嘟車、計程車，終於，我認出不遠之外的旅館。我氣喘吁吁地加快腳步趕上警車，向警官猛揮手作為無聲的感謝，希望能藉此溜進旅館，對友善的旅館人員隱藏我的尷尬。

結果，警官反而先我一步去招呼旅館門房，用連珠炮的孟加拉語告知對方我的悲慘故事，我是如何不知道旅館地址、如何去了警局、如何跟著他們的車跑在加爾各答的街上。門房吃驚地瞧著我，再把目光移回警官，在旅館的微弱燈光下，他們一起笑了起來，有位警官笑到彎腰，手放到了膝蓋上。

「能想像得到嗎！」我心想，「竟然在加爾各答迷路！」

不過，當我回到旅館房間，我發現自己其實不算是真的迷路，我要去的地方是有地址的，可以在警察的號碼簿上找到，而我持有美國護照可以讓警察確認我的身分。但那些貧民窟裡的人，連上述條件都沒有（貧民窟居民連取得印度護照都有困難，因為辦護照也需要地址）。缺乏地址是個事實，這個事實不只存在於我造訪的加爾各答，同時也是世界各地貧民窟的十億人的處境。

在我造訪過與冒煙垃圾山共存的巴格爾之後，我才意識到以下這點。當我們步行走在泥土路上離開貧民窟時，納夫跟我說，巴格爾的主要問題是，它與城市其餘地區之間沒有適當的「交流」（communication），我一時沒意會過來他的意思，後來我才想到他使用「交流」一詞，或許是我所謂的「交通」（transportation）。前往巴格爾的路途需要換乘四種交通運輸越過胡格利河，其中一種交通工具就像是你在機場內會搭的那種開放型車輛。據統計，每天大約會有十五萬位行人（與十萬輛車）跨越那座懸臂橋，橋的鋼鐵接合處已嚴重損耗，部分原因是眾人咀嚼類似菸草的「古特卡」（gutka）並吐在橋上。[36]我們很幸運，多數路程都是待在計程車上，但我們還是必須下車步行，因為計程車不願到更接近貧民窟的地方。

如今，我認為「溝通」或許才是更恰當的字眼，巴格爾在現實上與加爾各答其餘地區是切斷的，它甚至與全世界其餘地區也是切斷的。除了垃圾車司機以外，沒有人有必要看到巴格爾居民的生活狀況。也許，地址會是一個告知人們的辦法。

第二章

海地：街道地址是否能阻擋瘟疫？

倫敦衛生與熱帶醫學院（London School of Hygiene & Tropical Medicine）流行病學課程的第一天，凡恩（Paul Fine）教授講述了史諾（John Snow）的故事。史諾是維多利亞時代倫敦的醫師，人們說他是人如其名般的冰雪純潔，他是素食者、滴酒不沾且保持單身。作為煤礦工人之子，史諾出身並不優越，但他的母親利用一筆繼承的小財產供應兒子就讀私立學校，後來史諾到紐卡索（Newcastle）當醫師學徒，由此，他又走了幾百英里的路，去倫敦就讀醫學院。[37]

史諾並沒有花很久的時間，便成為一位著名而值得信任的醫生。當他在一間牙醫院目睹英格蘭首次使用乙醚之後，他成為英國首批的麻醉醫師之一。當維多利亞女王臨盆生產第八個小孩李奧波德王子（Prince Leopold）之時，史諾就在女王的身邊。女王如此說道：「這神奇的氯仿，能讓人鎮定、安定，還帶來難以言喻的喜悅」，[38]由此造就了分娩的止痛新風尚。三年之後，史諾又來了，這次維多利亞誕下的是女兒碧翠絲公主（Princess Beatrice）。

然而，此時的史諾其實過著兩種生活。在遠離白金漢宮之處，史諾在維多利亞時代倫敦的街道與貧民區穿梭，他所進行的是職業份外的任務，史諾企圖找出為何霍亂會在倫敦肆虐。霍亂是一種狂亂、殘酷的疾病，你可能早上起床還活蹦亂跳，但到晚上睡覺時間的時候人就死了。霍亂初期症狀是噁心感，接著，你會開始嘔吐、下痢，兩種症狀通常同時出現，直到身體的水分全都排光；你的血液會變濃而無法循環；你的器官功能會逐漸停擺；你的皮膚會變成灰色。在霍亂爆發期間，醫院會將病人安置於「霍亂病床」上，這種病床會在三分之二處開一個不祥的洞，目的是讓排泄物能落入下方的桶子裡。醫療史專家巴爾內特（Richard Barnett）表示：「病患在一天或半天不到，死於水樣腹瀉感染的機率，約莫有二分之一。」[39]

霍亂可能源自印度，後來經由中東地區與俄羅斯散播，不過此病是於一八三一年時才在英格蘭現身。當時，人們對於細菌或微生物會傳播疾病一事缺乏了解，反之，盛行的「瘴癘理論」（miasma theory）是醫學界的主流見解，亦即相信疾病是來自腐敗的氣體或氣味，所以「瘧疾」（malaria）一詞原先的意思其實是「瘴氣」，而不是指「病媒蚊」；換句話說，「氣味」不只是疾病的徵兆，而且是疾病本身。

史諾在紐卡索當醫師學徒時，已經碰過患有此病的煤礦工人，他知道霍亂症狀首先是從胃開始、而不是鼻子，所以他正確地假設疾病其實是透過喝下被汙染的水以及進食的不潔雙手所傳播。霍亂弧菌是由帕奇尼（Filippo Pacini）在一八五四年發現，但該項成就被忽略了三十年，直到科奇（Robert Koch）於一八八四年獨立發現此有機體——這

史諾

距離史諾的調查已經是很久以後的事情了。

史諾的證據是透過間接推測，其中一項線索是，某房客之所以得病，是因為他使用前一位患有霍亂之房客用過的床單。另一起事件是，倫敦有整排房子的人都得了霍亂，但周圍的地區卻倖免，某調查者發現那些遭遇不幸的房子——也只有那些房子——的水源供給受到穢水汙染。史諾親自去察看井中的汙水，他發現「許多經過消化道、卻沒被消化的物質，像是醋栗與葡萄的皮和籽，還有其他蔬菜水果的表皮」；另外，樣本聞起來還有「廁所水」的味道，艾爾比恩排屋（Albion Terrace）居民喝的竟是自己的排泄物。[40]

史諾得知了自己的鄰居為何得到霍亂，這些事情是他在醫學院沒有學過的。強森（Steven Johnson）在其精彩的著作《幽靈地圖》（*The Ghost Map*）中指出，史諾並不是一個公衛遊客而已，他並不是「睜大眼睛看著這些痛苦與死亡，然後又回到西敏區（Westminster）或肯辛頓（Kensington）的安全所在」。他住的地方距離疫情爆發中心點的布羅德街（Broad Street），僅僅相隔幾條街，雖然史諾當時已是可以服侍女王的醫師，但他是個自小在貧困中長大的人，所以，他就不會像許多出身上層的醫生那樣，將疾病歸咎於下層階級的不良習慣。史諾如此寫道：「窮人死亡的速度非比尋常，這不是由於他們的道德敗壞，而是因為他們中毒了。」[41]

我在倫敦與凡恩教授見面，他是個「雪花」（Snow-flake）——即史諾超級粉絲的意思。倫敦衛生與熱帶醫學院的建立，目的是為了訓練醫師治療英國海外殖民地的疾病，由此，當時的英國殖民部部長曾表示，要「讓白人也可以生活在熱帶地區」；[42]今日，該醫學院是世界一流的研究型大學，尤其專長於公衛領域。凡恩是該大學的教授，他是美國人，曾就讀普林斯頓大學（Princeton），卻中途輟學，成為第一批「和平工作團」（Peace Corps）志願者，前往摩洛哥，後來他又重返學校。凡恩教授的辦公室距離史諾在薩克維爾街（Sackville Street）的舊宅只有幾個街區之遠，凡恩告訴我，史諾是如何成為流行病學之父，以及史諾如何研究疾病與致病原因。如史諾的流行病學家乃是「疾病偵探」，他們設法找出疾病如何、為何、在哪傳播，並利用這些資訊來提升公共衛生與改善眾人健康。

在那個時代，醫學體制拒絕接受史諾的主張，但他依然堅持霍亂是透過汙水傳播的論點。在史諾那時代，排泄物經常是貯存在戶外或類似地下室的化糞池，根據設計，化糞池的液體會排出，最後「夜香人」（night-soil men）會來蒐集固化的排泄物，並提供給農夫作為肥料（十七世紀的日記作者佩皮斯〔Samuel Pepys〕曾抱怨鄰居地下室「一堆大便」流到他家的地下室）；[43]其他的化糞池會連接汙水道直接排到泰晤士河裡，穢物還會阻塞汙水道，而泰晤士河是倫敦的主要飲用水來源。

蘇活區（Soho）尤其多屎。蘇活區曾經是倫敦的熱門地帶，但是有錢人逐漸搬離如蘇活區等區域，以遠離城市的汙穢。一八五〇年代的蘇活是貧民區，裡面住著很多裁縫、麵包師、雜貨業者、修女、妓女，此外如巴爾內特所指出的，這裡還有「流亡的異議分子如馬克思（Karl Marx）」。[44]（馬克思與史諾是同時代的人，馬克思寫《資本論》（*Das Kapital*）的所在只離史諾幾條街而已。）由於住房空間有限，人們經常是兩、三個人輪流睡在床上。有個教區神職人員曾經問某一戶的女人，那麼多人是如何擠在一起生活的呢？她回答：「嗯，是這樣子的，先生。我們其實還算是舒服，直到那位先生回到中間地帶為止。」那個房間的中央是一個用粉筆畫成的圓圈，而這個圈圈就是那位紳士的「家」。[45]

於是，當霍亂在一八五四年衝擊蘇活區時，疾病擴散非常迅速。史諾在其著作開頭就寫道：「這是本國迄今最嚴重的霍亂爆發，其傳播區域可能會包括布羅德街、黃金廣場（Golden Square）。」[46]這場疫情最終導致超過六百人喪生。當時史諾本來已在進行另一場霍亂調查，檢查水源與疾病的關係，然而此次疫情就發生在他家附近，該個案將成為他餘生的重心。

史諾算是夠幸運，他所處的時代有場革命正在默默發生。註冊總署（General Register Office）於一八三七年開始記錄人口的出生與死亡，[47]英國國會創建該系統之目的主要在於使遺產轉移更加便利，但此套系統無心插柳柳成陰地發揮了更大意義的作用——將出生與死亡紀錄集中管理的作法，將會大幅改善英國的公共衛生。

負責組織此項新資訊的法爾（William Farr）本是醫師訓練出身，雖然如此，但他本人並非特別傑出的醫師，他的志向比較在於學術方面。後來，法爾寫就系列論文討論一個新的醫學領域：生命統計學。一八三七年，法爾時任註冊總署的摘要編輯，他超出原本的工作職責，要求醫師仔細記錄每個病逝患者的死因；他全心投入於記錄英國人的生活方式與死亡原因，並將死因與職業別加以編輯，搜尋是否有其模式，以期能增進國人健康。

這是史上第一遭，人人都可以知道倫敦的死者是怎麼死的。法爾心裡很清楚，如果不知道「如何」，就沒法調查「為何」。他如此寫道：「預防疾病比治療疾病更容易，要預防疾病的第一步，就是要找出導致疾病的原因。」[48]

要有這些精細的資料，其必要基礎便是街道地址。倫敦長期以來就有仔細的地圖繪製傳統，不過定期的房屋編號在當時依然是新鮮事。一七六五年，英國國會下令，所有的房屋都需加以編號，而此編號必須明顯地畫在門戶上。所以，法爾所在的註冊總署不只知道誰死了，還知道死亡發生的地點，這對於公共衛生極為重要，而地址讓疾病定位一事成為可能。

某個星期二，史諾前往註冊總署取得黃金廣場疫情相關的死亡證明書，每份死亡證明上都登記著日期、死因以及關鍵性的死者地址；史諾隨即明白，幾乎所有的死亡案例都發生在距離布羅德街不遠的地方。

人們紛紛逃離蘇活區，當地在六天之內有四分之三的居民都遷走了，但此時的史諾卻在該地敲門尋訪，詢問死者是從哪裡取得水源。在距離布羅德街更遠一些的死者家庭處，史諾得知這些人是去泵浦取水，他們相信那裡的水比較乾淨。有些不幸的孩子在喝了水之後，在上學途中死去。許多死者並不知道自己喝了什麼水：當地酒吧的酒保用泵浦水稀釋酒飲；當地咖啡店用泵浦水加上一匙雪酪粉（sherbet powder）來做氣泡飲。

但是，如果霍亂的病原就在泵浦水中，為什麼不是住在泵浦附近的「每個人」都染上霍亂呢？史諾對此也有答案。波蘭街（Poland Street）上有一家濟貧工坊，男人在此分梳羊毛、女人織長襪，這間工坊周遭都是染上霍亂的街坊，但工坊之內只有五人染病。正如史諾所指出：「如果該工坊的死亡率與它周圍三面街坊一樣的話，至少會有一百個死亡案例。」[49]更進一步調查時，史諾獲悉該工坊有自己的泵浦；附近還有一間釀酒廠也倖免於難，酒廠主人告訴史諾，他們有自己的水井，除此之外，酒廠的人喝水不多：他們比較喜歡喝麥芽酒。

史諾在更遠的地帶也發現了死亡案例。有位醫生告知史諾，一個來自位於倫敦南方六十英里處的布萊頓（Brighton）的人，到布羅德街探望染上霍亂的兄弟，兄弟甫過世他才抵達，他吃下一頓牛臀肉配白蘭地，再用布羅德街泵浦水把這餐吞下去；他進門的時間只有二十分鐘，而離開之後兩天，這個人就死了。[50]史諾聽說距離布羅德街數英里外的漢普斯特德（Hampstead）也有類似的情況，有位叫艾莉的寡婦（Susannah Eley）染病過世，寡婦的兒子告訴史諾，他的父親曾在布羅德街開雷管工廠，母親很喜歡那地方的水，所以每天會有一車井水運來家中；寡婦的姪女從伊斯林頓（Islington）來探親，喝了這種水，結果不久後也死了。[51]

史諾開啟調查後兩天的星期四，他造訪了一個為調查流行病而設置的特別委員會，並要求將泵浦柄加以拆除。當地居民不甚高興，因為此處水源名聲一向頗佳，但總之居民最終同意，稍後，本來已逐漸緩解的疫情，竟快速停歇了。

懷赫德（Henry Whitehead）是英國聖公會的助理牧師，時年二十九，這是他的第一個職位。懷赫德不願採信史諾的理論，他和史諾一樣都對蘇活區不陌生，他的日常教務讓他經常在蘇活區街道上活動，照料自己的教區。懷赫德認為史諾的說法太誇張，所以他決定進行更深入的訪談，一次又一次地造訪鄰里以蒐集更多資訊，希望能夠證明史諾是錯的。

然而，讓懷赫德感到氣餒的是，他的研究愈多，愈加證明史諾的假說。在病情疫情爆發初期死去的五十六人之中，只有兩個沒喝過泵浦的水；同時，最乾淨的屋子比最骯髒的屋子疫情還更嚴重，所以問題不是出在衛生條件；老人出奇地比較沒有得到霍亂，但這或許是因為沒人幫他們取水；住在一樓的人理論上比較接近水溝與髒空氣，然其疫情並沒有比二樓以上的人更嚴重。[52]

在調查即將終結之際，懷赫德發現有個先前被他忽略的死亡病例：「布羅德街四十號，九月二日，五個月大的女嬰，腹瀉四天後死亡。」死亡證明書上沒有明載霍亂，但是女嬰死亡日期就在疫情開始流行之前，而她家就在泵浦旁。[53]

在懷赫德要去向特別委員會進行會報當天，他反而先去拜訪莎拉．路易斯（Sarah Lewis），也就是女嬰芙蘭西斯（Frances）之母，地址在布羅德街四十號。莎拉的女兒和身為警官的丈夫都死於霍亂。可憐的芙蘭西斯生病時，她的母親浸泡她的尿布，將髒水倒進屋前的化糞池。有著非常完美的名字的調查員耶和撒法特．約克（Johosephat

York）譯[13]挖掘泵浦時，發現化糞池的穢汙滲進泵浦水源。

懷赫德後來寫道：「在非蓄意的狀況下，該水源的使用逐漸導致疫情之爆發及其後續。」[54]

第一個霍亂病人，也就是布羅德街流行病的端倪，竟是個嬰兒。

當凡恩教授向我講述完史諾的故事，他拿出史諾著作《霍亂的傳播模式》（*On the Mode of Communication of Cholera*）的複印本（出版該書讓史諾花費超過兩百英鎊，總共只售出五十六本）。[55]他打開書，輕輕地掀開一張陳舊的地圖，地圖顯然已用膠帶修補過了，這是布羅德街疫情的地圖，它本來是作為其他用途，但史諾將其修改，細心地用粗黑線標記出死亡案例所在。多數不祥的黑線集中在泵浦周圍，簡直像是個西洋棋盤。這張地圖是個強而有力的證據：泵浦乃是疾病傳染的源頭。

世界一流的「疾病地圖」專家科赫（Tom Koch），從他在安大略（Ontario）的研究室那頭告訴我：「地圖讓我們得以組織資料，地圖讓我們將自己的想法組成可以成立的主張。」科赫的數部著作敘述中世紀以來的地圖製作史，迄於今日的癌症地點圖。在其中一本書中，他解釋研究者如何利用「空間流行病學」找出沙門氏菌的所在，就在加拿大一家麵包店的奶油卡士達醬裡。不過，「地圖可不是魔法」，科赫接著說，「地圖是我

[13] Johosephat 一名是耶穌（Jesus）與耶和華（Jehovah）的避諱委婉說法。

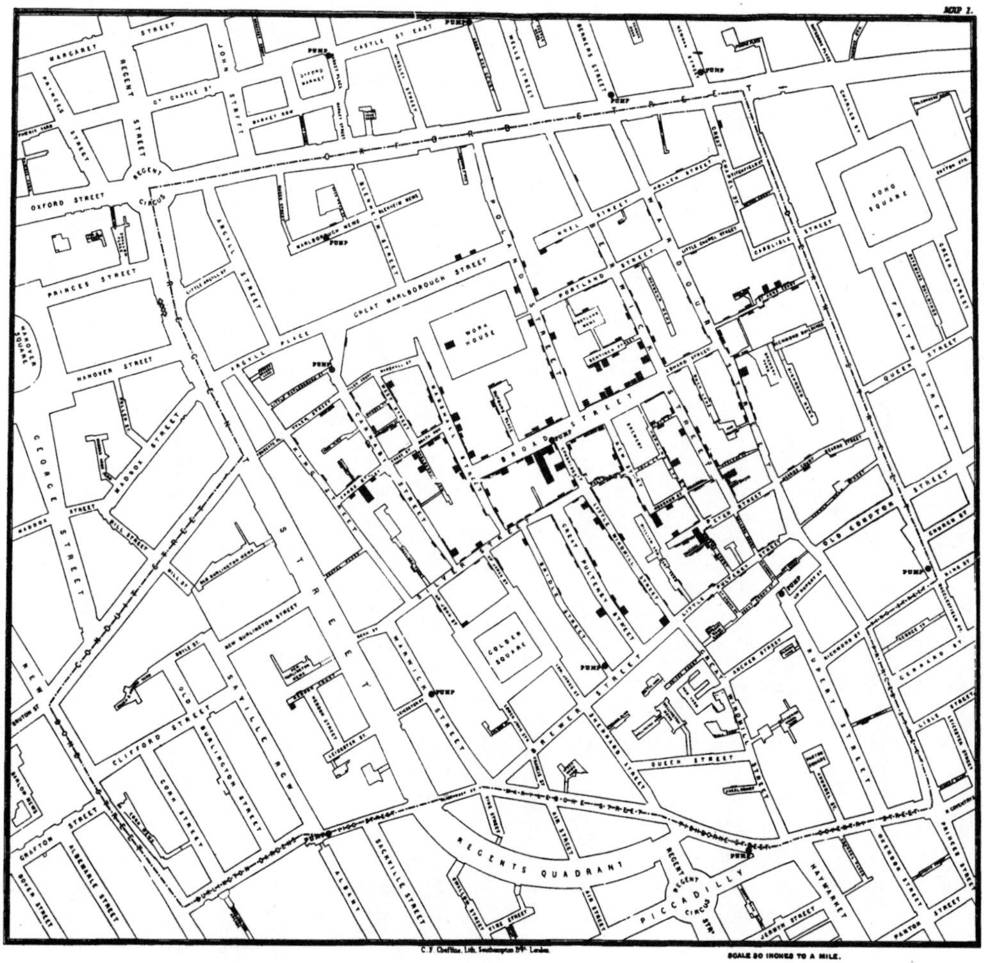

史諾製，布羅德街泵浦周遭地區的霍亂案例地圖

們用來定位分散事件並將其歸類的工具，並可根據歸類來建構論點。資料愈多，我們就可以做得更精確」。[56]

科赫跟我說，史諾並不是採用地圖研究疾病的第一人。[57]將天花疫苗引入美洲的希曼（Valentine Seaman）在一七九五年時，將紐約市所有的黃熱病感染病例標註在地圖上，然後畫出廢棄物堆的地點，他做出兩者具有關聯性的結論（遺憾的是，該地圖並沒有揭露該疾病與蚊子的關聯）；格拉斯哥（Glasgow）有家精神病院的病人，為了消磨時光，曾經繪製一張一八三二年流行性感冒病例的地圖。不過，作為某些人所謂的首度全球性疾病霍亂，似乎特別啟發了疾病地圖家，他們企圖對付這個當時最大的公衛課題。英國著名醫療期刊《刺胳針》（*Lancet*）於一八三一年時出版一份〈霍亂擴散地圖〉（Map of the Progress of Cholera），該地圖呈現霍亂在各大洲的出現，並標有紅線將旅行路線與疫情爆發兩者相連。在這之前，死亡證明上有紀錄的霍亂類型超過十五種，而《刺胳針》的地圖則是首度將霍亂視為單一一種疾病。[58]

作為一位流行病學家，凡恩教授也做了很多疾病地圖繪製的工作，例如他花費幾十年時間追蹤非洲的麻瘋病。凡恩從一排亮紅色文件櫃中抽出巨大的馬拉威空照圖並在桌上展開，該地區沒有街道地址或適當的繪圖，凡恩唯一能仰仗的地圖就是空照圖。我問他，對於地址與公衛兩者之間的關聯性，我的想法是否正確？他回答「此事再清楚不過」，然後小心地將地圖捲起來。原來我的想法毫無原創性，因為對流行病學家而言，「位置」和「疾病」根本是密不可分的。

我填妥一份表格（當然包括姓名與地址），繳交十五英鎊，於是凡恩正式將我納為約翰．史諾學會（John Snow Society）成員，伴隨會員資格，我獲得一只精美的馬克杯，上頭印著那位維多利亞時代醫生的肅穆面容。接著，凡恩教導我史諾學會特有的祕密握手方式（我不會告訴你詳情，但其中包含一個抽泵動作），接下來，我們散步許久經過蘇活區，抵達就在布羅德街——現已改稱布羅德威克街（Broadwick Street）——泵浦舊址旁的約翰．史諾酒吧（John Snow Pub），加入學會的最後一項條件就是要前往該酒吧。

我們又漫步經過雞尾酒吧與精品店，看來好像全倫敦的上班族都在酒吧喝酒。繼貧民區之後，蘇活曾成為紅燈區，但此時的蘇活已不再是貧民區，亦不是紅燈區，現在你比較可能在這裡看到素食餐廳或精品旅館，而不會再見到「西洋鏡秀」（peep show）[譯14]。從辦公桌上解放的城市尋歡者鬆開領帶、捲起袖子、把薄毛衫揉成球丟進手提包裡。酒吧裡人滿為患，滿到人們得到酒吧外的人行道上抽菸、喝啤酒；我和凡恩從人群中擠出一條路，在曾經的泵浦舊址處蹲下來仔細端詳。莎拉．路易斯的女兒芙蘭西斯過世之處就在幾步之外。

我們走進約翰．史諾酒吧，走上樓參觀史諾的生平文物展覽處，展覽的東西放在幾間舒適的小房間裡，凡恩拿出收在吧檯後的約翰史諾學會訪客留名簿。來此朝聖的人

⓮ peep show 就是供人觀賞的暗箱畫片，近代傳入中國後稱為「西洋鏡」；後來此等畫片有時會放讓成人觀賞的情色內容，這個詞因此成為「色情表演」的含蓄稱呼，且暗示觀者有窺探之心。

有很多是流行病學家（有位醫生在簿上寫著：「沒想到這裡居然有一個屬於我們的空間」），但有些人則是《冰與火之歌》（*Game of Thrones*）影迷，他們來此衷心向另一人致意——瓊恩．史諾（Jon Snow）譯⓯。

我們對此並不介意，凡恩與我不斷談論著「我們的史諾」。凡恩說：「他竟然兩天之內就破解這個案子，兩天耶！」他一邊說、一邊把香腸與馬鈴薯泥放進嘴裡，他揮舞著叉子道：「即便是現在，破案速度也不能更快。」他講得好像這是一個笑點，但我後來知道，凡恩完全沒開玩笑。

史諾釐清布羅德街泵浦案的一百五十多年後，無國界醫生（Doctors Without Borders）組織的物流士葛頓（Ivan Gayton），接到一位修女來自海地的電話。當時正是二〇一〇年海地大地震剛過幾個月，葛頓告訴我：「人們已經忘記震災的規模了。」這場地震只維持了三十五秒，但根據某些統計數字，死者卻比長崎、廣島、德勒斯登（Dresden）炸死的人加起來還要多，震央距離佛羅里達（Florida）海岸只有八百英里。

葛頓不知道修女為何會有自己的電話號碼，但修女向葛頓表示，那邊村莊的人正在迅速死去，她需要援助，可是葛頓不能確定修女所在地點。幾位護士帶著粗製的地圖前往救援，他們得頻繁停下來問人：是這裡嗎？那位修女是在這裡嗎？他們終於到達一個地點，但這裡沒有路了，只有河水。葛頓對他們喊道：「去借一艘該死的船啊！」最後，他們快抵達目的地時，從船上看見有數百個垂死的人從樹叢中爬著出來。霍亂正在海地肆虐。

孩提時的葛頓渴望冒險，但當時的他想當個海盜似乎已經太遲，要飛去火星似乎還太年幼，他也沒有戰爭可以參與；於是，他在家鄉加拿大組織了一支植樹大隊。後來，葛頓申請無國界醫生組織的物流士工作，結果發現自己很擅長做那些醫生不擅長的事情：興建醫院、房屋規畫、診所營運。但在很多方面，他依然覺得自己仍是那個出身薩斯喀徹溫（Saskatchewan）、能講法語的傢伙。如今在海地，這是無國界醫生組織至目前為止參與過的最大人道干預行動之一，而葛頓負責的是該行動之物流。

霍亂在海地快速擴散。霍亂弧菌可以在水中生存，它也能透過染髒的手、床單或者汙染飲用水而傳播。二〇一〇年的海地，其衛生條件與一八五四年的倫敦蘇活區其實相差無幾，這裡經常沒有廁所，而比較幸運的狀況是有糞池；人們會找來稱為「巴雅庫」（*bayakou*）的挑糞夫來運走糞便，一個人下去洞裡、其他人提著桶子在上面等著，而挑糞夫經常就將排泄物倒在河中或空地上。[59]

葛頓及其團隊的醫生、護士醫治了他們當天找到的多數霍亂患者（今日我們知道霍亂的治療其實非常簡單，主要就是口服補液治療，有些案例則需要抗生素），葛頓心想：「太棒了！勝利！」但是，他每週都會接到類似的電話。

麻煩出在葛頓不曉得病患身在何處。即便是在震災之前，你也很難找到良好的海

⑮ 瓊恩・史諾是《冰與火之歌》（或譯《權力遊戲》）小說、影集的主角之一。

地地圖，但此種情況絕不限於海地，全世界約有百分之七十的區域都沒有良好的地圖繪製，其中包括好幾個人口超過一百萬的城市，不令人意外的是，那都是最貧困的區域所在。科學家羅洽．伊西爾瓦（Maurício Rocha e Silva）曾被問過，巴西有沒有關於蛇咬傷的數據，他說沒有，「有蛇的地方沒有數據；有數據的地方沒有蛇」。[60]有流行病爆發的地方，通常也沒有地圖。

醫生通常需要追蹤病患，無國界醫生組織也是一樣。病患就診的時候需要填寫表格，要填上姓名、生日，然後有一個欄位叫作「患者住處」或「地址」，葛頓把這項欄位稱為「瞎寫欄」，他給我了一個範例：「『來自芒果樹的街』，這麼寫恐怕幫助不大。」

所以葛頓聯絡 Google，看看 Google 願不願意奉獻一些人力資源，某位 Google 員工於是去了布魯克林的百思買（Best Buy），讓店員裝滿一整袋的 GPS 裝置；另外 Google 團隊在海地當地幫忙製作地圖，工作人員將粗製地圖加以整合，以便葛頓能夠以居住區域的方式輸入病患資料，再根據病例數量多寡標記或大或小的點。

葛頓的任務，就是將個別病例資料與人居區域名稱兩者結合，以防止人傳人的霍亂擴散。葛頓是在援助病患醫療，並不是在搜尋疾病源頭，那項任務是皮亞胡（Renaud Piarroux）負責的。[61]

皮亞胡是寄生蟲學博士，畢業於巴黎索邦大學（Sorbonne University），作為一個寄生蟲學學者，他放下三個孩子離家從法國到了戈馬（Goma，位於今日剛果民主共和國境內），治療兩千五百個染上霍亂的孤兒，這些孩子是逃離盧安達戰事的難民。有此經歷之後，皮亞胡花了幾年時間遊歷世界，從事調查並治療許多非洲國家的流行病。當海地爆發霍亂疫情時，海地政府邀請皮亞胡前來調查，作為一位優秀的寄生蟲學學者，他開始尋找疾病來源，而所有證據都指向一個罪魁禍首：聯合國。

建立於二〇〇四年的聯合國駐海地部隊，也就是稱為MINUSTAH的「聯合國駐海地穩定特派團」，其部署目的是，在兩度被迫棄職的阿里斯蒂德（Jean-Bertrand Aristide）再度復職之後維持海地的秩序，然聯合國部隊不太受海地人民喜愛。在地震發生前幾個月，有個海地年輕人的屍體被吊在海地北部穩定特派團基地內一棵樹上，這起死亡事件被判定為自殺，但許多當地人不以為然。謠言遂在海地流傳——某些謠言後來被證實無誤。謠傳來自諸多不同國家的聯合國部隊兵士曾經強暴婦女及小孩，他們用食物或手機當作誘餌吸引受害者，而這些受指控的強暴犯往往只被遣返，由其國家處置。

所以，當首波霍亂的新聞傳開時，謠言盛傳是聯合國部隊向河川下毒，方式或許是用直升機向河中噴灑黑粉，此傳言或許瘋狂，然對於米爾巴萊（Mirebalais）附近聯合國部隊基地的懷疑其實不虛。駐紮該營地的士兵來自尼泊爾，而尼泊爾正處於霍亂疫情期間。聯合國立即否認在海地肆虐的霍亂源自該營地，並且詳細列舉該營地處理汙水的措施作為證明。

數個國際組織繪製了霍亂患者所在地的簡單地圖。皮亞胡製作出全海地境內霍亂病例的地圖，並且持此地圖接洽可能幫上忙的各單位組織代表，例如海地政府、世界衛生組織、古巴駐海地大使以及許多非政府組織。皮亞胡與史諾、懷赫德同樣要仰賴基礎工作，他和海地的寄生蟲學學家合作，決定親身前往該基地查明事實。他與海地同事乘車訪問當地人，這樣他們會比較願意談一談聯合國部隊的事情，他們到了基地所在的村莊，村莊名喚梅耶（Meille），當地居民表示，聯合國基地的管線破裂，汙水洩漏至阿蒂博尼特河（Artibonite River）支流裡，此處是數十萬人的用水源頭。

美聯社記者卡茲（Jonathan Katz）找到罪證。聯合國召開記者會表示，該基地使用的七個化糞池已經由民間業者清理，但是卡茲抵達該基地時，當地人帶他去看那些惡臭的貯存槽，而卡茲看見一條破裂的塑膠管線漏出黑色液體流入河中。[62]

有位農夫拍了拍卡茲的肩膀，引著他越過道路到農夫家的水泥屋，房屋附近的窪坑充滿「亮晶晶的排泄物液體」，農夫告訴卡茲，這就是聯合國部隊棄置「卡卡」（kaka）的地方；卡車會載運化糞池穢物，越過一座山丘，然後倒進窪池之中。[63]

皮亞胡前往最早的霍亂病例發生處，發現部隊基地作為霍亂來源的機率頗高。皮亞胡往河上丟了根樹枝，觀察霍亂弧菌可以用多快的速度流向下游。皮亞胡寫道，根據計算，有大量的排泄物已經滲入河水。

皮亞胡用濃濃的法語腔英文告訴我：「非常、非常驚人的事情是，竟然有那麼多人認為找出病源沒那麼重要。」世界衛生組織分部的一位發言人告訴媒體，他們是「將重點放在治療病人、控制病情、拯救人命」。[64]美國疾病管制中心的某位流行病學家告訴《紐約時報》（*The New York Times*），他認為若花太多心力去找出疾病來源，並非「良好的資源運用」。[65]在我寫作本書期間，葉門正受到嚴重霍亂疫情衝擊，而皮亞胡從沒聽過有人認為疾病來源無關緊要。他跟我說：「這不正常，事情不對勁。」

唯有聯合國軍方人員可以在基地採樣檢驗。在一場報告當中，皮亞胡注意到聯合國軍方展示的地圖，似乎企圖把最初的病例發生處定位在遠離基地的河流下游，而不是從梅耶開始；其中有幅地圖竟然忽略最接近該基地的病例。就算講得最好聽，這也有誤導的嫌疑。

與此同時，皮亞胡發現自己還得處理海地版的「瘴氣理論」。關於霍亂如何傳播至海地有兩種理論，最顯而易見的理論就是此病來自海地境外，這也是皮亞胡的主張；然而，有些流行病學家提倡另一種觀點，那就是海地的水體內本來就有霍亂弧菌，只是處於休眠狀態，後來地震啟動了霍亂的「超級英雄」力量，使其轉變為流行病。

不過，霍亂在海地至少有一百年沒現身了，而此次海地霍亂弧菌品系與亞洲的頗為類似。[66]早期病例所在地的米爾巴萊，距離震央至少有六十英里遠，假設地震確實莫名其妙地啟動霍亂，疫情的流行也不會從那裡開始。

擔憂此事繼續惡化聯合國在海地已然不佳的聲譽，導致流行病學術界噤聲。皮亞胡在發表其發現時遭遇困難，《刺胳針》在毫無說明的狀況下拒絕他的文章，而該期刊還同時刊登一篇評論，名為〈霍亂回到海地時，歸咎並無幫助〉；[67]《新興傳染病期刊》（*Emerging Infectious Disease Journal*）最後決定刊登皮亞胡的文章，卻找了五位審查人——通常只有兩或三位——確定文章的精確性。聯合國在二〇一六年時才不情願地承認外界的指責，[68]但這距離第一個海地霍亂死亡病例，已超過六年之久。基因試驗已經證實，海地霍亂的品系與南亞病例是一樣的。[69]

霍亂在海地肆虐直到二〇一九年二月四日，這天是最後一個病例確認的日子。

皮亞胡和衛生部、聯合國兒童基金會、數個非政府組織合作組成的霍亂應對團隊，努力超過八年才征服了此次流行病，而皮亞胡又繼續向下一個疫區前進。

一八七四年，懷赫德帶著妻子與兩個女兒離開亂糟糟的倫敦街區，前往安靜的鄉下村鎮任職。很多朋友致贈禮物，並特地在彩虹酒館（Rainbow Tavern）辦晚宴歡送，餐後懷赫德致詞演講自己於內倫敦區的二十年牧師生涯，當然他有提及霍亂調查，以及他與史諾的交往——兩人後來成為朋友。懷赫德回憶史諾時曾說道：「遲早有一天，大型霍亂疫情會成為昨日歷史；了解該疾病如何傳播的知識，可以真正消滅這個疾病。」[70]然而，海地的霍亂證明，或許只有在這個層次上，史諾出錯了。[71]

史諾在生前並沒有獲得足夠的表揚，醫學界否認他精密的研究成果。到最後，倫敦的霍亂流行之所以終止，並不是因為史諾之努力。諷刺的是，霍亂會消滅是因為相信此疾病來自髒臭氣體的人們，終於受不了臭味，於是興建良好的下水道，並且清理泰晤士河。

史諾於一八五八年過世，享年僅四十五，《刺胳針》上只刊登短短數語：「著名醫師於本月十六日中午，因中風而逝世於薩克維爾街。他對於氯仿等麻醉劑的研究，廣受醫師界的肯定。」史諾的訃聞對於霍亂隻字未提，然史諾繪製的地圖至今繼續存在於流行病學的課本上。皮亞胡的命運則有所不同，起初他雖受醫學界排擠，但後來在二〇一七年時，他獲頒「法國榮譽軍團勳章」（French Legion of Honor）的騎士勳位。

葛頓離開海地後，繼續抱持倚靠地圖拯救生命的觀念。當伊波拉病毒在獅子山爆發時，他得派出團隊騎著摩托車出任務，但他們並不清楚即將要面對的是什麼。追蹤疾病是項艱鉅的任務，葛頓說道：「我實際上做了一個大膽的宣告，而且我堅持這麼說：如果我們能有獅子山或賴比瑞亞的地名索引，我們就能擋住伊波拉病毒。」至此，我相信他。

葛頓偕同英國與美國的紅十字會、人道開放地圖（Humanitarian OpenStreetMap）等組織建立了「失落地圖」（Missing Maps）。這個組織招募來自全世界的志願者，利用他們居住地的衛星影像來探查未繪製地圖區域的道路與建築。葛頓說：「很多人想要幫忙，他們希望能真正出力、而不僅止於捐獻。他們願意為兒童織襪子等等，但我跟他們說別這樣，不要替兒童織襪子，把襪子運到目的地再分配的成本不敷潛在利益。但是有了失落地圖組織，他們就可以參與真真切切的實地工作。這件事意義重大！」[72]

當志願者畫出道路與建築，現場的志願者再與當地人帶著筆與紙出發，他們經常騎著摩托車出去寫下街道名稱、確定地圖無誤；他們實地詢問當地居民是怎麼稱呼自己居住的區域與街道。透過這樣的作業，失落地圖組織決定不要空等下次危機爆發，而是搶先製作地圖。

我參加了一場失落地圖組織的活動，其地點接近我倫敦的家。位於南肯辛頓（South Kensington）的皇家地理學會（Royal Geographical Society）總部，那是倫敦市內一棟非常美麗的維多利亞建築，志願繪圖者坐在摺疊桌旁，這房間看來原先應當是宴會廳。失落地圖組織如今與世界各地的地圖團體合作，此次倫敦年會便是它們之間的活動之一。

與我同桌的有位來自芬蘭的發展經濟學家、一位克羅埃西亞的地圖專家，還有一位剛畢業的英國碩士（她開心地告訴我，自己還沒找到工作），她是從父母那兒聽聞此消息。其他桌坐著來自全球、各種年齡、各式各樣的志願者（此次年會是自由參與，結果預約者數量超出原估計）。到了指定的時間，我們都打開自己的筆記型電腦。

出現在電腦螢幕上的，是一張尼日的衛星影像，區分為五平方公里的區塊；操作指示很簡單，你只要從某個角落開始，慢慢地搜尋街道、建築、小路等。建築或許會有遮蔽物，或許會有尖峰屋頂。你可以使用滑鼠在螢幕上追蹤道路，將看似建築物的地方打圈。這項工作並不困難，但需要某種精神專注力，上一次這麼專注，大概是我買第一支智慧型手機的時候。老道的地圖專家來回走著，他停下來回答我的問題，我們半瞇著眼盯著螢幕：「這是樹還是房子？」「這是道路還是河川？」

中間休息時間，皇家地理學會提供撒著蔬菜的披薩與接骨木花飲料。在這宏構大氣的房間裡，陌生人一群群聚在桌邊聊天，氣氛歡愉，畢竟這是「一個地圖團體／一場製圖派對」（a mapping party）嘛。

然而我的心情卻漸轉沮喪，隨著我移動、點擊滑鼠追蹤尼日鄉間一隅的道路，我心想：是誰住在那裡？他們做些什麼？他們正在耕作還是在吃晚餐？或者他們整天都在照料生病的孩子，就和我之前曾做的一樣？

除此之外，我最擔憂的是哪一天，流行病會讓葛頓團隊前往那裡，屆時他們要面對的是怎樣嶄新而嚴峻的災難呢？

第二部

起源

第三章

羅馬：古羅馬人是怎麼找路的？

古羅馬人教會我們輸水道、廁所、地板加暖以及平坦堅固的道路，但他們也許沒教給我們街道地址。羅馬城的幹道通常是以興築者名字來命名，阿皮亞道（Via Appia）就是個例子。[73]我們知曉某些街道有名字，例如香水街（Vicus Unguentarius）、穀物街（Vicus Frumentarius），另外還有我最愛的清醒街（Vicus Sobrius），奉獻給阿波羅神（Apollo）的乳類供品會順著此路流下；[74]雖然如此，多數研究古典時代的學者依舊結論道，羅馬城內總長約六十英里的街道當中，大多是沒有名字的。

羅馬人的指路方式與我在西維吉尼亞所聽到者，其相似程度令人訝異。某位奴隸頸上項圈寫道：「見此文者請將該奴隸送回花神廟（Temple of Flora）附近的理髮店。」[75]有位官員提到「從朱諾盧西娜(Juno Lucina)神廟通向瑪圖塔(Matuta)神廟的一條巷子——以及從亞努斯拱門（Janus Arch）開始，通向史特拉提納門（Porta Stellatina）的斜坡路。」有份法律文獻的描述是「這條道路可以通往連結兩座凱旋門的羅馬城廣場（forum）」，林恩（Roger Ling）教授在其著作中寫道：「假若有一條道路應該有名稱，那理當便是這條。」[76]

羅馬的道路或許沒有名字，但是羅馬人對於道路本身卻有諸多稱呼。英國有 avenue、boulevard、way、lane 等說法，但我對於這些名稱之間差異的認知模糊——如果真的有差別的話；[譯16] 在尋常的美國城鎮中，一條 road 和一條 street 到底有什麼差別？然而，繽紛豐盛的拉丁語彙相較而言則精準許多，一座 *pons* 可以指跨越水體的橋梁，但考古學家凱瑟（Alan Kaiser）指出，*pons* 也可以指乞討、捕魚、舉辦宗教儀式的適宜地點；一座 *forum* 是可以舉行審判、選舉、政治活動、銀行業務、街頭表演的開放空間；至於 *gradus*（階梯）則是將死刑犯屍首示眾的地點；而 *angiportum* 則是房舍後方的出入口，根據凱瑟所說，這是一種很「適合」遺棄嬰兒或謀殺某人的地點。[77]

娼妓會在 *viae* 工作，但你也可能在 *angiporta* 看到年老的、下層出身的妓女。一世紀的著名浪蕩詩人卡特勒斯（Catullus）告訴愛人說，對方現在是在 *angiporta* 出沒，據凱瑟的論點，卡特勒斯的意思可能是指「對方的表現不只是像個妓女，而且是個破舊不堪的妓女」。[78]「通姦」（fornication）的字源是 *fornix*，也就是拉丁文「拱門」（arch）的意思，這恐怕不是偶然。即使街道沒有名字加以辨別，但知道你的 *viae* 和你的 *fora* 不同，[譯17] 還是有用的。

羅馬人以方格棋盤狀的行省市鎮而著稱，不過如霍勒蘭（Claire Holleran）所述，羅馬城本身的布局更具生機性（organic），富有各種小徑、巷弄、街道，其中有些小徑十分狹窄，雙向走過的鄰居甚至會彼此碰到手。[79] 羅馬上層階級住在大別墅裡，但多數羅馬人住在大小僅能容臥的房舍內。鑒於火災的風險，室內煮飯若遭取締，便得挨上鞭打的處罰，所以勞動階級多數在戶外用餐，或許會是街頭小吃攤。一般人會將街道當成廚房、起居室，甚至當成浴室與垃圾箱。[80]古羅馬缺乏實質性的區域規畫：店家、房舍、花園、作坊可能彼此相連。

所以，對於許多羅馬人來說，交通恐怕不是街道最重要的功能（因為有些道路甚至會阻隔交通，恐怕交通根本就不是其功能）。巔峰時期的羅馬城約有一百萬居民，多數都居住在城中心方圓兩英里之內。[81]人們總得認路吧，但要怎麼做？

麻省理工（MIT）都市計畫學教授林區（Kevin Lynch）於一九五二年九月時至歐洲客座。有個問題引起他的興趣：為什麼有些城市特別吸引人？他到了佛羅倫斯（Florence）隨意閒晃、思考城市風景，他畫下地圖、記錄該城引人入勝之處，包括在城內幾乎都能望見的聖母百花大教堂（Duomo）、城中廣場、城市周圍的山丘、亞諾河（Arno River）的分界線。佛羅倫斯或許紊亂，但是城中有許多特殊傑出的建築、道路、地標等等，就算手上沒有地圖，依然可以好好認識這座城市；佛羅倫斯讓人覺得有一致的條理，待在這裡感覺很好。林區表示：「只要看過佛羅倫斯，或是有機會走在它的街

---

⑯ 在英國習慣裡，boulevard 通常是指城市的（林蔭）大道；avenue 通常是鄉村的（林蔭）大道，也可以指兩側樹木高樓成排的大道；lane 一般是指（鄉間）小路。

⑰ *fora* 是 *forum* 的複數型。

道上，一股自發而單純的喜悅便會油然而生，這是種滿足感。」[82]

林區把佛羅倫斯這種城市稱為可使人「產生意象的」（imageable）。林區在其著作《城市的意象》（*The Image of The City*）當中寫道：一座可高度使人產生意象的城市，「是型態良好的、特出的、出色的；它會吸引人們的耳目，使人想要更注意、更融入」。[83]

在使人能產生意象的城市裡，不太可能迷路。試想《糖果屋》漢賽爾與葛麗特（Hansel and Gretel）的故事：他們在森林中徹底迷路，每棵樹看起來都差不多，而他們無法找到自己沿路撒下的麵包屑；但是，如果每棵樹的大小與色彩都有所差別，假使這對兄妹經過蜿蜒的溪流、老舊的營地或海狸水壩，他們或許就不用靠麵包屑來尋路：他們可以靠地標找出方向；然而，連綿的樹林無法讓人產生這種意象、不會烙印在心中，所以他們迷路了。用林區的話來說，迷路帶來焦慮與恐懼，迷路「讓我意會到，此事與我們的均衡感、安適感具有密切關聯」。[84]

然而，並非每座城市皆是佛羅倫斯。由此，林區派遣志願者前去波士頓（Boston）、澤西市（Jersey City）、洛杉磯（Los Angeles）三座城市裡研究，尋常人是如何看待自己的城市的。研究者於是訪問當地居民，讓他們形容自己城市的特色以及描繪自己的心靈地圖（mental map）。林區與志願者一起走在波士頓街頭，他後來寫道：「我們就站在波士頓的巴克萊街（Berkeley Street）和柏伊爾斯頓街（Boylston Street）的轉角處，和一群遊客在一塊。他們有老有少、有男有女，有些人是初次來此，有些人是這個街角的多年常客。」林區請他們漫步城市，描述他們聽見什麼、聞到什麼，而且「以彷佛有神靈在驅使自己的方式來進行描述」。[85]

志願者取得的波士頓地圖十分充實：燈塔山（Beacon Hill）上排列有致的房舍、州議會建築的金黃色圓頂、延綿的查爾斯河（Charles River）、廣闊的波士頓公園、殖民建築與現代建築交錯並列，皆讓人產生強烈的印象。林區下筆道：「波士頓是一座各區富有特色的城市。在城市中心區，隨便一個人都可以靠著周圍環境的特色來確認自己身在何處。」[86]當然，要在波士頓市內兩處之間標記出一條筆直的通道，並不總是容易的事兒。愛默生（Ralph Waldo Emerson）於一八六〇年曾寫道：「我們會說是牛隻『走成』波士頓。[譯⑱]好吧，其實還有更糟糕的測量員。」[87]但至少，我們可以了解市內的不同區域是如何有意義地彼此連結。

另一方面，澤西市非常無聊，無聊到志願者沒什麼能寫到地圖上，或許唯一的例外是從這裡能夠望見壯觀的紐約天際線。把波士頓居民可以答得生動活潑的問題「你的城市有何特色？」拿來問澤西市人，多數人都答不上來。其中有位說道：「這確實是件關於澤西市的可惜事。如果有朋自遠方來，我無法跟他說：『喔！我希望你看看這個，它非常漂亮。』」[88]此外，接受訪談的洛杉磯人會形容自己的城市「開展」、「寬闊」、「無定型」、「沒有中心」。一位受訪者告訴林區：「這就好像你要去某個地方待很久一段時間，而當你到了那裡，發現那裡其實沒什麼東西。」[89]

---

⑱波士頓的道路蜿蜒複雜，老波士頓人傳說這是牛群走出來的路。

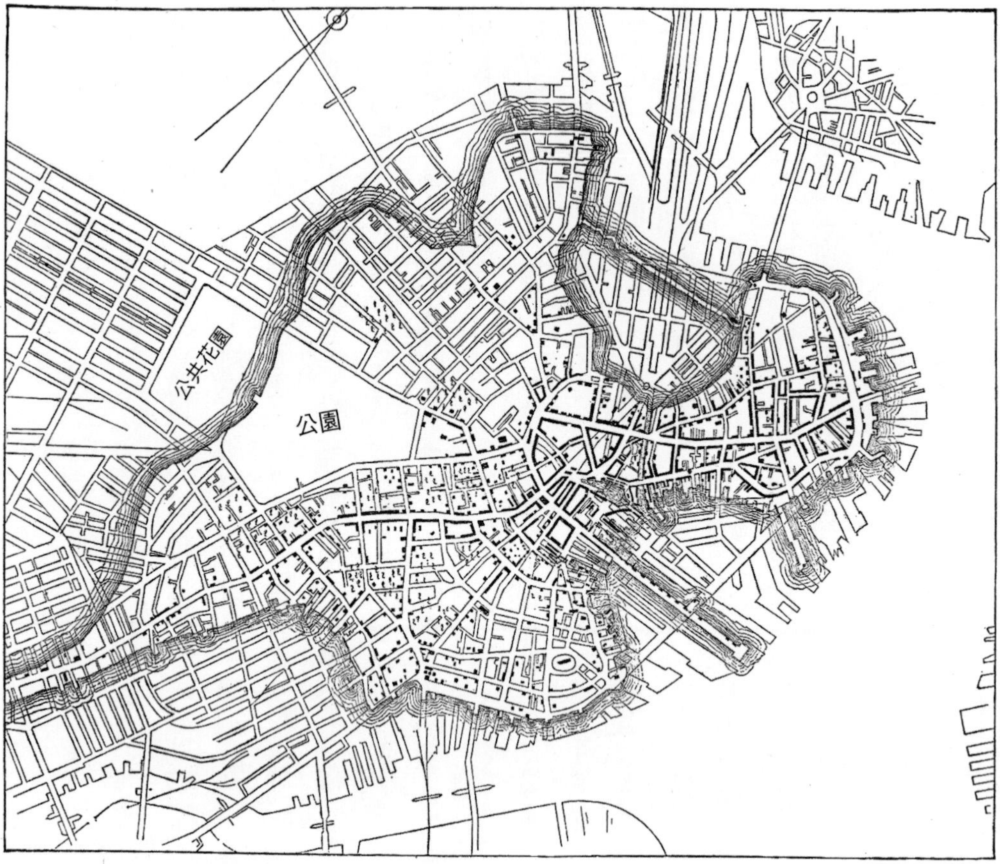

一七七二年的波士頓街道圖
波士頓，一七七二年
取自波納（John Bonner）所製，新英格蘭（New England）的波士頓市鎮圖。
圖中暈線所示為一八八〇年的街道。

透過此研究，林區企圖找出一組新詞彙來描述城市，最後他針對觀察者對於城市的心靈意象，提煉出五種組成要素：通道（path）、節點（node）、邊線（edge）、地標（landmark）與區域（district）。這些詞彙的差異可以如此說明，當我們走在城市裡，描繪心靈地圖的方式有「通道」（街道、人行道）、「節點」（交通匯合處、路口）、「邊線」（河流、鐵道）、「地標」（墨西哥塔可店、遠處山脈）、「區域」（蘇活區、市中心）。林區寫道：「雖然還有少數謎團尚未解開，但目前看來，其實『尋路』並不是什麼神秘的『直覺』，反之，人們是持續在使用並組織來自外在環境的明確感官線索。」[90]

古典學學者採納林區發明的語彙，用以了解古羅馬。羅馬城與其他城市一樣，在其歷史過程中雖有劇烈的改變，然而「通道」、「節點」、「邊線」、「地標」的類型依舊不變：羅馬城的城牆、拱門、路口、廣場；噴泉與體育場；山丘與河流。羅馬的「區域」也是特別的，[91] *vicus* 是羅馬語詞中最接近社區的語詞，每個 *vicus* 裡會有一個交叉路口，且有一座祭壇立於兩個守護神像中間，此外每個 *vicus* 還會有警察、消防機構，[92] 以及增進鄰里功能的俱樂部；人們熱愛自己的 *vicus*，還會把社區的名字雕刻在自己的棺材上。

在羅馬，沒有什麼事物是不帶意義的，所有的東西似乎都意涵著些「什麼」。「古代的贊助者對於自身投資所要求的最高回報，就是將自己期望的意義、特定功用賦予建築物」，古典學家法芙蘿（Diane Favro）如此寫道，「建築就是自我彰顯、權勢競爭、國家光榮的工具」。[93] 古代世界的其他地區亦復如是，一位古代的小說家阿奇里斯．泰迪厄斯（Achilles Tatius）曾描述自己在埃及亞歷山大城（Alexandria）期間，整個人被全然征服的感受，他寫道：「我探索那裡的每條街道，到最後，我雖意猶未盡，但我已疲憊地大喊：『啊！我的眼呀，我們被擊垮了』。」[94]

不過，羅馬城不只是林區所謂能讓人「產生意象」的城市。羅馬顯然是聯覺的（synesthetic），在羅馬過生活，是一場感官的饗宴。古代的遺跡靜默不語，建築在歲月沖刷之下業已泛白，我們已經忘卻那些雕像在昔日曾塗有華麗的色彩，[95]我們已然忘記那些街道上曾經熙熙攘攘、摩肩接踵。當我自己遊歷龐貝（Pompeii）這座被火山灰埋沒的古城時，發現當場的氣氛是寂靜的，我們簡直像是在墳場散步一般；然而，龐貝曾經人滿為患，裡頭的人們富有情感、愛欲、哀嘆。我們遺忘了，每座墳墓都曾經是一個人生，雖然我們如今只看見死亡。

由此，羅馬城也是充滿生命的。想像一下，有街頭表演者、雜耍人、吞劍客，以及在格子板上擲骰子的賭徒，還有老人在板凳上歇息，小販在市場裡兜售商品；另外還有很多動物，像是在垃圾堆裡翻找的豬隻、屠宰舖裡的羊隻，以及仍處於半野生狀態的狗群。

要找出方位，你可以善用自己的鼻子。首先是糟糕的味道：倒在路旁的排泄物、噴泉裡的小便、腐敗的肉、魚市場、動物糞便、動物屍體、棄置在路上的內臟。但也有令人愉悅的味道：花瓣與香草浸泡於動物脂肪製成的香水、熱騰騰出爐的麵包、焚香的煙霧、火烤肉排，而人們身體抹油的清新味道可能會引領你走到公共浴場。[96]

或者，你也可以靠耳朵找出方位。羅馬本身就是一首聲音交響曲：街頭攤販的叫喊聲、玩角鬥士遊戲的兒童嬉鬧、情侶打情罵俏、火焰的爆裂聲、鐵匠的敲打聲、奴隸抬轎護送主人經過群眾、占卜師解說預言，[97]這些聲音都可以幫助你在城市中遊歷。你幾乎無法避開喧嘩，即便你人待在家中，斯多噶主義（Stoicism）哲學家塞內卡（Seneca）曾經描述樓下公共浴場傳來的聲音，例如拔髮匠拔除顧客的腋毛時，所傳來的尖叫聲；[98]諷刺文學家朱文諾（Juvenal）曾如此抱怨二世紀的羅馬城：「在羅馬，除了有錢人以外，誰能睡得著？」[99]古典學家貝慈（Eleanor Betts）曾想像一張多種感官的地圖，「在炎熱的夏季午後，遊戲的聲響（講話聲、擲骰子、櫃檯聲音）、馬克西姆下水道（Cloaca Maxima）的臭味、汗水的鹹味，還有昆蟲嗡嗡地圍著閒晃的人，他正從尤里亞會堂（Basilica Iulia）的轉角處要前往圖斯克斯區（Vicus Tuscus）」。[100]

「多感官地圖」（multisensory map）或許是眾多羅馬人唯一知道的地圖。考古學家梅姆伯格（Simon Malmberg）將林區的概念應用於古羅馬，他指出：「對於多數羅馬人來說，使用地圖一事根本是難以想像的，一方面是因為沒這個錢，即便有錢，他們可能還是看不懂。」他又補充道：「羅馬人的心靈地圖，歸屬於他們成長的街道。」[101]

那麼，究竟「心靈地圖」指的是什麼？當我們運用心靈地圖時，我們的腦袋發生了什麼事？在一九七〇年代時，科學家歐基夫（John O'keefe）其實並沒料想到自己會在大腦裡頭找到地圖，他甚至沒在找這東西，他所研究的是大腦如何形成記憶。精神科學家傑弗瑞（Kate Jeffery）的大腦認知實驗室位於倫敦布魯姆斯伯里區（Bloomsbury），與歐基夫的實驗室只有幾步之遙，她問了一個問題：「舉例來說，當人在回憶時啟發表徵

（representation），神經的實際運作是什麼？」她表示：「大腦不過是一塊血肉而已，但是我們記憶的感受卻像是重播的電影，非常生動、非常活潑。顯然，當我們在思考或記憶時，大腦裡並沒有在播放電影，所以這實際上是怎麼運作的？是在大腦中哪部分作用的？」傑弗瑞解釋道：「這個問題的答案已成為精神科學界的『聖杯』。」[102]

長期以來，科學家假設人類記憶與腦中海馬迴有某種關係（人類大腦有兩塊海馬迴）。在一份一九五七年的研究當中，神經外科醫師史克維爾（William Beecher Scoville）與心理學家米爾娜（Brenda Milner）寫下ＨＭ的病例，此患者身在康乃狄克州（Connecticut）的哈特福爾醫院（Hartford Hospital），他患有嚴重的癲癇症。[103]史克維爾進行實驗性的大腦手術以求治癒ＨＭ的癲癇，移除他大腦中的海馬迴等部分；ＨＭ的癲癇停止了，但從此受嚴重失憶症所苦，他還記得童年，但對於手術之後的事情幾乎完全記不住，ＨＭ的人生永遠「都像是從夢裡醒來」，[104]每一天都是與別人隔絕的夢境。史克維爾與米爾娜認為，移除ＨＭ的海馬迴乃是他失憶的主因。

歐基夫決定試試看自己能否驗證史克維爾與米爾娜的假說，他試圖記錄海馬迴內單一神經元的放電狀況。首先歐基夫與其學生多斯特羅夫斯基（Jonathan Dostrovsky）將微型電擊植入老鼠腦中，然後他們觀看老鼠四處遊走，並監聽老鼠腦中海馬迴內神經發出的電子聲音，由此他們發現有些神經只有在老鼠處在特殊地點時才會放電，歐基夫發現了——並將其命名為——「位置神經」（place neuron）。人類也擁有位置神經。

其他神經科學家亦發覺相關的細胞種類，有助於我們在沒有路標時卻能認路。蘭克

（James D. Ranck）發現「頭向」（head direction）細胞，他發現當老鼠的頭對著某些特定方向時，某些細胞便會放電。邁—布里特・摩瑟爾（May-Britt Moser）和愛德華・摩瑟爾（Edvard I. Moser）則發現「網狀神經」（grid neurons），網狀神經能讓大腦形成關於位置的座標，每個人都有一套自己的GPS導航系統（這兩位挪威科學家與歐基夫共享二〇一四年的諾貝爾生理學或醫學獎）。

神經物理學家麥塔（Mayank Mehta）透過電子郵件向我說明，他與科學家同事在加州大學洛杉磯分校（UCLA）的實驗。他們把老鼠放在耗費五十萬美金打造的虛擬實境之中，並把老鼠穿上像是燕尾服般的小背心，讓牠們探索現實空間，以及根據現實空間打造的相同虛擬實境內活動，但該虛擬實境裡的非視覺事物與行為無關。老鼠有能力探索這兩種世界，但驚人的是，當牠們在探索乾淨的虛擬實境時，其海馬迴約有百分之六十的神經竟是關閉的；而剩下百分之四十的神經儘管在虛擬世界裡依然有活動，然其放電為「完全隨機」，且其關於空間的心靈地圖則消失了。

所以，當古羅馬人處在他們那種吵雜、活潑、氣味濃厚、沒有地址的環境當中，是不是用腦的程度比我們還高呢？此答案難以得知，但是，有證據顯示新興數位科技傷害了我們的海馬迴。神經科學家麥奎爾（Eleanor Maguire）的研究發現，倫敦的計程車司機大約得記下兩萬五千條街道的地圖——稱為「大知識」（the Knowledge）——他們腦中的海馬迴使用了較多的灰質（grey matter）。另外有一些研究顯示，當我們這代人普遍使用GPS的時候，灰質利用的狀況則與前者相反。舉例來說，當人們回憶自己在倫敦走過的路，若其人使用的是GPS導航，則他們並沒有啟動腦中的導航系統。[105]研究者史皮爾斯（Hugo Spiers）表示：「若你把大腦想成肌肉，那麼某些活動就像是在鍛鍊肌肉，例如學習倫敦街道圖。關於我們的新發現，我可以這麼說，當你依賴衛星導航時，你就沒有在運用這些腦部。」[106]

如果所謂「尋路」只是要到某個地點，那麼讓海馬迴變得鬆懈並沒什麼大不了，畢竟GPS不會消失；但是海馬迴不只是GPS而已，歐基夫是第一位在海馬迴內尋找人類記憶儲存的人，如今愈來愈多的證據顯示，他找對地方了。傑弗瑞寫道：「出於某些原因，上天早已決定，地圖是組織人生經驗的一種便利作法。」[107]「空間」與「記憶」兩者是緊密關聯的，讓我們設想浪漫喜劇中蒙太奇（montage）技巧剪接的一景，如今形單影隻的那個人回到當年求愛的地點：我們在那座位上吃了義大利麵；我們在那沙發上歡飲雞尾酒；我的伴娘在那凳子上扯破衣裳。卡爾（Nicholas Carr）在其著作《玻璃牢籠》（*The Glass Cage*）中解釋道：「當我們聽到人家說要『找尋自我』時，我們可能會覺得真是鬼扯。但是會講這種話的人，無論他是多麼虛榮或老氣，確實明白在我們的深沉意識當中，『我們是誰』與『我們在哪』是緊密相關的。」[108]

遠在現代科學家開始研究之前，羅馬人早已理解「記憶」與「空間」的關係。西塞羅（Cicero）在《理想的演說家》（*De Oratore*）這本以對話形式討論演說技藝的著作中，談到「場所方法」（method of loci）。舉例而言，要熟記一場演講，你要想像自己走在一棟熟悉的建築中，並在此想像的行走過程中，將不同演講的段落分配予不同地點，演講的首段或許分配給一座衣架，你的兒時記趣或許分配給走廊上的櫥櫃。法芙蘿論道：「要回想起講稿，演說者只要想像自己走在建構的心靈環境中，『讀取』有內涵的景象。」[109]所有羅馬上層階級的男性，都會接受這種修辭學教育，法芙蘿稱其為「閱讀現實環境的特殊訓練」。[110]遠遠在發現位置神經的幾千年前，古羅馬人似乎靠直覺就知道不同的空間與記憶是緊密交織的。

林區承認，要設計一座讓人「產生意象的」城市很困難。也許，偉大的城市根本無法被人設計出來，或許它們必須要像孩子一樣被誕生、養育。林區寫道：「美麗而令人歡喜的城市環境，乃是特殊現象，甚至可說是極為稀有。」[111]美國的城市很少有如此的高級素質，美國人「對於何種設置能使人常保愉悅的意識頗為缺乏，這種設置其實可作為人生長期的支柱，或作為這個世界的豐富及其意義之延展。」[112]

古羅馬城或許混亂，但這是一種羅馬人能夠了解的混亂，甚至是愛，儘管古代文人抱怨其中的瘋狂與汙穢。這麼說並不表示我在西維吉尼亞州所遇到的那種街道無名之困擾，並不影響羅馬人，畢竟能產生清楚的城市心靈地圖，並不等同於你可以輕易找到某人的所在。羅馬喜劇作家特倫斯（Terence）等於是他那個時代的辛菲爾德（Jerry Seinfeld），[譯19]他是個對於日常生活荒謬性的敏銳觀察者，以下所錄是特倫斯滑稽劇《兄

⓳ 傑瑞．辛菲爾德是當代美國非常著名的喜劇家兼演員，一九九〇年代同名影集《歡樂單身派對》（*Seinfeld*）為其代表作。

弟》（*The Brothers*）中一段關於問路的對話。[113]

——你知道大市場入口吧？往那條街走下去。

——我當然知道！

——那條街直直走。走到底，「斜坡」就在你正右方，開始爬坡。爬到底，旁邊會有座祭壇，祭壇邊有條巷子。

——哪一條？

——有棵大無花果樹。

——我知道那棵樹。

——走那個方向。

——那是死胡同。

——確實，喔我的海克力士（Hercules）啊！你一定覺得我是白痴，我說錯了。讓我們回到大市場入口，有條捷徑而且不容易走錯。你知道克拉提努斯（Cratinus）的房子吧？

——知道。

——你走過這棟房子之後，左轉，直直順著走，直到你來到黛安娜（Diana）神廟時，右轉。當你走到城門之前，在噴泉附近有間麵包店，麵包店對面是木工店，那個人就在那裡。[114]

這內容並沒有明顯的「笑點」，觀眾發笑是因為這很真實。無花果樹、山丘、城門、神廟、麵包店、木工店，真是太棒了！古羅馬城絕對也是林區會愛上的城市。

第四章

倫敦：我們的街道名稱是怎麼來的？

貝克（Nigel Baker）是自由從業的考古專家，偶爾會在英格蘭中部的伯明罕大學（University of Birmingham）任教。如今他多數心力放在歷史建築評估、挖掘行動策畫，或駕獨木舟領銜塞文河（River Severn）考古之旅。不過，把時間拉回一九八〇年代後期，那時的貝克常流連於大學的職員小館，他告訴我，「這間餐室位於頂樓，多數職員會去那裡吃頓好中餐，但少數人則愛好啤酒配三明治的選擇」，小館裡也供應這類午餐，會「弄得有些凌亂，在一九七〇年代淡檸檬綠的裝潢下，認真嚴肅的學者對這種小餐館不甚苟同」。

貝克年輕時在這間大學裡擔任研究員，從事英格蘭中古市鎮與教會的研究計畫。甫進入該大學不久，貝克就與史學家霍特（Richard Holt）成為朋友，霍特也同樣喜歡餐館髒亂中的歡愉氣氛。貝克告訴我：「有次我的目光越過霍特的肩頭，看見他的 Amstrad 電腦螢幕的檔案目錄，裡頭有個資料夾叫作『該死的事』（Deathshit），讓我印象極為深刻。」貝克說，這裡面的資料內容用今天的話來說就是「恐怖歷史」（horrible history），「有瘟疫、汙染、悲慘的意外等事件」。貝克與霍特兩人臭味相投。

黃湯下肚之後，兩人聊到了貝克的家鄉舒茲伯里（Shrewsbury），舒茲伯里是興起於中世紀的英格蘭西部市鎮，其中富有十五、十六世紀的都鐸（Tudor）時代建築。舒茲伯里有鋪石街、木骨架房舍，讓美國遊客感嘆其精巧雅致。（此地也是史冊上有名，在此做個自由業的考古學家頗有工作良機。）霍特提及舒茲伯里中心的「亂摸巷」（Grope Lane），而貝克感到很震驚，因為他第一次知道「亂摸巷」從前喚作「狎褻巷」（Gropecunt Lane），更讓他驚訝的是這並非英格蘭唯一的「狎褻巷」。

街道名稱不是貝克的志趣，他跟我說：「真的！我只是個狎褻巷的業餘愛好者。」但他後來在日常及學術工作時，卻無法忘懷那個關於狎褻巷的計畫；於是，貝克與霍特兩人開始搜索古代地圖，找尋全國曾經稱為「狎褻巷」的路（有時可能拼成 Gropekunt 或 Gropekunte），最後他們找到的數量超過一打。[115]

古代的街道名稱是很務實的。在中世紀的英格蘭，道路名稱是隨時間逐漸出現的，有時取名自附近的樹木或河流、道路盡頭的農場或是轉角處的旅館。街道名稱也可能源自路上發生的事，「狎褻巷」便是個例子；又或許是路上有些什麼，例如肉鋪、鐵匠鋪、市場；有些街道名稱來自它通往何處，例如通往倫敦的「倫敦路」。街道名字要成為官方正式稱呼，必須經過長久時間並樹立路牌，所以，無怪乎有那些無聊的路名，例如「教堂街」、「磨坊巷」、「車站路」，至今依然是英格蘭最常見的街道名。

這種混亂作法遺留給我們的，就是英國最順耳的那些名字。在時光旅行當中解讀英國的城鎮街道，是一種令人心曠神怡的活動。在倫敦，例如蜂蜜巷（Honey Lane）、麵包街（Bread Street）、家禽街（Poutry）的街道名，讓人思想起此地昔日的市場；魚街丘（Fish Street Hill）曾經有座繁榮的魚市場，它曾被稱為新魚市場，以與另一個舊魚市場有所區別；[116]布丁巷（Pudding Lane）是一六六六年倫敦大火的起火點，此處「布丁」所指不是甜點，而是指動物內臟（offal pudding）。[117]

街道名字可以讓外來者知道，要去哪裡找尋五金行，例如平底鍋弄（Frying Pan Alley）；或者去哪尋找縫紉店，如縫紉店街（Haberdasher Street）。至於阿門街角（Amen Corner），根據流傳的故事所述，是聖保羅大教堂（St. Paul Cathedral）的教士隊伍唱頌《主禱文》（Lord's Prayer）行至此地點時，恰好是要唸出「阿門」的時刻。[118]街道名稱也可能是中世紀勇武精神的遺跡，倫敦中區的騎士街（Knightrider Street）顯然是騎士前往比武之道。[119]皇家動物園（Royal Menagerie）位於鳥籠道（Birdcage Walk）；皇家御林軍則是在火炮巷（Artillery Lane）練習箭術或射擊。[120]如果這條街上實在沒發生什麼重要的事，街道名字也能加以反映，例如約克（York）的惠普瑪霍普瑪門（Whip-Ma-Whop-Ma-Gate），其名意思為「既不是這，也不是那」。距離我家一個半街區外的七姐妹路（Seven Sisters Road），現在路上所開的是當舖、書報亭、炸雞店，但若我瞇著眼一瞧，我幾乎就能看見如今已經不在原處的七顆榆樹，讓這條路獲得如此可愛的名字。

當貝克與霍特也瞇著眼一瞧，他們發現「狎褻巷」的歷史，推翻了先前關於中世紀英國人如何對待娼妓的普遍觀點。理論上，娼妓活動必須在城外進行，例如從一三一〇年開始，倫敦政令便規定將娼妓活動驅逐到郊區；但是眾多「狎褻巷」的存在，挑戰了這種版本的英格蘭情色史。貝克與霍特感到詫異的是，「狎褻巷」少有位於郊區者；事實上，大多「狎褻巷」都接近市鎮中心，多在主要市場的旁邊。用比較英式的講法，就如英格蘭史學家金恩（Derek Keene）表示：「或許，店家習慣上會同意或者是施行，附近關於性事的交易。」[121]「狎褻巷」此一名稱不僅是個描述，而且還提供資訊，這些街道常為外來者——市集鄉鎮的農夫、港口市鎮的水手、主教區市鎮的教士——的需求提供「服務」，所以這些街道位於城鎮中央處實在合理不過，當你這裡的街道有「狎褻巷」這種名字時，你根本不需要嚮導。

英國人時常讚頌他們粗魯的街道名稱，而要了解這些名字粗魯在哪，你需要擁有中小學男生的俚語水準。當一民族被認為是典雅端莊時，他們的穢語用詞還真是令人印象深刻。二〇一六年時，負責管制電視廣播使用「髒話」的英國通訊管理署（Office of Communications），出版一項調查報告，其內容是調查英國人認為哪些語詞最髒。[122]調查結果顯示，英文與美式英文確實是兩種不同的語言，有好多——從輕微到中間等級的——語詞我都不能了解到底髒在哪裡。[123]輕微的像是 git；中等的例如 bint 和 munter，但到底為什麼這兩個詞會和 tits 一樣髒呢？[譯20]但我可以意會的是，為什麼一車一車的遊客要繞去那些路牌前拍照，諸如「堅果鉗巷」（Cracknuts Lane）、「聖格列高里後巷」（St. Gregry's Back Alley）、「史拉茲霍路」（Slutshole Road）、「暮光巷」（Cockshut Lane）。某位牛津（Oxford）居民曾經抱怨道，當自己在與公務員接洽時，他感覺自家的街道名字非常令人困窘，公務員會問：「你住在哪裡？」這位先生的回答是：「克羅奇月牙街（Crotch Crescent）。」[124]、譯[21]

不過，有別於「狎褻巷」的情況，多數英格蘭粗魯街道名稱的下流只是意外。貝里（Rob Bailey）與赫斯特（Ed Hurst）合著的《粗魯英國》（*Rude Britain*）一書，可說是匯集淫穢地名的海盜寶藏箱，此書告知我「巴特霍爾路」（Butthole Road）其實是根據大水桶（water butt）命名，而「布提巷」（Booty Lane）之名其實來自於鞋匠「維京鞋店」（Viking Booty）或「布提家族」；「東布雷斯特街」（East Breast Street）可能源自山丘名稱；「後面巷」（Backside Lane）得名自其位於某村莊後方；「上索恩街」（Upperthong Street）是一條狹窄的巷弄；「小布席巷」（Little Bushey Lane）之稱在古英文中是指「灌木叢附近的一塊地」；「康羅登園」（Cumloden Court）可能來自於高盧語（Gaelic）的「蓄水池」。至於「愛斯屋巷」（Ass House Lane）呢？你猜的答案和我猜的一樣好。[125]、譯[22]

---

20 git 本意是子嗣，尤指私生子，後用來罵人蠢笨可鄙；bint 的意思是女友，其髒話意義是因其不尊重女性；munter 是醜男或醜女的俚語；tits 是胸部，有時也用來罵人白痴。

21 cracknuts 的俚語意思是非常愚蠢；St. Gregory's Back 暗示男同性性行為；slut 是蕩婦，slutshole 有性暗示；cockshut 的俚語意涵是男性不得其門而入；crotch 亦有胯下之意。

22 butt、booty 都是臀部的俚語。breast 為胸部；backside 暗示性行為；thong 有丁字褲之意；bushey 暗指陰部；cum 有性暗示。

但是，無聊的街道名稱時常重複使用，對於市政府來說，這遠比荒謬的街道名更令人困擾。一八〇〇年時的倫敦，乃是當時世上有史以來最大的城市，[126]被古羅馬時代城牆環繞的「倫敦市」（City of London）本身，面積其實只有一平方英里，然大倫敦則進一步擴張，將周遭鄉村地區都納入其骯髒且混亂的局面之中。光是一八四〇年代，倫敦便增加約兩百英里長的街道。[127]

長期以來，倫敦缺乏擬定街道名稱的中央統籌機構，於是這項工作就留待想像力不豐的私人開發者處理。根據研究狄更生時代（Dickensian）倫敦的傳記作家法蘭德斯（**Judith Flanders**）記述：「一八五三年時，倫敦有二十五條阿爾伯特街（Albert Street）、二十五條維多利亞街、三十七條國王街、二十七條王后街、二十二條王子街、十七條公爵街、三十四條約克街、二十三條格羅斯特街（Gloucester Street），[譯23]以上這些都沒還算入同樣名字的場地（Place）、[譯24]道路、廣場、園地（Court）、巷弄、馬廄房街（Mew）。」[128]

數年之後，一八六九年的《旁觀者雜誌》（*Spectator*）在其刊登文章中厭倦地反問讀者：「難道所有建商都以妻子兒女的名字來命名街道？然後有三十五個建築師太太叫作瑪莉（Mary），有十三個建築師女兒名字拚作瑪莉安（Mary Ann）？場地、道路、街道的名字總共有七個愛蜜莉（Emily）、七個艾瑪（Emma）、十個亞萊莎（Eliza）、五十八個伊莉莎白（Elizabeth）——其中有二十三個叫『伊莉莎白地』（Elizabeth Place），另外還有十三個珍（Jane）、五十三個安（Ann）等等。」除此之外尚有「六十四條查理街、三十七條愛德華街、四十七條詹姆士街、三十六條亨利街，另外還有二十七個詹姆士地、三十七個腓特烈地（Frederick Place）」，其餘的街道名稱，「則是我們在五分鐘內可以想到的所有水果、花草名」。然而，「缺乏靈感的極致」表現在「新街」（New Street），倫敦總共有五十二條新街。[129]

謹守禮教的維多利亞時代清除了一些比較沒品味的街道名字，英格蘭的「狎褻巷」數量沒有再增加；但是，當這座城市的排泄物推積在河岸，而英國國會的簾幕必須浸泡在石灰中除臭，訂定體面的街道名稱似乎有些諷刺。諷刺性雜誌《龐趣》（*Punch*）已經受夠各種約翰街、彼得（Peter）街、威靈頓（Wellington）街，「可不可以讓街道名字換成合宜的稱呼，例如各種充斥街頭的疾病和麻煩事」，《龐趣》的建議包括：「露天下水道街」、「排水孔園」、「屠宰屋」、「墓穴月牙街」、「斑疹傷寒臺地」、「猩紅熱地產」、「結核病巷」以及「腺病弄」。該雜誌寫道，讓我們擁有這些街道名稱吧，「直到這座骯髒的城市有適當的清潔與排汙處理、教堂的墓園關閉、空氣中的病菌減少、瘟疫與傳染病被消滅」。[130]

對於郵務而言，重複的街道名稱真是災難。而在識字率高而科技尚低的時代裡，信

㉓「約克公爵」頭銜通常是英國國王或女王的第二個兒子所擁有；「格羅斯特公爵」則是某個兒子擁有。

㉔ place 其實就是個「地方」，它實際上可能是個廣場或區塊，也可能是條街道。

件乃是重要的通訊管道。早年的英國郵政是由收件人而非寄件人支付郵資，這對於勞動階級而言，實為額外負擔。郵資根據寄送的距離以及信件用紙數量而定，甚至連有錢人都會在同一張紙上水平與垂直雙向書寫以節省紙張，小說家奧斯汀（Jane Austen）就是如此交叉寫信的一員。比較窮的人則經常依賴旅人或口訊。

但是希爾（Rowland Hill）來也，他是個怪人，來自一個怪家族，作為教師，希爾協助建立一所進步派的學校，校內讓學生自治，學生還可以在附近打板球、踢足球（此舉在當時非比尋常），甚至不用擔心會被藤條伺候。[131]不過，根據坎伯—史密斯（Duncan Campbell-Smith）記載，希爾四十多歲時，覺得自己很失敗；希爾曾有意去劍橋大學（Cambridge）讀書，但他沒錢；希爾亦曾夢想自己能擔任公務員而有光榮的生涯，此事同樣無望，可是他依然有志於減少這個世界的貧窮與犯罪。希爾已達到幾項成就，他名下有一些發明與原創作品，其中包括某種新型而靈巧的印刷機；然而，隨著年紀增長，他依然只是個家族創辦的學校的校長。[132]以坎伯—史密斯的說法，希爾「相信自己有個人生使命在前方等他，只是自己還沒與其相遇而已」。[133]

不知怎麼地，希爾踏上郵務改革的領域。自孩提時，希爾便目睹雙親面對郵差敲門時的恐慌，母親將自己蒐集的布料交給希爾去賣錢以支付郵費。一八三七年時，希爾開始發行題為《郵務改革：其重要性與可行性》（*Post Office Reform: Its Importance and Practicability*）的小冊子，並將其遞交與財政部長；他的推論是，郵資所以高昂，部分是因為勞力耗費的問題，由於郵差得面見收件人才能收取費用，這導致郵差常須數度造訪

希爾

以便碰見正好在家的收件者。[134]

希爾翻閱大量的郵局文件卷宗，在分析之後，他發現郵務系統充斥著欺騙與貪瀆行為。國會議員有權寄送物品而收件者不須付費，有錢人比較有管道（濫用職權）取得這種免費郵務；但窮人自身也有抵制郵務系統的一套作法，他們在信封表面畫上符號，收件者一瞥郵差手上的信便知其含意，在接收訊息的同時拒付郵資（我個人小時候也會利用類似的策略，省下付費電話的四分之一美元，我會撥打接聽者付費的電話，「嗶」聲響後我不說自己的名字，而是喊一句「來接我吧！」）；而多數窮人其實從來沒有寫過信。

從今天的角度看來，希爾的簡單規畫是個顯而易見的解決之道：國內寄送郵件統一定額收費，並且由寄件人付費。達克拉（William Dockwra）是位私營商，他曾在一六八〇年的倫敦設立統一資費的遞送服務，透過這項服務，在倫敦之內寄信只需要一便士；

但是，對郵務握有壟斷權的政府認為這是項威脅，於是將達克拉的服務吸進郵政總局（General Post Office）。[135]至於希爾提出的構想，則是全國性的，無論你要寄到國內何處，都只需一便士的費用。

有著教育熱誠的希爾強調廉價郵資在道德與知識上的優點，他呼籲郵政總局要扮演「文明進展的動能之中，新穎而重要的角色」。[136]艾斯赫斯特（William Henry Ashurst）是位行動派律師，他於一八三八年寫了一本小冊子支持希爾的提議，艾斯赫斯特論道，窮苦人家的子弟必須離家到很遠的地方工作，郵資費用之高等於像是「放逐判決」，[137]他寫道：「假使我們通過一項法案，要求父母繳六便士的許可費給政府，否則就禁止父母與小孩說話，此事之可惡顯而易見，這項措施一定會在二十四小時之內就被廢除。」[138]

原先這是個財政問題，然至此其政治性大大提高。一便士郵資是否能拯救英國免於法國與美國式的革命？郭爾登（Catherine Golden）優雅地記載了一便士郵資制的興起過程，她寫道，郵政改革者「認知到，一些進步的小措施便可以撫平『主人與常人』之間的衝突不安，彌平——英格蘭尚未發生過的——政治動盪」。[139]在相關的演講、傳單、廣告（甚至刊行在狄更斯暢銷作品《尼古拉斯・尼克比》〔*Nicholas Nickleby*〕內）[140]傳播之下，公眾迫使頑固的國會接受新作法，但當時有許多人認為此舉將使國家破產。

總之，全國性的一便士郵資制度在一八四〇年誕生了，不久之後，希爾發明了「郵票」。在一便士郵政施行的首日，郵政總局的寄信人潮洶湧，甚至需要警力在場維持秩序。[141]「全國每位母親若有孩子在遠方掙錢，她們晚上終於能安心入睡，並衷心感激此項德政」，旅行作家山謬爾．聯恩（Samuel Laing）如此寫於一八四二年。[142]

不過，希爾的一便士郵資計畫並非慈善事業，財源滾滾湧進了英國財政部，皇家郵政（Royal Mail）隨即成為世界上最龐大、最有效率的官僚機構之一。你若住在倫敦中心區，可於早晨寫信邀請朋友前來用晚膳，然後及時收到朋友回信以便增加一道牛肉料理。一八四四年的一本旅遊指南建議恰當的寄信、送信時段如下：[143]

城內寄信時段

前天晚間至今早八點鐘，第一次送信。
早上八點鐘，第二次送信。
早上十點鐘，第三次送信。
早上十二點鐘，第四次送信。
下午兩點鐘，第五次送信。
下午四點鐘，第六次送信。
下午六點鐘，第七次送信。

國內寄信時段

前天晚間至今早六點鐘，第一次送信。
早上八點鐘，第二次送信。
早上十二點鐘，第三次送信。

下午兩點鐘，第四次送信。

至一九〇〇年代初期，倫敦部分地區竟有高達一天送信十二次的程度。

成功的郵政需要有效的地址系統，所以重複的街道名稱、編號鬆散的街道、大眾不熟悉地址長什麼樣等等原因，都會導致投遞工作更為困難。在一八八四年時，海德（James Wilson Hyde）在郵局工作已二十五年，他表示此時「或許是他人生最棒的時刻」，[144]他從自己過去於皇家郵政的經歷當中，列出幾個地址寫得很糟糕的信件，舉例來說：「我那住在新森林（New Forest）附近樹林旁小屋的親愛的阿姨蘇（Ant Sue）。」再舉另一個例子：「得負責照料兩個嬰兒的戴眼鏡的年輕女孩。」下面這個是我最愛的例子：

致我的姊姊吉恩（Jean）
愛丁堡（Edinburgh）
在卡農門（Canongate）北邊
一條死巷的南邊
我姊姊有條木腿

這些地址難以破譯的信件寄被送到當時所謂的「死信郵局」（Dead Letter Office），「瞎郵務員」（顯然這個稱呼來自他們看見地址時簡直像瞎了一樣）得猜測寄件人的意圖，這些「瞎郵務員」研究全國地圖與農場名稱，企圖讓信件可以寄到正確地點。其中有項實用技巧是將住址大聲朗誦出來，就像是兒童學習閱讀那樣（有封寄給 Mr. Owl O'Neill 的信，其實是要寄給羅蘭德．希爾〔Rowland Hill〕的）。[145]直到今天，貝爾法斯特（Belfast）仍有一間飛機棚大小的巨大辦公室，[146]裡頭有超過三百個郵局員工在從事地址解密。[147]

聰明的寄件人喜歡和「死信郵局」玩遊戲。維多利亞女王私人祕書龐森比（Henry Ponsonby）曾寫信給他身在伊頓（Eton）的兒子，他將住址文字精巧地藏在圖畫當中。龐森比的曾曾曾孫女、藝術家羅素（Harriet Russel）繼續這個把戲，她將地址藏在食譜、手繪卡通、色盲測驗、視力測驗表、連連看解謎之中，寄了一百三十封信給自己或朋友。[148]其中有封信需要郵務員解出填字遊戲；另一封解謎信件最終寄到正確地址，上頭多了條訊息：「格拉斯哥郵務中心成功解題。」在這一百三十封信當中，有一百二十封信安然送達目的地。

美國的「死信郵局」設立於一八二五年，專門負責地址有誤的信件，不久之後，該機關每年要處理的件數大約有七百萬封。[149]早期，該郵局配置的人員經常是退休的神職人員，因為在面對誤寄信件內裝的錢財時，這些人比較可以信任。[150]郵局也會僱用女性，顯然相信女性有較高的分析能力，較能解開寄件地址之謎。

最厲害的信件偵探名叫柯林斯（Patti Lyle Collins），她可以在一天內破解一千封有問題的信。[151]柯林斯出身有錢人家，旅遊經驗豐富，但是她的丈夫過世、孩子還小、母親高齡，她在「死信郵局」找到天衣無縫的好職業，她幾乎知道美國境內的每座城市、郵局，以及城鎮的街道、企業、大學、伐木場、礦場，與其他的私人機構，[152]柯林斯甚至可以辨識不同語言的筆跡風格，這些能力使她更容易破解地址內容。

有人可以與自己的職業如此相配嗎？根據勒芙喬伊（Bess Lovejoy）的敘述，柯林斯將一封寄給「住在史托克（Stock）的伊莎貝爾．馬布里（Isabel Marbury）」之信件，投遞至麻薩諸塞州（Massachusetts）的史托克橋（Stockbridge），因為她知道馬布里是此地常見的姓氏。[153]另外有一封要寄到「島嶼」（Island）的信，柯林斯將它轉投遞至西維吉尼亞州，因為該州有一部分被稱作「島嶼」。[154]根據一八九三年的《婦女家庭雜誌》（*Ladies Home Journal*），柯林斯曾挑起一封寄到「東馬里蘭街（East Maryland Street）三一三三號」的信件，隨即意識到雖然許多城市都有馬里蘭街，但只有印第安納波利斯（Indianapolis）的馬里蘭街有到三一三三號之多。柯林斯還將一封要寄到「紐約拯救傑利區」（Jerry Rescue Block）的信件正確地送到雪城（Syracuse），因為她知道這裡便是一八五一年逃亡奴隸拯救事件的地點，那位奴隸自稱「傑利」。[155]

但是，要釐清這些地址填得很糟糕的信件，確實是件曠日費時的工作。直接將地址加以標準化然後供人們學習使用，這樣不是比較簡便嗎？希爾熱切地寫道，在英格蘭，「倫敦街道命名系統的改革」對於「郵務體制有極大的重要性」。[156]倫敦的發展早已超出其早期的城牆周邊，大都會事務處（Metropolitan Board of Works）——也就是後來的倫敦郡委員會（London County Council）——被賦予處理大倫敦區域命名的任務。

這項工作實在吃力不討好。《旁觀者雜誌》於一八六九年刊登一段文字：「多數的人類究竟有多痴呆？這件事情在他們的街道名稱突然被更改之前，你是不會知道的。要變更門牌號碼就已經夠糟了，但如果連街道名稱都要換，所有人的身分都會暫時喪失，郵差突然像兒童一樣、商人每每寄錯貨品、某人的表親開心地抱怨他們找不到路。」[157]

倫敦城市計畫的主事者必須向居民保證自己不是「肆意妄為」。[158]雖然遭到抵制，但至一八七一年時，已有四千八百條街道名稱變更、十萬間房子重新編號。後來，有些人指責當時充斥社會主義者（socialist）的倫敦郡委員會「任意以平等主義的情緒」移除「國王街」等等名字。[159]至二十世紀時，該作業依然持續進行，委員會繼續重組街道名稱，接著第二次世界大戰來了。

在德國即將轟炸之際更改街道名稱，實在是個很爛的點子。[160]「倫敦大轟炸」（Blitz）始於一九四〇年，在八個月之內共有超過四萬名平民喪失性命，轟炸本身已讓倫敦交通受阻，更遑論街道名稱變更讓事情變得更加混亂。英國人民將全部燈光關閉以避免吸引轟炸機注意，街燈熄滅，車輛只能開黯淡的側燈，所有窗戶都裝上遮光窗簾或貼上牛皮紙（政府建議行人要攜帶白手帕以免被車輛追撞，但依舊有數千人在此期間死於車禍）。[161]

新街道名稱只是讓混亂狀況雪上加霜，因為此時路牌全被摘下，書店將城市地圖銷毀以防德國人入侵。此時居民也不喜歡為外人指路，一位英國女性克羅斯里（Jean Crossley）在其戰時回憶錄中寫道：「如果有人問路，人們會想，基於愛國情操，我們是不是應該告訴他走向錯誤的方向。」[162]但是，街道名單在戰爭結束之後又得全數更新一次，因為德國的轟炸徹底摧毀許多倫敦街道，使其在往後的地圖上完全消失蹤影。

然而，街道名稱與門牌號碼對於送信效率的幫助依然有限。一八五七年，希爾將倫敦分成八個區域並分別編號（其中有兩個後來被郵局調查員特羅洛普〔Anthony Trollope〕取消）。[163]在美國，郵遞區號（zip code）乃是由費城（Philadelphia）郵局員工幕恩（Robert Moon）發明，zip 的意思是「分區促進計畫」（zoning improvement plan）；幕恩初次於一九四四年將此概念呈給上司，在花了快二十年的時光進行遊說後，其意見終被採納。[164]幕恩的太太穿戴著金色的「Zip 夫人」吊飾，她告訴報紙媒體說，這件事之所以耗費那麼多日子，是因為幕恩是共和黨人（Republican），而他的上司們卻是民主黨人（Democrat）。[165]

為鼓勵郵遞區號的使用，郵局公關對此廣為宣傳，並推出短小精悍的卡通人物「Zip 先生」，百老匯樂團「搖擺六」（Swinging Six）還唱了一首推廣歌曲在國內電視上播放，曲初歌詞是：「Zip！Zip！哈囉，朋友，你好嗎？我們希望你挪出一點時間，聽聽我們要和所有人說的話，事關我們的郵政系統。」[166]

今日，郵局政機關估計郵遞區號所造就的寄件精確性與效率，每年大約可省下九十億美元。[167]「搖擺六」實在應該要求分紅！

如今我們這種現代的、官僚的地址設定作法，是否剝奪了什麼重要的資訊呢？多數情況中，我們不再將街道命名為「購物街」（Shopping Street）或「學校街」（School Street），但我很開心地知悉在蘇格蘭有條街上有間好事多（Costco）與宜家（Ikea），

Zip 先生

這條街遂被命名為「好事家路」（Costkea Way）。[168] 當我去西維吉尼亞州時，我記得曾在都鐸比司吉世界櫃台點圖蒂比司吉（火腿與起司夾心），我在此遇見一個女人，她向我嘆氣道：「我住在葡萄藤路（Grapevine Avenue）上，但這條路上根本沒有葡萄園。」

當然，如果官方命名不適合這條街，人們總是能給它另一個名字，名字總不用一定要與出生證明相同。舊金山（San Francisco）唐人街（Chinatown）裡的街道常被當地人改名，溫特活街（Wentworth Place）在一九四〇年代香氣撲鼻，幾公噸的美味鹹魚曝曬於此地的礫石屋頂或懸掛待售，當地人稱它作「德和街」；至於魏佛利街（Waverly Place）這個擁擠的公寓區域，當地人稱之為「十五分錢街」，十五分錢剛好可以剪個髮、掏耳朵或綁髮辮；貝克特街（Beckett Street）則變成「白話文約翰街」（Street of Plain Language John），一九四三年時有篇文章刊登一位名叫「約翰」的美國人，他被人家取綽號叫「白話文」，因為這人可以說一口流利的廣東話，他和貝克特街的高級妓女長期交往，當人家需要他翻譯的時候，在貝克特街找到約翰的機率遠高於他家，結果這條街便取了約翰之名。[169]

我覺得這是個過去的浪漫故事，但即便到今天，人們仍會以自己的方式重新命名街道。雷斯（Aaron Reiss）在中國住了幾年，當他搬家到紐約時，他決定和幾個年長的移民同住，以維持自己的中文水準，很快地他發現自己不知道長者口中講的街道名字，例如開了好幾家殯儀館的茂比利街（Mulberry Street），在他們口中變成了「死人街」；雷斯的這些鄰居把地威臣街（Division Street）說成「賣帽街」，羅格斯街（Rutgers Street）變成「垃圾街」，另外，為紀念參與美國革命戰爭的波蘭將領而命名的考西斯科橋（Kosciuszko Bridge），不知為何竟變成「日本仔橋」（the Japanese guy bridge）。從中國各地來的移民對於他們所在的曼哈頓街道，會根據其原鄉與方言而有不同的稱呼。[170]

事實上，也許街道官方名稱比我們所想像的更能貼切形容我們。經濟學家歐托－佩拉里亞（Daniel Oto-Peralías）仔細研究西班牙與英國的街道名稱資料，他發現，在西班牙，其街道名字具有宗教性的城鎮居民，他們的宗教信仰確實比較虔誠。[171]在英國，街道名稱若有「教堂」或「禮拜堂」（chapel），該處居民是基督徒的比例會比較高；歐托－佩拉里亞又注意到，在蘇格蘭，人們居住的地區若有「倫敦路」或「皇家街」等名字，那裡的氣氛就會比較不蘇格蘭。[172]

對此我們只能用因果論加以思考：你住在教堂街是因為你有宗教信仰，而想住在教堂附近嗎？抑或是你因為住在教堂街，從而增進了宗教信仰熱忱？也許，我們塑造了街道名稱，而街道名稱也塑造了我們。

但無庸置疑的是，我一點也不緬懷「狎褻巷」。

街道命名的風尚也會隨時間變遷。有很長一段時期，美國流行自然界的名字，波蘭也是，後者最流行的前五種街道名字是「森林」（Forest）、「原野」（Field）、「陽光」（Sunny）、「短徑」（Short）、「花園」（Garden）。[173]近來比利時人民為彰顯該國烹飪史而命名了數條街道：「根特糖路」（Passage of Cuberdon）得名自一款圓錐狀的比利時糖果；「史佩庫魯路」（Passage of the Speculoos）源自某種餅乾，「比利時萵苣路」（Passage of the Chicon）則來自一道起司萵苣料理。當代英國的新街道經常採取各種文化的名稱，「業力道」（Karma Way）與「清真寺巷」（Masjid Lane）是其中兩例。[174]另外，有個學者是這麼告訴我的：「未來的街道名稱屬於女性。」女性主義組織「勇敢女權」（Osez le Féminisme）正努力以新的非官方街道名稱裝飾巴黎，例如「妮娜・西蒙碼頭」（Quai de Nina Simone），目前巴黎街道的名字大約只有百分之二・六在紀念女性。[175]

與此同時，倫敦依然擁抱其歷史性的名字。我曾拜訪一位住在倫敦東區超現代主義式公寓的朋友，舊時此區曾是發展不佳的區域，我認真地瞧了兩眼這棟建築的名字：靴匠園（Bootmakers Court）。「靴匠園？」看著住在這裡的年輕白領階級居民牽著碳纖維架自行車走出來，我真心懷疑這裡有人是靴匠嗎？

聰慧的英國地理學家瑪西（Doreen Massey）也看到此一現象，倫敦碼頭區（Docklands）本來是勞動階級所在區，後來卻經歷快速的「鄉紳化」（gentrified）。瑪西寫道：「對於長久居住此地、有自覺意識的當地人而言，這些街道名稱可以激發人們對其勞動階級歷史的浪漫情懷：酒吧與足球、艱困的工作與強悍的社群。在今日使用相同的街道名稱，而對倉庫改建之公寓進行命名或改名，也是為了激發出與歷史的連結，這是另一種版本的浪漫化（romanticised）。」[176]對於昔日倫敦東區的勞動階級來講，靴匠園實在太昂貴，單一寢室的公寓竟要價四十萬英鎊，但這個名字可以讓富裕的倫敦人感覺到自己與當地有更浪漫性的連結，雖然這些有錢人可能不會想要住在舊時此地。

甚至，有人會緬懷舊日的「狎褻巷」。二〇一二年時曾有一項向英國國會請願的「復原狎褻巷」（Reinstate Gropecunt Lanes）匿名運動，請願內容是「復原這項我們已絕跡的文化遺產，是美好愛國情操的作為」，而國會直接拒絕，國會的回覆很有趣，它表示僅有地方政府有此街道命名的主事權。但是，並不是人人都希望保留粗鄙的路名，「巴特霍爾路（肛門路）」上的居民在二〇〇九年發起運動成功之後，如今他們住在「射手道」（Archers Way）上。

二〇一八年時，在英格蘭西米德蘭郡（West Midlands）的羅利雷吉斯（Rowley Regis）地區，有位當地生意人至家家戶戶派送傳單以推動街道名稱變更，他宣稱這麼做可以讓房地產價格增加六萬英鎊，那條路叫「鐘巷」（Bell End），它帶有我不熟悉的粗話意思；我本來覺得鐘巷聽來很優雅，「鐘」聲搭配上嚴肅的「巷末」（End）一詞。但是，顯然在英式英文中，這個巷名的意思是「龜頭」；譯25當地請願的訴求表示，住在這裡的孩子經常因為街道名稱而受到霸凌。

喬治（Linda George）對於巷名變更計畫感到怒不可遏，她的家族源起當地村莊，從前她上的教堂就在附近，那是一間嚴格的浸信會（Baptist）聚會所，此處只讀《聖經》、別無他書。如果有小孩被欺負，問題不在巷名，而在霸凌者。喬治決定發起自己的請願行動保護鐘巷，出乎她意料，幾天之內就有近五千人連署支持。

鐘巷所在地的羅利雷吉斯昔日曾是國王的獵場，它也位於英格蘭知名的「黑鄉」（Black Country）之內，黑鄉得名自該地區深厚的煤礦層。[177]此地居民會在後院蓋的，是小型冶鐵爐，而不是戶外浴室，目的在於製作釘子（兒童的手指細小靈巧，特別適合這項工作）。另外，此地巨大的礦場曾為全英國的道路提供石料。後來，隨著柴契爾夫人（Margaret Thatcher）下令關閉煤礦場，當地產業消失，羅利雷吉斯的工作機會流失，許多舊建築遭到拆除而非整修，道路拓寬，缺乏想像力的現代地產開始興建，喬治孩提時期所知的城鎮至此已幾乎面目全非。

我詢問喬治，她是否認為自己保護鐘巷之請願觸及這個痛處。她一邊嘆氣一邊告訴我：「這是有常識的人們的最後一根稻草。」這不只是個街道名字而已，「鐘巷」連結的是光榮光彩的歷史，以及一個（至少從建築上來說）更浪漫的時代。

---

25 bell-end 也用來罵人白痴。

「鐘巷」一稱還將羅利雷吉斯連結至其中世紀根源。當地議會認為這個名字起於當地礦脈，但某位一九一九年次的鐘巷居民則提供另外的版本，該居民的女兒透過臉書將這項訊息傳來，上面寫道，某間約翰王（King John）住宿的房舍位於這條巷子末端，門上敲門用的門環形狀像座鐘，於是有了「鐘巷」。簽下《大憲章》（Magna Carta）的約翰王的統治自一一九九年開始，距離我和喬治談話已逾八百年之遠。

喬治說：「建築物已逝，但名字將會長存。」

第五章

維也納：門牌號碼告訴我們什麼有關權力的知識？

維也納二月天的某個雪色清晨，我與坦特納（Anton Tantner）在市中心接近奧地利總理官邸處見面。坦特納四十多歲，他穿著蓬鬆的雪衣外套、灰色圍巾，他緊緊戴著黑色帽子，帽沿壓至雙耳旁，映襯出一張雙頰紅潤的圓臉，他看來簡直像是從哈爾斯（Franz Hals）畫作裡活生生跳出來的男孩。[譯26] 一陣疾風吹過廣場上素樸建築間的轉角，今天是瑪麗亞・特蕾莎（Maria Theresa）三百周年誕辰，女皇堅毅、銀髮形象的海報張貼在維也納各處。

關於房屋編號，坦特納是世上首屈一指的專家，他是維也納大學（University of Vienna）的歷史學家，他研究門牌號碼，並且安排維也納門牌號碼的六十人導覽團，還籌辦門牌號碼的攝影展。[178] 我之所以知道坦特納，是因為我讀了他的小書《門牌號碼》（*House Numbers*），乍看之下，我以為他的心思都放在街道地址中最平凡乏味的部分。

㉖ 哈爾斯（一五八二—一六六六）為荷蘭黃金時期畫家，他所畫的人物經常臉色紅潤飽滿。

但是坦特納改變了我的想法。坦特納寫道：「門牌號碼的偉大事業，乃是十八世紀的一大特色。這麼說毫無諷刺，門牌號碼可視為是啟蒙運動時代最重要的成就之一，在那百年之間，人們非常熱衷於秩序與歸類。」[179]門牌號碼的發明，不是要助人在城市裡尋路，也不是要幫你收信，雖然這兩項功能確實因此獲得強力的推展；反之，門牌號碼是要讓你比較容易繳稅、入獄、被警察找到。門牌號碼的存在目的，不是要幫你找到方位，而是要幫政府找到你。

坦特納告知讀者，門牌號碼的發明並不僅是歷史的注腳，它本身就是歷史的篇章。對坦特納而言，維也納便是此篇章之濫觴。

一七四〇年的十月，是人們記憶中最冷、最濕的一次十月，神聖羅馬帝國（Holy Roman Empire）皇帝查理六世（Charles VI）外出打獵，不久之後生病過世，死因可能是因為誤食有毒的蘑菇。查理六世的長女，也就是時年二十三歲的瑪麗亞・特蕾莎，忽然之間成為哈布斯堡（Habsburg）帝國的女皇。[180]瑪麗亞・特蕾莎的雙親原本還期待能生個兒子，所以讓女兒受的多數教育是「宮廷禮儀」，諸如跳舞與音樂。一位普魯士（Prussia）使節在一七四六年時曾描述其人：一頭淡色金髮、圓臉、「既不彎也不翹」的小鼻子、大嘴、勻稱的頸子；這位使節寫道，當時瑪麗亞・特蕾莎的身材已經因為生孩子而走樣——她總共會在十九年之間生下十六個孩子——但是她的「手臂與雙手」還是很美的。[181]

人生並不容易。瑪麗亞・特蕾莎繼承的是一塊負債累累的土地大拼盤，範圍包括奧地利、匈牙利、克羅埃西亞、波西米亞（Bohemia）、外西凡尼亞（Transylvania）以及部分的義大利，而且她還花了很久的時光才擊退敵手。特蕾莎的丈夫法蘭西斯一世（Francis I）在他們兒子的婚禮上病倒猝死，女皇縫製丈夫的壽衣，剪去自己的頭髮並將房間塗成黑色。[182]雪上加霜的是，天花殺死她三個孩子，其中包括正要離開維也納嫁去那不勒斯（Naples）的王侯、十六歲的瑪麗亞・約瑟法（Maria Josepha），天花還使她的另一個女兒瑪麗亞・伊莉莎白（Maria Elisabeth）終身不孕而無法成婚（瑪麗亞・特蕾莎將十一個女兒都取名為瑪麗亞，還真是「福爾曼風格」（George Foreman-style）。[譯27]對於瑪麗亞・特蕾莎而言，婚姻只是外交，因此就帝國本身而言，她最美麗的那個女兒，也就是瑪麗亞・伊莉莎白，可以說已經死了。

一七六三年，瑪麗亞・特蕾莎和她的兒子約瑟夫二世（Joseph II）——後來兩人會共同執政——輸掉「七年戰爭」（Seven Years War），這是一場牽涉歐洲每個王國的大戰。這一次，婚姻已無法將帝國各部緊緊綁在一起。瑪麗亞・特蕾莎企圖從她的頭號敵人，也就是普魯士的腓特烈二世（Frederick II）處，奪回富饒的西里西亞省（Silesia，位於今日波蘭境內），但她的軍隊已經氣力放盡，無功而返。瑪麗亞・特蕾莎曾說，要不是她

㉗ 福爾曼（George Edward Foreman），美國人，兩度世界重量級拳擊冠軍，他將自己的五個兒子全都取名為 George Edward Foreman。

懷孕了（與普魯士交戰期間，她總共懷上八個孩子），她會親上沙場征戰。

她需要更多的士兵，哈布斯堡帝國境內依然以封建制度為主。帝國內的領主可以控制在其領地上工作的家庭，所以軍事徵召主要是由領主負責。但不意外的是，領主會將強壯、努力的人留在身邊，派其餘的人去從軍。理論上，瑪麗亞．特蕾莎統治了一整個充滿熱血年輕人的帝國，但若她無法實際上找到這些人，那又有什麼用？

於是，在一七七〇年，也正是她的么女瑪莉．安東尼（Marie Antoinette）嫁去凡爾賽宮的那年，瑪麗亞．特蕾莎下令「普遍徵兵」，計算其領土內所有可以當兵的人；但女皇很快發現另一個問題，她缺乏計算眾村莊人口的切實作法，沒有辦法辨別各家各戶。

女皇想出一個解答：門牌號碼。將家家戶戶加以編號並登記其居民，軍方可以查出隱匿人口並找到符合從軍年齡的男性。一七七〇年三月，瑪麗亞．特蕾莎頒布諭令，派遣超過一千七百位軍官與公務員至帝國各處；專職畫匠進入村莊在人家戶前塗上號碼，又黑又濃的漆是由油脂與煮過的骨頭製成；記錄員在預製的表格上填寫人們的資料與其服役體位；相關人員在深冬時節於市鎮鄉村之間跋涉，雨水弄糊了劣質的墨水。最後，編號的成果是超過七百萬人，共一百一十萬三百九十九個門牌號碼。在預算超支與時間緊迫之下，房屋號碼員將眾多卷宗寄回維也納，其數量多至連王宮都裝不下。

坦特納和我一起出發，在下雨的維也納裡尋找一些瑪麗亞．特蕾莎時代遺留的門牌號碼；我們要搜尋當初的徵兵號碼，那是畫在白色背景上細長而典雅的數字。我們鑽進拱門下方，然後抬起脖子盯著宏偉石造建築；我們在狹小的巷弄裡穿梭，搜尋刻蝕在城

瑪麗亞・特蕾莎

市各處的陳舊數字。坦特納出生在維也納，他邁步於寒風吹拂的巷弄街道上，依然健步如飛，中途他只有稍稍停留在一間滿是模特人像的裁縫店，從精神抖擻的女裁縫處取回他母親修改的衣服。

我們轉了個彎，走到一條大道上，路旁滿是販賣皮毛大衣與珍珠項鍊的店家櫥窗，道上迴盪著街頭手風琴的音樂。在一間精緻的鞋店前，坦特納舉起他沒戴手套而紅通通的手，指向一棟建築的白色牆面，上頭有紅色的門牌號碼。瑪麗亞・特蕾莎的命令很精確，維也納使用紅色數字，其餘地區使用黑色數字；必須使用阿拉伯數字（1、2、3），不能使用羅馬數字（i、ii、iii）；唯有瑪麗亞・特蕾莎所鄙夷的猶太人家，才使用羅馬數字編號。

瑪麗亞・特蕾莎的諭令還確切要求，每間門牌號碼前面必須加上 No.，例如 No. 1、No. 2。加上這個開頭的目的，或許只是要與該建築物興建的年分相區隔，後者在維也納經常標記在建築體上；不過坦特納有位同事則提供更讓人滿意的猜測，他微笑著告訴我：「如果要和某人談話，你不能直接叫他的名字，而要叫他某某先生。同理，No. 的功能就像是 Mr.，我們對門牌號碼也要有禮貌才行。」

坦特納跟我說，哈布斯堡帝國絕非唯一、亦非第一個想到房屋編號點子的政府。[183] 世界各地如巴黎、柏林、倫敦、紐約等處，甚至包括鄉間市鎮與村莊，都各自獨立且似乎是同時地，開始進行這項新穎的編號遊戲。房屋號碼的故事或可從十六世紀的巴黎說起，巴黎官員將聖母橋（Pont Notre-Dame）上的六十八間房子進行標號以辨識為城市資產；或者可以追溯至一七六八年，法王路易十五（Louis XV）進行房屋編號以追蹤混居平民之間的士兵；又或者，我們可以以一七七九年作為起點，當時有家出版商馬林・克林菲爾德（Marin Kreenfelt）決定，要從街頭到街尾將路燈加以編號，後來又將此法推展至房舍，以製作他的巴黎指南書。

你也可以將門牌號碼史之濫觴定在倫敦。在街道命名或編號之前，倫敦商家就會製作招牌釘在門上來招攬客人，這些無字招牌有其自身的語言，例如龍代表藥劑師，糖麵包代表食品雜貨店（有時若商家轉讓他人經營，這些標誌會變得更加神祕，例如三個小盒子與一塊糖麵包，這是歐萊夫〔James Olave〕的棺材店標誌，因那棟建築原先是家食品雜貨商）。[184] 沉重的招牌上經常有金屬裝飾，風聲颼颼之際，招牌也嘎吱作響。一七一八年時，有面招牌脫落拉垮建築物一側，掉落物殺死四位不幸路過的購物者，而門牌號碼可以讓店家不再需要使用這些招牌標誌。新生的倫敦門牌號碼，再加上街道路牌的興起，男僕的工作內容也首次掀起革命，從此以後，他們必須識字還要會數數，才能夠順利傳遞訊息。[185]

即便如此，這個理念要真正融入，尚需要一段時間。現代郵務之父希爾（其人其事見第四章）曾經寫道：「來到街道中段的一間房子，我觀察到門上的銅字寫著九十五號，而它兩側的房子各自寫著十四號與十六號。一位婦人來到門前，我詢問她為何九十五號會出現在十四及十六號之間；她表示，這個號碼是她之前住在另一條街上的號碼，而它（指那個銅盤）是個好東西，所以很適合她目前的住處，也很適合其他地方。」[186]

在美洲，英國人首度將曼哈頓地區房屋加以編號，是為了追查革命分子。而至一八四五年時，當時曼哈頓的孩子還能在麥迪遜大道（Madison Avenue）上採藍莓，[187]根據一本城市指南的描述，當時曼哈頓的門牌號碼「處在美麗的混亂常態」當中；[188]曼哈頓沒有進行重新編號，而且官方將東區與西區以第五大道（Fifth Avenue）為界分開，直到一八三八年為止。即便到後來，依然有許多企業商家沒有出示號碼，一九五四年時曾有位《紐約時報》記者站在某間劇院前，詢問門衛此處的門牌號碼，對方回答：「我不知道，我只是在這裡工作。」記者問：「你在這工作多久了啊？」他答道：「十五年。」[189]

馬克・吐溫幾乎熱愛十九世紀柏林的一切，他稱柏林為歐洲的芝加哥（Chicago），柏林在他看來是「全世界治理最好的城市」。馬克吐溫欣賞柏林有教養的警察、埋在地下而非懸掛著的電線，還有用掃帚與刮刀清掃過的街道，這裡不像紐約人是用「禱告與講話」來打掃街道。但是，關於門牌號碼，馬克・吐溫寫道：「打從創世混沌以來，未曾看過如斯景象。一開始你會以為這些事情是個白痴幹的，後來你發現有太多類似的事情，單單一個白痴可沒辦法想出這麼多方式來造成混亂或褻瀆。」門牌號碼似乎是隨機選擇的，「經常有三或四間房子是同一個號碼，或者在好幾間房子中，只在其中一間放上門牌號碼，其他的都讓你猜」。[190]

一團混亂的恐怕不僅柏林。在維也納，起初的作法是，每棟新建築都會取得當時數字最低的可用號碼，無論建築物位於何處。所以，當新房子蓋好了，一五二一號有可能很「（不）舒適地」座落在十二號旁邊。你可以在城中到處將房子編號，但接下來你必須知道街道名字、號碼以及街區名稱才能找到目標，要問的東西實在太多了（威尼斯〔Venice〕也有類似令人抓狂的制度，城市會分成「區」〔sestieri〕，而門牌號碼幾乎是隨機地散落在其間。不過，威尼斯顯然可以躲過所有麻煩）。在捷克，每間房子都有兩種號碼，一種是定位用的，一種是政府登記用的；而在佛羅倫斯，住宅與商業目的使用不同類型的號碼。

但是，房屋編號的正確作法究竟是什麼呢？讓我們看看費城的制度：路的一側是奇數號，另一側是偶數號。華盛頓（George Washington）的一位顧問碧多（Clement Biddle）在一七九〇年設計了這套系統，當時費城正在進行人口調查，一側奇數、一側偶數可以省去猜測的功夫，並了解路上某號大約距離有多遠。費城這套制度在十九世紀時又有修正，讓門牌號碼的設定更加合乎邏輯，每個街區分配一百個號碼，下一百個號碼則會換至另一街區。如今，現代的規畫者會進行縝密計算以確保我們的門牌號碼是合乎理性的，它已經合理到我們幾乎不會注意門牌的地步。

人類幾千年來都不用門牌號碼，怎麼忽然之間它變得如此不可或缺呢？

在一九九〇年代時，耶魯大學教授史考特（James Scott）曾提筆將一個難題寫成書：為什麼國家總厭惡人民四處移動？遊牧民族、吉普賽人（gypsie）、愛爾蘭遊人（Irish Traveller）、貝都因人（Bedouin）、遊民、無家可歸者、逃亡奴隸等等，總是被「國家視為一根心頭刺」，國家企圖釘住這根刺但未必成功。[191] 隨著史考特的書寫進行，他意識到自己應該還要寫另一段故事，關於國家一開始是怎樣把人民釘住的。

史考特發現：「現代之前的國家在很多重要層面上，可以說是半瞎的。國家對於自己的子民以及人民的財富、地產、產量、所在地、身分等所知甚少。」[192] 用史考特的話來說，在瑪麗亞．特蕾莎的時代，十八世紀的歐洲國家「主要是部抽取的機械」。[193] 君主對於要如何從王國內榨取更多稅收與貿易，愈來愈駕輕就熟，但是，史考特寫道，「當王侯宣稱專制統治時，有些事卻頗為諷刺」，因為他們幾乎無法控制地方層級，或如史考特的說法，君主「在社會工程上仍難以推動更加有利的實驗措施。若要讓君主日漸壯壯大的野心能徹底落實，他們需要非常強大的自負、一部可執行所需任務的國家機器，以及一個可以駕馭的社會」。[194]

若要駕馭一個社會，他們首先必須知道社會裡有哪些人。史考特表示：「國家必須創造有身分的公民，它必須創造有名字的公民資訊以及相符的地址，並登記在地籍資料上。」在早期現代的歐洲，「國家塑造」一事需要「易於了解」的社會，國家要做任何事情之前，它必須先了解自己。史考特說：「而在這個讓社會易於了解的過程中，國家徹底改變了自身。」[195]

舉例而論，在十四世紀之前多數歐洲人並沒有永久的姓氏（而中國秦朝竟然在西元前四世紀時就已為了「收稅、勞役、徵兵」而要求人民有姓氏）。[196] 根據史考特的敘述，歐洲人只有名字，若還需要額外的補充，他們就會加上自己的職業，例如磨坊人米勒

（Miller）、麵包師貝克（Baker）、打鐵匠史密斯（Smith）；或者加上自己居住的地方，例如住山丘的希爾（Hill）、住溪邊的布魯克（Brook）；又或者加上父親的名字或氏族的名稱（例如Johnson、Richardson）。

然而，這些姓名並非有系統地往下流傳。你只靠名字是找不到人的，例如在一七〇〇年代的英格蘭，百分之九十的男性都使用以下這八個名字：約翰（John）、愛德華（Edward）、威廉（William）、亨利（Henry）、查理（Charles）、詹姆斯（James）、理查（Richard）、羅伯特（Robert）。[197]對於外來的警察或收稅官而言，這種名字哪有什麼意義？當地人或許知道要怎麼找到「威廉之子亨利」，但他們也可能不跟你說，由此統治者要求人們必須永久採用姓氏，這是國家力量進一步延伸的徵兆。

房屋號碼乃是這個龐大現代計畫中的一部分。我們現在已知古羅馬人沒有街道名稱或門牌號碼，但他們還是多少可以找到路；或許，羅馬當局並不亟需地址系統，因為他們並不亟需找到某個特定公民。首先，羅馬政府不是中央集權的，這表示地方官員或許知道所有他們應該知道的人；更根本的是，羅馬的國家體制並不牽涉現代政府所從事的那些公民生活建設，例如羅馬人沒有公立學校。

中世紀的歐洲國家也沒有追蹤子民的確切方法。歷史學家斯梅爾（Daniel Lord Smail）研究馬賽（Marseilles）的公證文獻多年，他從一四〇七年的犯罪受罰者檔案中找出一些例子：[198]

伊沙貝拉，一個墮落的女人
希莫內（製衣匠）
阿根廷娜，希莫內的妻子
皮卡德羅
約翰·勒·布斯，馬賽的麵包師

然而，經歷五百年之後，一九〇七年的紀錄看起來則像是這樣：

姓塞尼，名亞涅·賽列因·約瑟芬，三十二歲，教師，出生於奧德省的侯克福，居住在馬賽的聖吉勒街十號
姓卡斯特洛提，名約瑟·路易，十八歲，海員，出生於科西嘉島的巴斯提亞，居住在馬賽的費吉埃·德·卡西斯街八號
姓培宏，名貝特·珍娜·亞賓·約瑟芬，二十八歲，出生於隆河口省的馬賽，居住在馬賽的博哈多大道六十八號

斯梅爾在其精妙的著作《想像的地圖學》（*Imaginary Cartographies*）當中寫道：「一九〇七年時並無固定格式範本，若我們得知約翰·勒·布斯是個麵包師，肯定是因為他如此告知負責記錄的官員。相反地，一九〇七年時已有預先印好的表格：姓名、職業、

出生地，以及——本書最關心的——地址或居住地。」[199]十五世紀馬賽的公證檔案，不過是在想辦法描述人們的身分，斯梅爾的結論是：「地址之利用、身分與居住地相連的作法，乃是現代的情況。」[200]

國家在自我塑造之前，必須了解自身的社會、辨認其人民。在門牌號碼推行之前，昏暗閉密的房舍、沒有繪製地圖的街道使人口得以隱匿。若要看書，我們要讀的是字；若要看城市，我們要讀的是街道名稱與門牌號碼。在政府還沒確定房舍地址前，它對人民的身分是盲目無知的，是門牌號碼幫政府開了眼。

但當國家終於睜開雙眼，那時會發生什麼事呢？

十八世紀的巴黎，一位法國警官紀堯特（Jacques François Guillauté）著手記述他理想中的警察烏托邦。紀堯特在那本內容豐富、插圖豪華的《法國警務改革簡論》（*Mémoire sur la réformation de la police de France*）當中，提出一個激進的計畫，也就是如何密切追蹤每位巴黎市民，其內容包括對城中所有男人、女人、小孩進行詳細資料登錄。[201]卷宗將存放在一種可以旋轉的機械式檔案櫃中，櫃子周長三十六英尺，底下裝有巨大的輪子，其不只能儲藏檔案，還能讓職員快速取得資訊；[202]哲學家薩瑪友（Grégoire Chamayou）表示，你可以想像一架巨大的「羅樂德斯」（Rolodex）。譯㉘這個薩瑪友稱為

㉘ 羅樂德斯一詞混和了rolling（旋轉）和index（卡片索引），是一九五〇年代發明的一種旋轉名片、文件架。

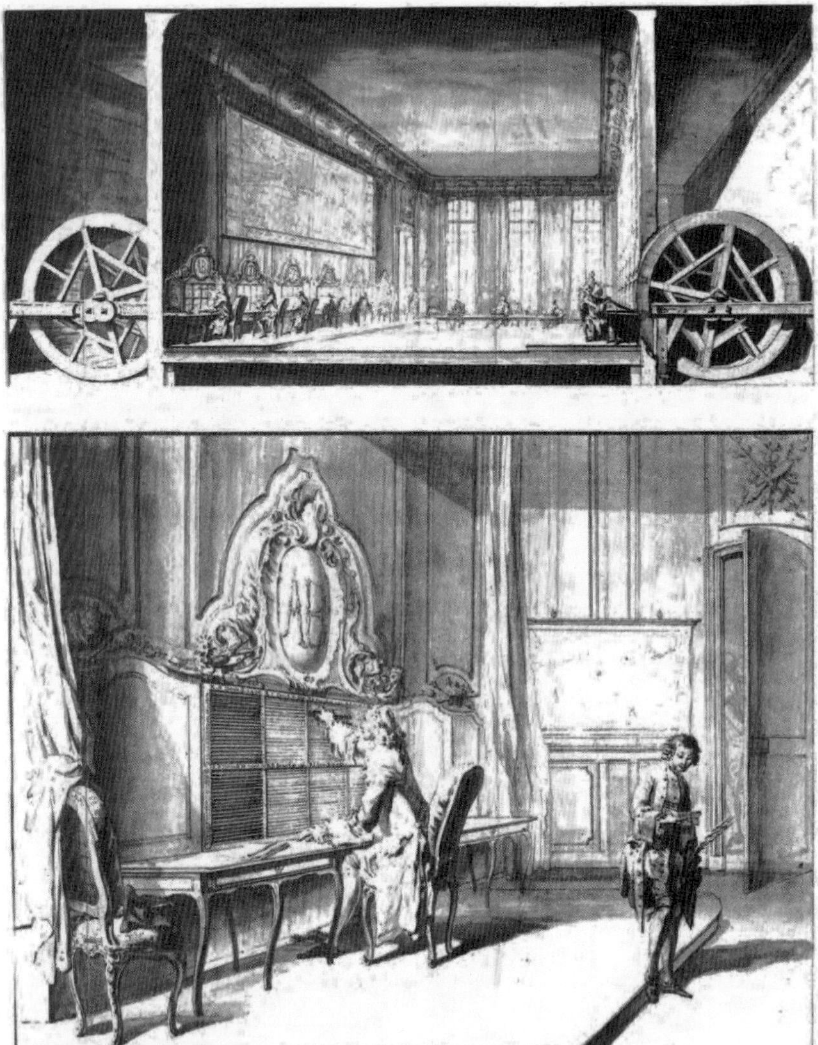

紀堯特的「資料櫃」

「資料櫃」（Paperholder）的設備，得靠腳踏板來操作，[203]當整座城市的人口資料要儲存在一間禮堂大的房間裡，它可以讓作業變得比較容易。這真的可以說是所謂的「大數據」。

但是該計畫的實踐，需要對巴黎進行徹底的重新思考，當時的巴黎可是人口旺盛，尤其擠在巷弄蜿蜒的貧民區。所以，羅樂德斯若要發揮效用，每張卡片上怎麼可能沒有編號？於是，紀堯特計畫將巴黎分成幾個編號的「區」（quartier），移除重複的路名，要求街道名稱必須刻在石匾上並安置在顯眼的位置。每條街道、每間房屋、每座樓梯井、每層樓、每間公寓，甚至每匹馬，都必須加以編號。

這項措施本身似乎不那麼令人怨恨，但是紀堯特卻更進一步倡議，要建置特殊警力負責值勤時追問人民資訊細節，而且如建築史家比里尼亞尼（Cesare Birignani）所言，這些細節是「瑣碎的、令人抓狂的」。年齡、階級、職業、行蹤、出城與進城的紀錄、租金等等，警察會查明一切，然後將資訊「上傳」至「資料櫃」，而你可以靠腳踩的操作迅速取得任何巴黎居民的資訊。紀堯特寫道，藉由此法，警察對於居民的了解甚至會比他們的鄰居更多，就算是教堂或醫院都無法供人藏匿，「我們或許能做到了解每一個人，從他出生直到斷氣的那刻為止」。[204]

我們對於紀堯特的生平所知不多，只知道他是位警官，曾被派遣在巴黎追蹤或監察人們。《百科全書》（*Encyclopédie*）被稱為啟蒙運動之寶，企圖將全世界的知識匯聚並整理在一起，而其主編狄德羅（Denis Diderot）為紀堯特的房客。紀堯特和狄德羅的相識或許是巧合，又或者不是，紀堯特這人有很高的抱負，他熱切地設計出令人震驚的計畫，想要解決這個世界的難題（他還設計了一種浮橋，每日可供三萬六千人通行，且因此獲獎）。伏爾泰（Voltaire）曾經嘲諷這種人並稱之為「計畫開發家」（faiseurs de projets），也就是天馬行空幻想社會革新計畫的業餘人士。

即便如此，對於紀堯特這種贊同啟蒙運動的人士而言，門牌號碼是一個自然的想法，為家家戶戶配上門牌號碼，可以促進啟蒙運動的根本原則：理性與平等。城市應當要易於探索，在其中應當要容易尋人，能夠有效收稅，可以迅速抓到罪犯。所謂「啟蒙」，就是要為黑暗帶來「光芒」（light），讓國家可以看清自己的人民——全部的人民。

紀堯特的書並沒有獲得長久的肯定，也沒有獲得警政單位的採納，我們甚至不能肯定法國國王是否曾看過此書。然而該書依然是重要的成就，這不僅在於紀堯特的原創性，同時在於其觀念很快就沒有原創性了，很少人讀過他的作品，但世界各地卻各自出現了複雜的街道地址系統。紀堯特認為自己是發明家，但他其實是個預言家，他預言了一種新的政府型態，也就是一個關心你住在哪裡的政府，雖然這是件好事抑或壞事，還很難說。

所以，假使眾人抗拒這種新型的門牌號碼，此事是否令人驚訝呢？十八世紀後期，據史學家奇基尼（Marco Cicchini）所述，日內瓦（Geneva）市府也決定要推動編號這碼事，首先是將人民編號（尤其是伐木工），接下來是手拉車、馬車，甚至連馬匹也要編號；後來，在經歷一場暴動之後，市政府為了維護秩序，派遣了兩位專職畫匠將街道名稱塗上牆、編號畫上屋子。[205]

某天晚上，即便當時已有軍人巡邏追捕門牌破壞者，日內瓦人依舊抹毀了一百五十個編號。[206]畫匠只得再次上工補漆。在法庭上，有些人爭辯——我猜想他們可能很窘迫——自己不知道不能抹去自己的號碼。問題不只爆發於日內瓦，而是瀰漫全歐洲，人們用糞便汙損號碼、或用鐵棍將其刮除；房屋編號的官員遭到毆打、潑水，只好逃離村莊，至少有一位官員因此遭到謀殺。[207]

諸多美國人民擔憂「城市指南」（city directory）的雇員會來登錄自家的號碼。根據地理學家羅斯—雷伍德（Reuben Rose-Redwood）所言，在美國南北戰爭（Civil War）之前，南方人擔心城市指南全都是「北方佬的企業」，城市指南本身還必須確認並聲明「沒有任何北方佬與本書的出版、甚至印刷有任何關係」。[208]北方人也是同樣戒備，任何攜帶城市指南的人都會被懷疑是個登錄員，人們會直接將大門甩上。

編號這件事其實很「去人性化」。房屋編號的早期階段，許多人覺得新的門牌號碼否定了他們身為人的尊嚴。奇基尼提及，日內瓦有一位六十一歲的婦人因為抹毀門牌號碼而被起訴，她告訴法庭，街道名稱刻在自家房子上已經夠氣人了，如果當局還要加上「這個號碼，幾乎是種迫害」。[209]一位瑞士的回憶錄作家造訪奧地利時，「驚嚇地看見房屋上的號碼，這在我們看來乃是統治者將個人納為財產手段的一種象徵符號」。[210]

為了解釋給我聽，坦特納搞笑地拍了拍胸脯，喊道：「我不是個數字，我是個『自由人』！」這句話引用自英國間諜秀《囚犯》（*The Prisoner*），坦特納停頓了一下，又說：

「這也是鐵娘子樂團（Iron Maiden）的一首歌。」

對於無權無勢者而言，摧毀他們的門牌號碼等於取回自己的人性尊嚴。當男人鑿壞牙齒或剁下拇指以逃避兵役時，他們施展的是自己僅有的力量。以坦特納的話來說，對自己施加暴力、對房子施加暴力，「是面對國家施展訂定地址的權力時，僅剩的一切」；[211]假使他們不能將你編號，他們便不能徵召你，若他們看不見你，他們便沒有掌握你，你實際上就是個自由人。

這種擔憂並非空穴來風，當代經典作品《如國家般觀看》（*Seeing Like a State*）作者史考特（James Scott），在該書中提出自己的觀點，他自稱是個「原始馬克思主義者」（crude Marxist），對於「現代國家感到非常懷疑」。[212]（史考特對於自己當年閱讀湯普森〔E. P. Thompson〕的千頁巨著《英國工人階級的形成》〔*The Making of the English Working Class*〕時所坐的那張椅子，至今還記憶鮮明。）[213]史考特的主張是，當政府計畫要使國家變得「易懂」之際，卻沒有幫助應當協助的人民。計畫者制定城市的規範，並且掃除都市街道那些不符常規卻充滿活力的事物，但這些不符規範的事物，卻是雅各（Jane Jacobs）在《偉大城市的誕生與衰亡》（*The Death and Life of Great American Cities*）當中所讚揚的。舉例而論，十九世紀的巴黎為了整齊有序的大道而清除貧民窟，為此強迫遷徙數萬勞動階級的居民。[214]又如坦尚尼亞政府企圖強迫數百萬人們遷居至規整計畫的村莊，卻因此無意間摧毀了該國的農業。[215]

史考特還描述了政府表面上看似無害的決策，例如要求人們要有姓氏一事，都可能造就惡果。美國聯邦官員公然蔑視美洲原住民的命名作法，因為後者的名字常無性別區別或者易變，例如在一場狩獵豐收之後，「五熊」（Five Bears）可能變成「六熊」（Six Bears），而官員卻強迫原住民要改名，這是宏大「文明教化計畫」的一部分。[216]一八一二年時，普魯士准許猶太人成為公民，交換條件是猶太人必須固定其姓氏；另一項一八三三年的詔令則要求所有猶太人（不止於已成為公民者），必須從政府提供的名單當中選擇一個姓氏，例如魯賓斯坦（Rubenstein）和伯恩斯坦（Bernstein）等；沒幾年後，法律便規定猶太人只能從一份既定名單中選擇姓氏，選定後不可更改，此政令導致後來的德國納粹可以輕而易舉地掌握猶太人口的身分。如歷史學者別林（Dietz Bering）所言：「一八一二年，法定猶太區（ghetto）的門在不情不願的情況下打開，而如今猶太人又再度被關在另一猶太區：『姓名』。」[217]

命名道路顯然是下一階段。史考特寫道：「要跟隨國家塑造的進步之路，其餘的事情尚有新創系統之完善與應用，將地區、道路、人民以及最重要的房地產，加以命名與分類。」[218]史考特的家在康乃狄克州，家附近有條路，它有兩個不同的名字，在基爾福（Guilford），這條路喚作達蘭路（Durham Road），因為這條路通至達蘭；而達蘭的人則稱之為基爾福路，因為對他們而言這條路領至基爾福；對兩地的人們來說，兩種路名很有用，但對於該州而言，兩種路名是個災難。這也就是為什麼，帝國權威推展的第一步就是以其可以了解的方式，重新命名道路。

史考特批評，地方知識已喪失於這些讓社會更加易懂的規畫當中，但他同時也承認，政府對於「易讀性」（legibility）的追求通常是好意。紀堯特不只將警察視為執法者，事實上，他擔憂人們因太執著於法律，而對於能避免過錯的良善作法不甚介意。在紀堯特描繪的巴黎烏托邦中，他賦予警察監督街道清潔、點燈照明、檢查門窗陽台安全、檢查車輛的任務，此外，警察還要在專家陪同下每年進行房屋訪查，專家會建議房屋需要修補之處。比里尼亞尼解釋道，紀堯特還有其他點子，像是改善奶媽健康，以及革新巴黎屋頂設計（常讓雨水灑到街上）的點子，他從《聖經》裡找到一種優越的模型，也就是摩西（Moses）規定的「矮護牆」（parapet）。這些公共福利觀念早已受到法國警方的接納，警方愈來愈自認為是城市的管理者。在此「監視」（surveillance，有位評論者認為「監視」一詞如「可麗餅」〔Crêpes Suzette〕般法式）[219]的願景下，人們需要比以往更有監視力的警方來保障自己的幸福。

即便是在瑪麗亞．特蕾莎時代，人民在了解門牌號碼帶來的益處之後，也迅速放下疑心。郵件可以順利送達，以莫札特（Mozart）為例，他在維也納不同的十二個地址都能收到信，此外，城市內也變得更容易找路。坦特納敘述道，門牌號碼還有其他有用的功能：一七七一年冬，城內張貼了「波洛尼亞狗狗」走失的傳單，「公犬，白毛，藍眼睛，一只眼睛比另一只亮，口鼻短小，黑鼻子」，失主正焦急地在柏格納加瑟區二二二號等待。[220]

一個又濕又暖的五月天，我搭火車與巴士至沃德斯登莊園（Waddesdon Manor）看紀堯特著作的原書，這裡是英格蘭白金漢郡（Buckinghamshire）的一座法式城堡，有些不相襯地座落在老市集鎮之外。沃德斯登莊園由羅斯柴爾德男爵（Baron Ferdinand de Rothschild）於一八八九年興建，作為週末休閒場所，男爵將自己最棒的法式家具與英式肖像收藏於此；它是英國最早使用電力的建築物之一，據說維多利亞女王曾經造訪，將電燈開開關關了十分鐘之久。女王之子、未來的英國國王愛德華七世（Edward VII）是男爵的朋友，也是莊園過往的來賓。

賈各布斯（Rachel Jacobs）是莊園豐富館藏的管理員之一，她引導我從後方樓梯下到曾是廚房之處，該圖書館位於昔日莊園建築設計的「單身漢間」，也是接待羅斯柴爾德豪華週末宴會賓客的地方，如今這個房間成為一個舒適的英國紳士窩，整面牆全是書架，搭配著波斯地毯、綠皮大沙發。

和賈各布斯一道，我凝視著紀堯特的書，書一頁很厚，是布製的，那是當時最高級的紙張。聖奧賓（Gabriel St. Aubin）的筆墨插畫非常鮮明生動，書中包括工整且精細的表格範本，供警官填寫資料使用，另外還有「資料櫃」複雜的科技構造，插畫裡還加上幾個戴假髮、穿長襪的操作員。我原本以為這座機器看來會很邪惡，但它其實很高貴、很優雅。

賈各布斯為我進行一場莊園城堡的導覽，我們前往「早晨室」，此處是紀堯特原書存放之處，此乃週末休閒人士所流連、卻不太適合放鬆休閒的一個房間，因為房內掛著根茲巴羅（Gainsborough）所繪的嚴肅肖像畫，還有硬梆梆的織錦緞沙發及鍍金的壁紙。我想像有一位休閒的貴族，或許是威爾斯親王（Prince of Wales）本人，隨機地將紀堯特的心血從架上取下。他會讀嗎？

我對於男爵很好奇，他出生於巴黎，到奧地利受教育，然後在英國鄉間憑空蓋起這座法式城堡，男爵的回憶錄談到，他的姓氏來自法蘭克福（Frankfurt）的猶太區，他的曾祖父從那裡派出自己的五個兒子，到歐洲各國首都創建國際的銀行王朝。

男爵寫道：「我的祖先姓氏是來自於日耳曼文的『紅盾』，就掛在法蘭克福的羅斯柴爾德家族門上。紅盾作為企業的標誌，那是房舍還沒編號的時代，而當時猶太人的原則是沒有姓氏的；我們家族在一八一九年被奧地利皇帝封為貴族時，選擇了紅盾作為紋章。」[221]那位皇帝是法蘭西斯二世（Francis II），即瑪麗亞・特蕾莎的孫子。

猶記我還在維也納時，坦特納在門牌編號之旅的半途暫停，我們到弗洛伊德（Sigmund Freud）當年去的柯爾伯咖啡館（Café Korb）暖暖身子，在裡頭，坦特納告訴我，房屋編號是如何出人意表地影響了帝國子民的生活。約瑟夫二世協助其母瑪麗亞・特蕾莎治理哈布斯堡帝國，他深受啟蒙運動精神影響，積極鼓勵負責房屋編號的軍官與在地平民溝通，而走遍大半王國的軍方也積極地回報人民生活處境——缺乏教育、健康欠佳、受領主虐待等情事。

喝完咖啡後，坦特納又跟我說，他看出帝國軍方報告與約瑟夫二世下令的重大政府改革兩者間的直接關聯，這些改革包括終結農奴體制以及政府創建免費教育。坦特納發現，以後見之明來看，帝國不只是要找出人民並將其編號，它同時也在聆聽。

第六章

費城：為何美國人熱愛編號的街道？

曾經，曼哈頓還是曼那哈他（Mannahatta），一座多林的島嶼，有黑熊、森林響尾蛇、山獅、白尾鹿在其中優游；樹蛙齊鳴，如某位自然學家在一七四八年所寫：「聲音大到人們聽不見自己說話。」溪流裡鰻魚孳生，汪洋中海豚游舞，候鳥群在栗樹林與鵝掌楸林間啁啾；[222]一座紅楓林沼澤坐落在如今的時代廣場（Times Square）處，裡頭滿是河狸。[223]據生態學家桑德森（Eric Sanderson）解說，曼哈頓的植物種類曾經多過優勝美地（Yosemite）、鳥類數量豐於大煙山國家公園（Great Smoky Mountains National Park）、生態聚落勝過黃石公園（Yellowstone）。桑德森花費好幾年時光想像，在一六〇九年那「既美麗又炎熱」日子之前的紐約是什麼模樣，一六〇九年，正是哈德遜（Henry Hudson）航入摩西肯努克河（Muhheakunnuk River）這條我們今日稱為哈德遜的河那年。[224]

桑德森的「威力奇雅計畫」（Welikia Project）是個數位自然導覽，呈現紐約在歐洲人到來之前的模樣，威力奇雅在萊納佩語（Lenape，昔日當地美洲原住民的語言）中的意思是「我的美好家園」。[225]當我輸入自己從前在東村（East Village）的地址後，威力奇雅告訴我，那條有著公寓樓房及麵店的街道，從前曾為鵝耳櫪樹、五葉地錦、圓葉菝葜、黑山櫨、北美楓香、草原飛蓬所覆蓋，「草原飛蓬」一名聽起來真是太美了，我甚至不敢去查詢，免得查出來發現它不過是種草。此外還有條紋鷹、黑頭山雀在此地天空飛翔。然而，有些事沒有太大變化，在東第九街這一帶最多的六種動物，全都是嚙齒類動物。

後來，曼那哈他成了曼哈頓。至十八世紀時，曼哈頓市中心的人口數扶搖直上，莫雷（James Murray）曾寫信回鄉給一位愛爾蘭的長老教會教士道：「告訴你們那邊所有的可憐人，上帝已經為他們的解脫開了一扇門。」[226]從一七九〇至一八〇〇年，短短十年間，紐約的人口增長一倍。城市街道開始擴展，許多道路都是私人開闢，在缺乏中央統籌的狀況下，紐約街景發展成像倫敦那樣的「橫衝直撞、四面八方」的狀況，市府官員無法讓地主同意任何整頓城市秩序的規畫。

於是，州政府在一八〇七年僱用了三個人來做這件事：律師路瑟福特（John Rutherford）、調查員德．維特（Simeon De Witt）、政治家摩里斯（Gouverneur Morris）。我把他們稱為委員，他們花費四年光陰做出一個簡單的計畫：「格子狀」（grid），以一百五十條「街」（street）與十一條主要「大道」（avenue）直角交叉。[227]至於「曼哈頓下城區」先前已根據古道規畫路線，所以沒有納入其中；此外，「百老匯」（意即寬廣大道，荷蘭文的 Brede Weg）也被保留下來。

摩里斯是三人中最多采多姿的人物。作為「建國元勛」（Founding Father，「吾等人民」（We the people）一詞便出自他之口），傳說摩里斯因為從已婚情婦的窗戶跳下而斷了小腿，事實上他是因出車禍而截肢；不過根據其日記所述，另一次意外發生於他擔任美國駐法國大使而居於巴黎之際，他讓情婦坐在膝上觀賞羅浮宮的全景，「由於差點要被『兩扇門』與『一扇窗』發覺，這場意外便發生了」。[228]摩里斯的文件詳細記載他的健康狀況（通常欠佳）與釣魚探險，卻甚少提及他對家鄉街景的革命性轉變工程。[229]天氣陰濕的某一天，他同意了該計畫的最終版本，摩里斯寫得很簡略：「去城中與委員會商討規畫曼哈頓島的事務，與路瑟福特共進晚餐，執行地圖計畫。身體很不適（因為痛風）。」[230]

委員確實解說了採取格子狀規畫的實用性理由。他們寫道，他們「會謹記在心，城市的組成主要是人居，而直邊直角的房屋蓋起來是最省錢的，而且也是最便於居住的」。看看巴黎聖母院（Notre Dame），現在再看看紐約帝國大廈（Empire State Building），好，上述邏輯成立。

然而，曼哈頓可不是空空的一張白紙。委員會報告中沒有提到河狸水壩或古時溪流，也沒提到萊納佩語中曼那哈他的意思可能是「多山丘的島嶼」，該報告完全沒有提及地形，以及數英里長的河川與沙灘，數以百計的山丘與數十座池塘——「格子」不理會這些。曾擁有現今雀兒喜區（Chelsea）的地主摩爾（Clement C. Moore）不同意該計畫，因為第九大道（Ninth Avenue）會筆直地貫穿他的地產。他說這些委員「想要做到的事情，就像想要剷平羅馬七丘一樣」。[231]

摩爾絕非唯一的反對者。詩人愛倫坡在上城區租來的農舍中，以他尋常的陰沉筆調寫道：「這些美好的地方要完蛋了。大約三十年之後，每座優雅的海崖都會變成碼頭，整座島會毀於密集建造的磚頭房，及其不祥的褐砂岩門面。」[232]當時曼哈頓土地大多為農地（在美國獨立戰爭期間，喬治・華盛頓曾經騎馬穿過玉米田去召集軍隊對抗英國人，地點就在第五大道與第四十二街的轉角）。[233]然而，委員會的計畫當中幾乎沒有任何綠色空間，其解釋是，「環抱著曼哈頓島的巨大海洋，意味著紐約人不需要太多公園來呼吸新鮮空氣」。土地實在太珍貴了（紐約中央公園〔Central Park〕是後來一八五〇年代增添的規畫）。

當時二十歲的調查員藍道（John Randel）受僱來測量格子狀規畫，他經常因為侵入他人土地而遭逮捕（當委員會不在的時候，還要靠一位前市長來保釋他），憤怒的居民也會將藍道打下的樁給拔起；[234]藍道得披荊斬棘、與狗群搏鬥、被人拿高麗菜與朝鮮薊砸，當地家族都想要把他趕出自己的地盤。[235]一位西村（West Village）的農人曾控告藍道損毀「五千棵甜菜根、五千座馬鈴薯丘、五千條胡蘿蔔、五百株石竹、兩萬叢草莓與植物」，另外還有五百株非常搶手的鬱金香。[236]藍道也是個非常贊同啟蒙運動的人，他相信自己終可使這些土地按照自己規畫的格線改變。[237]

你能在創造全世界最了不起的城市的同時，完全不破壞任何馬鈴薯丘嗎？紐約將會變得很巨大。某位紐約人如此寫道：「任何希望城市的創造繼續推進——田野變作街道與街區、醜陋的峭壁化作整齊的別墅、行列的建築取代牧牛的草地——的人都會感到欣喜。」[238]許多人不只是欣喜。藍道數年後沾沾自喜地表示，過去那些阻撓他的人們，都因為他的工作成果而「發財致富」。[239]新興格子狀規畫中的直角設計以及相等的土地大小，使得土地買賣更為簡易；經濟學者歐格列迪（Trevor O'Grady）估計，在一八三五年至一八四五年之間，新計畫大約讓格子狀土地增加了百分之二十的價值。[240]

對於諸多紐約人來講，光是經濟潛力一事便已證明格子狀規畫的合理性。根據梅爾（Pauline Maier）的編年紀載，紐約原本是荷蘭西印度公司（Dutch West India Company）所建立的據點，原先的目的只是為了賺錢，因為荷蘭殖民者和英國清教徒不同，他們比較喜愛自己的家鄉，荷蘭人鼓勵各地的人們移民來此充實城鎮人口，其實原因便是荷蘭人自己不想這麼做。[241]這些早期的紐約人專心積聚財富，神職人員夏爾普（John Sharpe）在一七一三年寫道，這座市鎮「其位置非常便於貿易，而人民富有從商的天才，搞得他們提供給子女的教育僅有寫作與算數」，他又補充，必須將額外的教育「強加於人民，而這不是人民的期望，甚至是違逆他們的意願」。[242]

對於它最近的敵手好讀書的波士頓而言，紐約是個身強體壯的小夥子。清教徒在抵達波士頓沒幾年後就建立了哈佛大學（Harvard），雖然紐約的聚落比波士頓更早形成，但它得經歷七十年之久，才擁有第一台印刷機。據梅爾生動的描述，波士頓人亞當斯（John Adams）曾讚嘆紐約的好，譯[29]他在拜訪紐約後曾寫信回家，「開心地清點」

[29] 亞當斯（一七三五－一八二六），美國建國元勛之一，美國第二任總統。

寄宿處主人招待的早餐，「豐盛的餐點、非常大的銀製咖啡壺、非常大的銀製茶壺、質料極為高級的餐巾」；但是，亞當斯不喜歡紐約人，「他們講話非常吵、非常快、一起講」，亞當斯如此抱怨，「如果他們問你一個問題，你回答還不到三個字，他們就要插嘴打斷，然後又繼續說話」。[243]亞當斯的家鄉主要是蜿蜒的街道，然而紐約靠著自身強大的格子狀規畫，將會迅速超越波士頓。

委員會設好格子規畫後，又接著採取另一項特殊的作為；他們沒有為街道命名，而是將其編號。「街」從第一編到第一五五，「大道」則從第一編到第十二，曼哈頓島向東突出的一塊位於下城區（接近我在東村的老公寓），那裡的「大道」則是以字母 A 到 D 命名，後來這讓周遭地區因此獲得「字母市」（Alphabet City）的綽號。

編號的街道尤其是美國的特殊現象。現在，只要是人口超過五十萬的美國城市，都會有數字編號的街道（其中多數也擁有字母編號的街）。[244]「第二街」（Second Street）是全美最普遍的街名，因為有些市鎮會使用「主街」（Main Street）而不用「第一街」；全美最常見街道名稱的前十名當中，有七個是數字。

但是，如地理學者伍提納霍（Jani Vuolteenaho）所稱，歐洲鮮少有街道牌上出現數字。在一九三一年的馬德里，當時是所謂的「西班牙第二共和」（Second Spanish Republic）時期，曾有人聰明地建議，以數字編號來避免重新命名街道的衝突；市議會立即否決這個想法，他們解釋，數字編號的街道不符合「傳統西班牙精神」，傳統西班牙精神榮耀公民的方式就是「以其命名城市或村莊」。[245]即便到今天，綜觀全歐洲，關於街道命名的規章中經常包含一項禁止使用數字的規範；[246]伍提納霍指出，愛沙尼亞甚至立法禁絕此事。[247]

紐約的委員剷平了農地、填滿了河流，為的是設置其編號的街道。但是歐洲城市大多抗拒此舉，為什麼？

一六六八年，威廉・潘恩（William Penn）二十四歲，他在那年被關進倫敦塔（Tower of London）。潘恩參加了教友會（Society of Friends）——比較廣為人知的名稱是貴格會（Quaker），而該教派在當時的英格蘭是非法的。成為貴格會眾後，潘恩寫下《沙地根基不穩》（*The Sandy Foundation Shaken*）一書，或曰該書質疑了基督的神性，為此，潘恩被關入倫敦塔。

在這座堡壘中，潘恩終日獨居（雷利爵士〔Sir Walter Raleigh〕被關於塔中十二年之久，但至少他帶著妻子一塊），[譯30]在狹小的牢房中，他只見過父親和一位主教，兩人都勸潘恩改變心意。潘恩後來寫道：「但我告訴他們，以說服我為目標的話，全世界最爛的理由便是倫敦塔之苦。那些錯誤的人、那些為宗教動武的人，絕對不可能是對的。」潘恩不但沒寫撤回信仰的宣告，反而寫下了貴格會的經典《無十字架即無冠冕》

㉚ 雷利爵士（一五五二—一六一八），伊莉莎白一世時代著名冒險家兼學者，致力於新大陸的開拓，後因與女王侍女祕密結婚而激怒女王，夫妻都被關進倫敦塔數年。

（*No Cross, No Crown*），以記憶所及引用數十位智者之言。[248]倫敦塔典獄長同情潘恩：「我向潘恩先生鄭重表示，我為你感到遺憾，你是一位睿智的紳士，全世界都得承認此事，且承認你有充分的階級地位，你為何要讓自己變得如此不開心，與這樣的人扯上關係呢？」[249]

這是個很好的問題。潘恩皈依貴格會是個令人困惑的課題。潘恩的父親是個富裕且為人敬仰的海軍將領，是親身護送流亡的查理二世回國的騎士；但是老潘恩的年輕兒子竟然皈依貴格會這樣一個否定社會階級的教派。貴格會原本稱為「光之子」（**Children of Light**），後來教徒採納「貴格」（發抖者）這個暱稱，因攻擊者批評他們在敬神中顫抖。貴格會相信，上帝各自顯現於每個個人，不需要其他中介者的介入，例如教士或國王。貴格會還要求端莊簡樸的衣著，但潘恩卻公然違背了這項規定，戴著一頂假髮，這是因為他患過天花而掉髮。此外，貴格會使用 **thee** 和 **thou** 稱呼所有人，包括國王，這種稱法在十七世紀只能用來叫熟人。

在十七世紀的英格蘭，貴格會眾是冒著危險在堅持信仰。潘恩在覲見國王時，不願意脫下帽子，所以國王機智地脫下自己的帽子說：「我們這地方的習俗是，一次只有一個人可以不戴帽子。」國王都這麼說了，但潘恩依然拒絕脫帽。[250]

潘恩在塔中孤獨地待上七個月又十二天，被釋放後沒多久，他又再度於倫敦鋃鐺入獄。[251]潘恩去愛爾蘭處理父親的土地，回到倫敦之後，他發現「恩典教堂街」（**Gracechurch Street**）上的貴格集會所被警方關閉，他於是在街上布道，警方估計大約有四至五百人前來參與潘恩及其貴格教友米德（William Mead）的聚會。警方沒辦法抓到兩人，因為「民眾一直踢我和警備員的小腿」；[252]不過，最後潘恩和米德依然遭到逮捕。

審判期間，法官要求陪審團將兩人定罪，但陪審團拒絕。結果法官直接把整批陪審員暫時鎖起來，「不給肉、不給水、不給火、不給菸」，[253]當陪審團第四度提出無罪判決時，法官離席，離席前還不忘表達他對於貴格會的鄙夷：「一群狂暴而無人性的傢伙。」法官表示：「我從來都不懂西班牙人為什麼要設立宗教法庭用盡手段謹慎地審判、折磨人，現在我明白了。如果英格蘭沒辦法建立類似西班牙宗教法庭的東西，事情永遠不會變好。」[254]不過，最終法官也只能接受陪審團的裁決，此次判決乃成為陪審團自主權利的重要案例與基礎文獻，不論不利於被告的證據為何。

潘恩如果願意繳納自己在法庭拒絕脫帽的額外罰金，他其實很快就能被釋放（帽子是潘恩一輩子的麻煩），但即使他的父親已逐日病重，潘恩還是出於原則而拒絕繳款，他還請求父親不要為自己繳納罰金。但最後，錢還是繳了，潘恩回家，九天之後他的父親離世。[255]

潘恩皈依之際，曾經被父親揍過，但是兒子的熱情最終融化了父親的抗拒，如今父親告訴兒子：「不要讓世界上任何事情引誘你蒙昧自己的良心。」除土地與錢財之外，潘恩繼承了國王向父親貸款的應償還債務，總數大約一萬六千英鎊；潘恩沒有要求國王還錢（實際上也不太可能，因國王已破產），他協商出另一種形式：美洲的土地。結果是雙贏，國王擺脫了債務、擺脫了潘恩，潘恩於是能帶著自己惱人的貴格會朋友一起離開。[256]潘恩擁有四萬五千平方英里的美洲土地，除卻國王，他如今已是英格蘭人當中最大的私人地主。

於此，三十六歲的潘恩可以重新開始。他曾因為「反英國國教」（non-conformist）觀點而被踢出牛津，他曾在此被父親鞭打，所以他稱此地如「地獄般黑暗與沉淪」。[257]潘恩坐著顛簸的車，遊歷之處遍及歐洲，有時他一天二十四小時無休，他用好幾種語言布道、保釋入獄的貴格教徒、拯救遭遇厄運的會眾。[258]他曾寫作書籍、小冊子探討宗教教義的難題，還曾六度入獄。不過，至此潘恩已無心於拯救英格蘭的貴格教友，反之，他要把教友弄出英格蘭。老潘恩將軍曾經在兒子皈依後將其逐出家門，後來卻在自己的遺囑中提供了貴格會的救贖。

潘恩開始在美洲推動他的「神聖實驗」（holy experiment），他希望稱呼那塊森林濃密的殖民地為「夕法尼亞」（Sylvania），也就是「樹林」的拉丁文，然而國王堅持反對，要求在名字前加上「潘恩」——以榮耀潘恩之父——而成為「賓夕法尼亞」（Pennsylvania）。費城的「費拉德爾菲亞」（Philadelphia）取自希臘文的「兄弟之愛」，這裡是賓夕法尼亞的首要移民地。潘恩僱用教友荷姆（Thomas Holme，一位帶著四個孩子的鰥夫）作為新殖民地的總調查員。[259]一八六二年，潘恩指示荷姆規畫一座新市鎮，而潘恩選擇的設計是：「格子狀。」潘恩寫著：「要確定市鎮的樣子，往後的街道才能有一致的型態，延伸至鄉間的水邊。」[260]潘恩想像的幾何圖形有直角相交的街道，以創造出方形的街區，並「讓房子盡量依照直線興建」；[261]此時的曼哈頓尚是個村莊，而其發展為格子狀城市是一百多年後的事。

雖然潘恩不能決定自己殖民地的名字，但他總可以命名街道。雖然荷姆有意以人名（包括自己）來為街道命名，潘恩卻加以否決，認為此法太過驕傲不謙。潘恩的替代點子可能是受貴格會儀式所啟發，貴格會不接受「格列高里曆」（Gregorian calendar）中多數的月分名稱，因為那些名稱源自異教，舉例來說，他們不說 January、February，取而代之的是「第一月」（First Month）、「第二月」（Second Month，至於九月之後，因為原本就是以拉丁數字命名，所以沒問題）；同理，每週逐日的名字也一樣，「主日學」的稱呼從 Sunday School 改成 First Day School。由此作法，潘恩將南北向的街以數字命名——第二街、第三街、第四街等——以契合格子狀合理而筆直的線條。[262]

此外，潘恩作為美洲最早的都市計畫者之一，他也將數字編號街道的作法引入美洲的城鎮。潘恩又將十字路以「鄉間自然生長的事物」來命名，創建另一種以樹木名稱命名的風尚，例如「櫻街」（Cherry Street）和「栗樹街」（Chestnut Street）；可憐的荷姆，他原來想要以自己命名的那條街，最後變成了「桑椹街」（Mulberry Street）。[263]

不過，潘恩並非格子狀城市的發明者。都市計畫學教授馬爾邱斯（Peter Marcuse）表示，古羅馬時代的軍營就常常採取封閉的格子狀設計，外圍由邊牆或堡壘包覆（馬爾邱斯個人不愛格子，他指出這個詞來自「鐵格架」〔gridiron〕，是一種中世紀固定受刑者以煤炭燒燙之的刑具）。位於巴基斯坦的上古城市摩亨佐達羅（Mohenjo Daro），已然為格子狀設計，米利都（Miletus）的古希臘城市亦然。馬爾邱斯指出，西班牙在美洲的

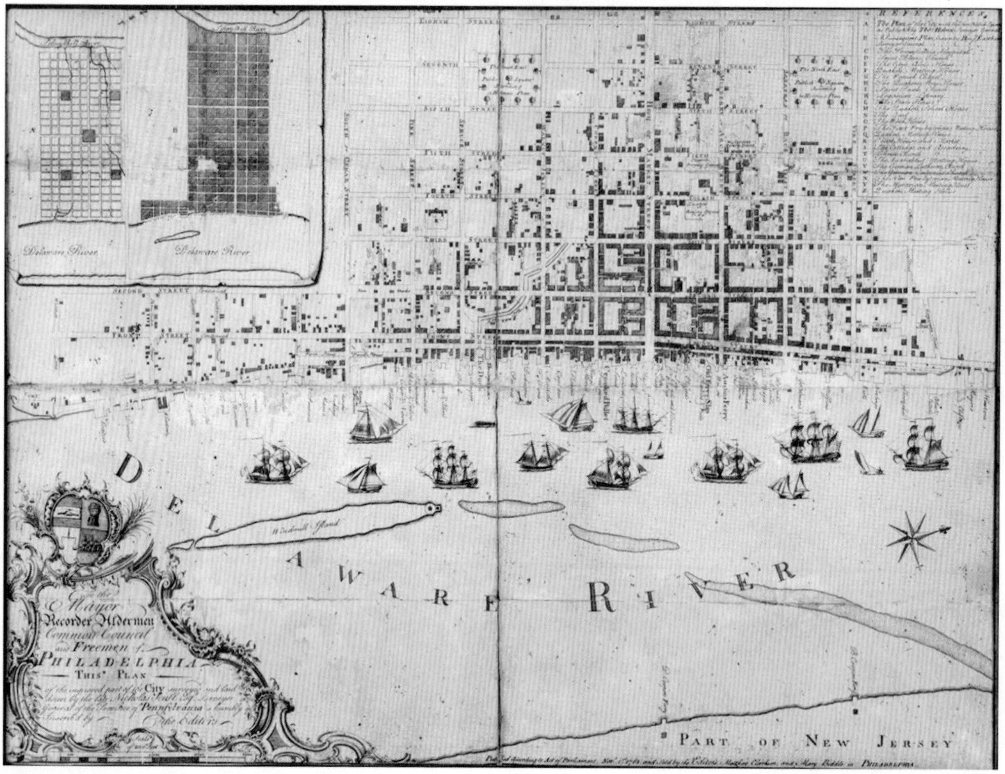
REFERENCES
EIGHTH STREET
SEVENTH
SIXTH
FIFTH
THIRD STREET
SECOND STREET
FRONT STREET
Delaware River
Delaware River
DELAWARE RIVER
the Mayor Recorder Aldermen Common Council and Freemen of PHILADELPHIA
THIS PLAN
PART OF NEW JERSEY
早期的費城地圖

移民地、法國在非洲的城市也是格子狀，「統一的設計，可以輕易地設立於征服地區，或是施行於遠方的殖民地」。[264]不過，以北美而言，潘恩將格狀設計作為都市計畫的工具，有著不同的、更和平的理由。

把時間快轉至一七八四年，傑佛遜已完成《獨立宣言》（*Declaration of Independence*）之創作，他遇到另一項看似不可能的任務：要如何處置西邊的土地。新建的政府地多錢少，要賣地的話，必須進行土地測量並將其分為許多小塊，以便人不在現場也可以訂購、買賣。

為了做到這一步，傑佛遜也採取格狀作法，將美國新獲得的平原、湖泊、山脈、沙漠全都以類似方法畫入地圖（當然，這些地也不能真的說是「新」的，美國政府還要花一個世紀的時間將原住民趕出格狀區域）。一七八五年的《土地法令》（Land Ordinance）受到傑佛遜思想啟發，指示測量員畫出南北向的線，然後以直角將領土切割為每塊三十六平方英尺的「鎮區」（townships），並加以編號，為了效率與速度，街道也經常被編號。

如歷史學者卡斯坦森（Vernon Carstensen）所述，測量人員壯志躊躇地走遍全國，要精確地調查數以百萬英畝計的土地，但「地球的表面是有起伏的」。[265]於是，有些人勤奮地執行任務，至於其他人則畫出歪七扭八的線，後者可能是缺乏能力、缺乏工具或是喝醉酒了。據說，有個人用線測量馬車輪子的周長，然後安歇在馬車上計算車輪的旋轉次數。不過，最終多數的土地都以直角分割成整齊的區塊，「這些直線擴及草原、小丘、山脈、沼澤、沙漠，甚至涵蓋了某些淺湖區」，卡斯坦森如此寫道：「美國人就像那些善於組織的蜜蜂、螞蟻社會，一旦他們開始這項矩形量測，他們便將其貫徹始終。」最終，測量人員調查涵蓋的區域占有美國大陸區域公有地的百分之六十九。[266]

一如在曼哈頓，網格化後的美國西部，可以讓土地像籌碼一樣易於交易。然而，仔細記錄土地調查編年史的卡斯坦森發現此事具有高尚的目的，他寫道：「沒有人會知道，對於十九世紀的公共和平，矩形測量畫出的那些直線有多大貢獻。」例如田納西州（Tennessee）和肯塔基州（Kentucky）的部分地區，在地圖上看來彷彿一條「爛縫被」，關於土地邊界的爭吵可能導致鬧出人命的世代仇恨，但格子狀的土地則不會淪為世仇的因子，「整齊的測量線讓多語言並存的區域可以更好地切割土地。佛斯特（Robert Frost）曾經說，好籬笆結交好鄰居；他也可能會說，清晰的測量線造就和平的土地處置」。[267]

每座城市內的格子大小與形狀各有不同。有些是矩形的街區如曼哈頓，有些是正方形的街區如休士頓（Houston）；有些城市的一區非常大，如鹽湖城（Salt Lake City）的街區有六百六十平方英尺大，因為摩門教（Mormon）建立者認為分區要夠大以便進行都市農耕；有些城市的街區則很小，如奧勒岡州（Oregon）的波特蘭（Portland）就只有兩百平方英尺。分割後的土地經常配上編號的街道，這反映出美國的形象，也就是一個有秩序、重實用的「嶄新」國家。由於格子狀規畫讓定位與交通非常容易，這對於新來的移民是友善的，人們在紐約覺得有如回家，他們都很樂意自稱為紐約客，因為他們從不需要像個可鄙的遊客一般，站在街道轉角處猛盯著地圖看。

歐洲國家很難用這種方式重塑其風貌。吉爾摩爾（Michael Gilmore）熱衷記錄美國人對於直線的癡迷，他訴說了日耳曼移民朗格維采（Wolfgang Langewiesche）的故事，朗格維采是一名飛行員，他從空中觀察到美國那「數學般的格子圖案」，對於朗格維采來說，這塊大地就像是一張圖表，上頭記載著美國性格的原則」，吉爾摩爾如此寫道。朗格維采則是如此總結自己從空中看到的城市：在此，沒有城牆、沒有城堡、沒有大教堂在擁護一個國教，這裡與「舊世界」（Old World）正好相反；這裡是「社會契約（Social Contract）觀念的圖示呈現」，格狀「乃是為獨立之人所設計」。[268]

這可以說是對潘恩這位有著徹底、獨立思想之人的致敬，他在他的新城市中直接拒絕了歐洲傳統；所以，當我們發現潘恩的格子狀設計概念其實來自一個英國人，這實在頗為諷刺。

★★★

一六六六年九月二日晚間，偉大的日記作家裴庇斯（Samuel Pepys）正在睡覺，僕人珍恩忽然將他們夫妻都喚醒，說一場大火正在逼近。裴庇斯又回去睡了，當他再次醒來，他走到倫敦塔處登高，裴庇斯形容：「我看見橋梁末端的房子全都著火了，而橋的兩端依然有大火繼續延燒」，鴿子「盤旋於窗戶、陽台，直到牠們燒了翅膀而墜落」。[269]

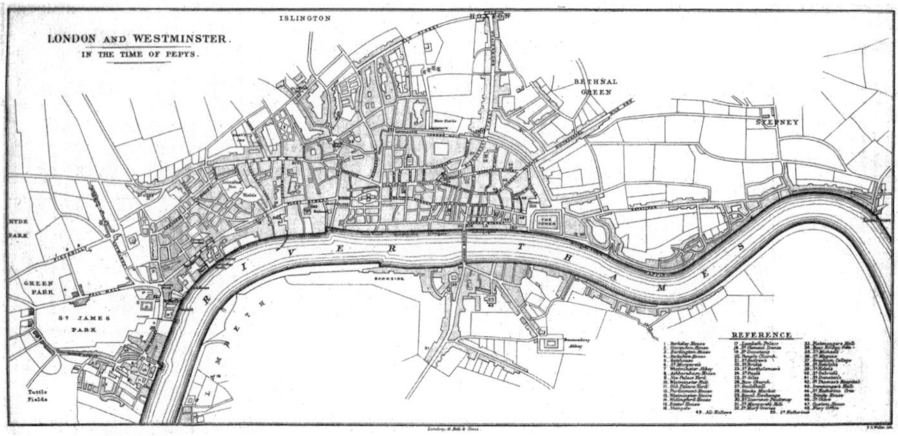

裴庇斯時代的倫敦，大火災之前

大火災後的倫敦

這場火起自布丁巷的一間麵包坊，祝融肆虐倫敦，最終毀滅大約六分之五的城市。

斐庇斯本是個海軍行政官員，他是海軍將領老潘恩的同僚兼鄰居（火災的第二晚，斐庇斯與老潘恩一同在花園挖了個洞，將他們的酒類與斐庇斯的「帕瑪森乾酪」埋進去，以免慘遭災殃），不過整體來說斐庇斯似乎對老潘恩不太友好。火災還沒發生前的一六六六年四月五日，斐庇斯的日記記載：「到了辦公處，想到潘恩爵士的虛偽與粗魯，簡直就要讓人發狂。」斐庇斯也認識年輕的威廉．潘恩，他的日記中也提及數次，例如一六六七年的十二月，斐庇斯簡短記載將軍之子從愛爾蘭歸來，「成為了貴格教徒，或說變成一個愁雲慘霧的傢伙」。

大火雖然沒有破壞斐庇斯與潘恩的家園，但當火勢終於熄滅之際，已經有八十七棟教堂、一萬三千間房舍、四百條街道被摧毀，其中包括倫敦的地標，如聖保羅大教堂、新門監獄（**Newgate Prison**，年輕時的潘恩曾囚禁於此），以及歐洲最大的公共廁所之一[譯31]。數千位火災難民搭起帳篷住進公園裡。[270]

英國國王查理二世宣布，他要打造一座更美麗的倫敦，於是建築師、設計師競相遞上計畫書，而幾乎所有的重建規畫都包含了某種格子狀設計。虎克（Robert Hooke）這位打造望遠鏡、幫助發現光波理論、提出進化論意見、認為重力「符合反平方定律」的博學家，在他的履歷上又添了新的一筆，那就是倫敦的主調查員，虎克所提出的格子狀

㉛ 即惠廷頓長屋（Whittington's Longhouse），由十五世紀的倫敦市長惠廷頓出資，內有一百多個廁位。

設計與紐約類似。地圖學家紐考特（Richard Newcourt）的格狀設計內有開放的方格地，每座方格中間都安置一座教堂。倫恩（Christopher Wren）此人後來負責重建毀於火災中的五十二座教堂（包括聖保羅大教堂），他期望倫敦可以看起來更「歐陸」，故規畫了漫長的大道與輝煌的廣場，連他的規畫也有部分的網格。

奈特（Valentine Knight）是位船長（而且有些流氓，他曾蓄意放火燒一間旅館，而當寡居的老闆娘企圖滅火時，他竟然對她開槍），他也設計了一座網格狀的城市，然而奈特呈上的建議，還包括國王可對該計畫中包含的運河收取交通費。真是個聰明的點子，不過任何能讓國王由此悲劇中獲利的想法，都讓倫敦人憤恨難當。奈特被關進了監獄。[271]

終究，倫敦實在玩不出什麼新把戲了。人們只想要重建，趕快重建就好，所以他們依自己的記憶來重建城市，人們已在舊城市規畫上補建了克難式建物。而且也沒錢賠償因新道路規畫而必須讓出土地的地主。後來，雖然有些道路截彎取直或是拓寬，而新建築物也蓋起來了，但這個倫敦和火災前的倫敦看來其實沒有很大的差異。

辛德（Charles Hind）是倫敦大火後城市規畫展覽的策展人之一，他告訴《衛報》（*Guardian*），自己很崇敬倫恩明白而實用的設計：「不過以個人立場來說，我還是很高興他的計畫沒有落實，如果要駕馭那種規模的計畫，我覺得在本質上實在不太英國。我還是比較喜歡數百年來倫敦發展出的那種零散無章的本質。」[272]但至少，對於歐洲殖民者來說，美洲是一張白紙。

威廉．潘恩應當有聽聞倫敦重建的計畫，也應該親眼看過大火的破壞，也應該如裴庇斯一樣了解火災加劇蔓延的部分原因，是由於擁擠的街區與無次序的街道。費城不能重蹈倫敦的覆轍，它必須是格子狀的。

許多批評者認為格子狀規畫又醜又平淡，既沒有巴黎大道的美麗，又缺乏倫敦蜿蜒小徑的魅力。然而該設計的目的從來就不是為了美感。科培爾（Gerard Koeppel）在其逐年記載曼哈頓格狀發展的書籍中，講述《紐約先驅報》（*New York Herald*）於一九〇〇年刊登的一篇文章，其內容是詢問五個人，如何才能讓紐約變得更漂亮？有人建議種樹或者蓋噴泉；其中一位紐約客乃是丹麥出生的格倫恩（Niels Gron），他說：「從我來到這個國家至今，我從來沒出現過紐約很美麗的念頭。」[273]他期望紐約變得強大而輝煌，但那不是美麗。

確實，基於紐約的民主精神，格倫恩也不能看出紐約要「怎樣」變美麗。「那種可以讓巴黎迷人的美麗，只可能存在於私人權利與個人自由受到踐踏的情況下。只有那些暴民控制或國王統治的地方，也就是不尊重有錢人的財產或窮苦人的權利之處，巴黎的那種美麗才可能化作真實。」曼哈頓充滿動力、令人讚嘆，若以林區的話來說，它甚至可使人「產生意象」，但這並不是傳統定義下的美，傳統的美必須在權力集中的情形下才得以實現，而這是美國人所奮力抗拒的。

潘恩或許會同意，他的新城市建立在極為合理的基礎上，而這只可能在歐洲之外方得實現；此外，他以小冊子與親身旅行（足跡遍及英格蘭、尼德蘭〔Netherlands〕、日耳曼地區）宣傳的「神聖實驗」，成功號召了千萬人前去成為新美洲人。如鄧恩（Richard Dunn）所述，潘恩的宣傳光是在一六八二年至一六八三年之間，就吸引五十艘滿載移民的船隻駛進德拉瓦河（Delaware River）。[274] 費城歡迎各種宗教人士，不止於貴格會眾。日耳曼移民米登伯格（Gottlieb Mittelberger）在一七五〇年時記下他在賓夕法尼亞所發現的人：「路德派（Lutheran）、改革教會（Reformed）、羅馬天主教徒（Catholic）、門諾派（Mennonite）、再洗禮派（Anabaptist）、亨胡特或摩拉維亞兄弟會（Hernhunter or Moravian Brethren）、虔敬派（Pietist）、安息日浸禮派（Seventh Day Baptist）、頓克派（Dunker）、長老會（Presbyterian）、新生派（Newborn）、共濟會（Freemason）、分離派（Separatist）、自由思想派（Freethinker）、猶太人、穆罕默德教徒（Mohammadean）、異教徒、黑人與印地安人。」他還列出「有好幾百個沒有受洗且不想受洗的靈魂。」。[275]

潘恩的賓夕法尼亞初期創建了一種寬容的、美洲式的民主，承認「任何政府（無論其形式）之下的人民都是自由的，只要有法治，而人民是法律的一部分」。[276]（很遺憾的是「人民」不包括奴隸或女性；潘恩本人就是個奴隸主。貴格會並沒有摒棄奴隸制度，直到一七七〇年代，貴格會才成為美洲最熱切的廢奴運動者。）從各方說法看來，潘恩合理且公平地對待雷尼萊納佩（Lenni-Lenape）原住民，他透過和平的貴格之道與原住民協商土地問題，而沒有為費城建立城防以防範攻擊。潘恩寫信給原住民的「王」，表示他「非常清楚，這邊世界的人們從前嚴重施加於你們的不善與不義」，但他「不是這種人，我的國人對此也非常清楚」。他的信末結論十分簡潔：「我是你們親愛的朋友。」

潘恩在美洲的生活似乎很開心，然他卻被迫要返回英國處理兒子的債務、調查法國對殖民地的威脅、搜查騙取他財產的財務經理人。和許多夢想家一樣，潘恩死前一貧如洗、身心衰弱，而且無可否認地脾氣乖戾，他企圖賣出賓夕法尼亞以償債，但並沒有成功。[277]

雖然如此，潘恩的理念確實影響了傑佛遜，後者稱前者為「全世界最好的立法者，是從古至今第一位，為純粹無邪的和平原則之政府立下基礎的人」。[278]一七七六年，傑佛遜正在費城租屋居住，就在臥室外那間小小的書房裡，他使用自己設計的可攜帶桌子，起草了《獨立宣言》。當年傑佛遜所待的那棟建築已經不再，但其於一九七五年時原地重建，地點靠近費城中心，並重新命名為「宣言屋」（Declaration House）。

你可以在第七街上找到它的前門。

第七章

韓國與日本：誰說街道一定要有字？

「這座城市的街道沒有名字」，法國文學理論家巴特（Roland Barthes）如此論及他待在東京的時光。[279] 一九六六年春天，巴特受邀至日本演講，他的演講主題是「敘事的結構分析」，[280] 該演講其實是讓他去東京的一個藉口；巴特當時五十幾歲，在法國已經十分出名——法國或許是全世界唯一一個可以讓文學理論家享有盛名的國家。某位評論者解釋道，巴特之所以旅行至日本，「是為了暫時放鬆自己，解脫身為法國人的繁重責任」。[281]

看到東京與巴黎的巨大差異，巴特感到很驚訝。他表示：「居住在一個自己語言不通的國家，並且勇敢地生活在遊客足跡之外的地區，乃是冒險中最危險的一部分。」[282] 巴特又寫道：「若要我來構想一篇新魯賓遜（Robinson Crusoe）的故事，我不會讓他置身在孤島上，而是使他身處一座有著一千兩百萬人的城市，但語言、文字全部不通。我想，這應該就是狄福（Defoe）故事的現代版本。」[283]

做一個魯賓遜，或者自我放逐於異國都市，在我聽起來頗為悲慘。但是巴特是位

「符號學家」，也就是說，他尋找每件事物中的意義（如果有人怪你對於事物的解讀過多，那你也有可能是個符號學家了）。在一個像日本這樣的地方，所有事情看起來都如此不同，巴特因此得以從自己原先的理解之中解放出來。沙茲（Adam Shatz）如此寫於《紐約書評》（*The New York Review of Books*）：「最能取悅巴特的，莫過於一種他所不懂的語言的『沙沙聲』。終於，語言可以自意義處解放、自他稱為『黏著』的參照性中解放，並轉化為單純的聲音。」[284]回到法國之後，巴特竟對日本有思鄉式的想念，數年後他寫了一本遊記類的書，書名為《符號帝國》（*L'Empire des Signes*），其中描述了他在東京街頭旅遊的經歷。

到今天，距離巴特初次至日本旅遊又經過五十多年，或許最讓西方遊客惱火的，莫過於東京的街道沒有名字（只有少數重要街道有名稱）。東京的作法不是命名街道，而是將街區加以編號，街道僅不過是街區與街區之間的空間罷了；[285]另外，多數東京建築的編號並不是根據地理排序，而是依據建造的時間。

沒有街道名稱讓交通、尋路變得甚具挑戰性，即便對日本人自己亦是如此。為了幫助人們找到方向，東京內散布著「交番」，交番是有警官駐守的小建物，警官熟悉當地，且備有詳盡的地圖與厚厚的指南書。傳真機的使用在日本十分長壽，當其他地區已漸漸淘汰傳真機時，日本人還是因為喜歡——且必須——傳送地圖而繼續利用之。巴特寫道，他會請計程車司機開到大大的紅色電話亭，打電話給主人詢問交通指引。智慧型手機的地圖對於在日本交通一事，造就了革命性的改變。

手繪地圖是巴特在日本時的樂趣之一。他說：「看人寫字是件快樂的事，看人繪圖則更加享受。每當有人以此法告訴我地址，我看見對方將鉛筆倒過來準備用筆尾的橡皮擦，擦去多餘彎道、高架橋路口的筆跡時，我都會加以阻止。」[286]

豪威爾（David Howell）是哈佛大學的日本史教授，他透過電子郵件向我解釋，日本史上的街道從未命名過。十七世紀的都市區被分為矩形的街區「町」，在町內擁有房地產者也具有某種治理的責任。町成為都市管理與地理的基本單位，一組町會經常共享同一個名稱；多數的區域會有一間店，新來者、外來者皆可來此問路。武士居住於比較大的土地上的牆防建物，故要找到較為容易，只要問問路、或使用流通的地圖即可。

豪威爾告知我：「人們似乎不覺得有需要將固定不變的名稱賦予土地或建物。我設想，這是因為町面積頗小，要找到事物頗為容易。」後來，土地加上了編號，而町更進一步分化成更多町，日本人似乎從沒理由對此作法加以變更。

此番歷史解釋有助於我了解，日本的系統是如何出現的，但我依然好奇的是，日本人起初為何認為町是將空間加以組織的有效辦法？薛爾敦（Barrie Shelton）是現居於日本的都市設計教授，他從一項特殊的源頭找到線索：他個人的成長經驗，也就是第二次世界大戰後英國小城中的一個學童。薛爾敦在諾丁漢（Nottingham）長大，老師曾給他一張橫線紙，教他寫字母，學習目標是整齊地沿著橫線寫字母，他說有時候還會有「多出來的線，為了對齊小寫字母的上端與下端」。[287]我在美國學寫字的時候也是這樣，現在我五歲的小孩還是這麼學的。

然而，使薛爾敦感到驚訝的，是他的妻子繪美子學習書寫的方式。繪美子來自日本，而她書寫的紙看起來和薛爾敦與我記憶中的都不同。日本人有三種不同的書寫文字，大量書寫的日文使用漢字，也就是從中文借來的字，漢字屬於表意文字，每個字都代表一個詞或概念，雖然漢字的形狀可以讓人摸索其意義，然多數情況下漢字必須予以背誦而記住，而不能「拼出音來」。

漢字不是書寫在線上，繪美子告訴薛爾敦，日本人書寫的紙張沒有線，而是有許多方格（稱為「原稿用紙」，至今日本的學校依然使用著）。每個漢字都是獨立的，且它們都可以獨立地被全然理解，這有異於英文字母，英文字母必須放在線上、拼在一起、由左向右讀，才能夠造就出語詞（英文字必須注意空間配置，例如 redone 和 red one 是完全不同的）。閱讀英文時，如果字母全部都是大寫，也是件很累人的事；如果閱讀垂直書寫的英文字，那更是令人痛苦。但是日文可以用很多種方式閱讀，薛爾敦指出，鵝毛筆「在紙上書寫時是往同一個方向去」，而日文用筆則可隨意朝各種方向寫去。

作為一位都市設計領域的專家，薛爾敦開始將西方人與日本人看待城市的方式，與其各自的書寫系統相連結。薛爾敦的理論是，書寫英文的人所受之訓練，使他們看見的是線條，所以西方人的焦點在於街道——也就是線條——並堅持為其命名；可是，在日本的話，如某位評論者所言，街道本身「在日本的城市規畫中，其意義太過微小，不足擁有與名字相當的榮譽」。[288] 薛爾頓的理論主張，日本人的焦點在於區塊或街區（町）。

後來，薛爾敦在其艱深的著作《從日本城市中學習》（*Learning from the Japanese*

City）當中寫道：「我回想起某次經驗，那個經驗當時讓我嚇一跳，但也造就深刻的啟發。有位日本老先生畫出地圖給我看他所擁有的地產，那是在複雜的地形中，散落各種形狀、大小的地塊。他一開始是畫出幾個地產（顯然是根據他的個人觀點先標明房產處），接著再用道路、小徑將它們連結起來。」[289]在老先生的心中，建築物與其周遭的街道沒有關連性。薛爾敦補充道：「我能說的是，我所見過西方人繪製類似的圖示時，全都是從道路（線條）開始畫的。」[290]

如此差異或可解釋，為何西方人並不總是欣賞東京市景之美。薛爾敦初次來到東京時，他為此感到「困頓、憤怒，甚至驚嚇」。東京令人迷失方向，因為它的設計與西方城市極為不同，而薛爾敦不是唯一注意此事的人。長期以來，造訪東京的遊客對於它的無規畫頗感痛苦，東京沒有主要的公園、廣場或全景。波芬（Peter Phoam）是位生活在東京的記者，他曾說，東京或可被視為一座「混亂的水泥叢林」。[291]

然後，波芬又表示，若僅以此觀點看待東京，其實完全看錯重點。人們習慣的整合性城市規畫類型，例如紐約或巴黎等，並非日本人的概念，波芬解釋道，此種整合性「並非日本人試圖尋求的美之類型」；反之，日本人「重視的是城市中特別的建築物或地點，一次只面對一個，並重視其特殊的沉著感、風格、風趣或魅力」。[292]於是，在城市中遊歷成為一種完全不同的經驗。巴特感性地寫道，在東京，你「不能靠書本、靠地址來引導你，你必須靠走路、靠視線、靠習慣、靠經驗」，你若要重複同樣的旅程，你必須把路線記起來，巴特寫道：「第一次前往某個地方，就是要開始書寫它：那尚未寫下的地址，它必須建立自身的書寫。」[293]

關於書寫方式對於人們的影響，薛爾敦的理論並非單純推測，事實上，神經科學家的研究顯示，英語人士與日語人士在閱讀時，所啟動的大腦部位是不同的。[294]此外，研究者長期以來已經發現，具有讀寫障礙的雙語學生可以順利閱讀以字體為本的語言如中文和日文，但卻在最基本的英文上困難重重。[295]更有趣的是，看來我們不僅是在閱讀不同語言時使用不同的大腦部位，我們閱讀的語言還會影響我們的「思考」方式。

認知科學家波羅荻斯基（Lera Boroditsky）決定對此觀點進行實驗。在波姆浦洛（Pormpuraaw）這個位於澳洲北部的偏僻聚落，當地原住民社群使用的語言沒有「左」和「右」，庫克薩優里語（Kuuk Thaayore）是使用羅盤方位來描述空間，人們可能會說，「有隻螞蟻在你腳的東南邊」，或者「把杯子往北北西方向挪一些」。波羅荻斯基寫道：「他們的注意力在此訓練之下，讓其方位辨識能力超越我們原來設想的人類能力。」[296]波羅荻斯基曾經問一位波姆浦洛的五歲女孩，北方在哪邊，小女孩能夠立即指出正確方向；而波羅荻斯基又曾在會議室裡對一群常春藤聯盟（Ivy League）學者問同樣的問題，但他們辦不到，多數人根本連試都沒試。[297]

在另一份研究中，波羅荻斯基與合作者蓋比（Alice Gaby）合作，他們給予諸多研究對象一組圖片，那些圖片一旦以正確方式排序，便能訴說出故事，例如某人的成長或者吃掉香蕉等，並請研究對象將弄亂的卡片重新排列。[298]英語人士會將卡片從左排到右，也就是研究對象讀寫自己語言的方向；另一方面，希伯來語人士則會從右至左排列卡片，這也是他們讀寫語言的方向。然而，庫克薩優里人會以由東至西的模式排列卡片，這種模式還會根據他們目前面對的方位而有所改變，舉例而言，若克薩優里人現在面對南方，他們就會將卡片由左向右排；若他們面向北方，排卡片的次序就會變成由右向左。因此，薛爾敦的理論，也就是連結語言和我們思考空間的方式，確實很有道理。

日本並不是唯一一個使用街區作為基本地址單位的國家。[299]在二〇一一年之前，南韓使用的系統類似於日本，某些街道（尤其是主要街道）有名字，但除此之外，地址系統乃是根據街區來進行組織；該系統可能是由日本人引進，因為日本從一九一〇年起便以「保護地」的名義統治朝鮮，直到一九四五年日本在第二次世界大戰戰敗為止。

韓國文化在日本統治的數十年間慘遭傷害，麥肯錫（F. A. McKenzie）是在日據朝鮮期間生活在當地的記者，他曾經記錄某次重要日本官員的會面，該官員預言：「朝鮮人民會逐漸被吸收成為日本人，他們會講我們的語言、過我們的生活、成為我們的一部分……我們會教他們語言、建立我們的制度，讓他們成為我們的一分子。」[300]

日本人尤其禁絕朝鮮文字系統的使用，也就是所謂的「諺文」或「韓字」（Hangul）。「韓字」是由十五世紀的世宗大王（King Sejong）所創建，或曰這是世宗大王一人之創作。[301]在使用韓字之前，朝鮮使用的是中國文字，朝鮮人稱之為「漢字」（Hanja）；世宗大王認知到這種組合有其彆扭之處，他在一四四三年時寫道：「國之語音，異乎中國，與文字不相流通。故愚民有所欲言，而終不得伸其情者多矣。予為此憫然，新制二十八字，欲使人人易習便於日用耳。」[302]、譯32世宗大王遁居研讀，最終創此奇蹟，過程中還差點為此喪失視力。

語言學家稱韓字為世界上最棒的字母，為此北韓與南韓都有紀念假日。譯33韓字非常容易閱讀，世宗大王曾表示，韓字字母「聰明的人一個早上便可以學成，愚昧的人在十天之內也能學會」。[303]韓文字母為表音文字，每個字母對應單一音，於是所有事情都可以寫下來了，甚至包括「風的聲音、鶴的鳴叫、雞叫狗吠」，世宗大王如此寫道。更不可思議的是，字母的形狀本身就像是字母的聲音，舉例而言，韓字ㄷ對應的是英文字母的d，該韓字的形狀是在模擬此發音時舌頭的位置。韓字在日本統治朝鮮時期大抵遭禁，然而在現代的韓國（南、北皆是），書寫幾乎都是使用韓字。

問題來了：韓國人看見的是（如日本人所見的）街區或區塊，抑或是（如英語人士所見的）線條或街道呢？雖然韓字像英文一樣屬於拼音字母，但是它的「字形」是以區塊的方式形成音節。音節的區塊結合起來形成語詞，例如貓的拼音看起來應該是：ㄱㅗㅇㅑㅇ ㅇㅣ，但是以區塊方式組合起來後，它們看起來是這樣：고양이。韓國兒童學習寫漢字也是使用方格紙。

所以，韓國人擁有類似英語的字母，但是他們書寫時的方格類似日文，這一點是否也可用以解釋韓國的街道地址？六十六年以來，南韓保留了日本的街區地址系統，而由於此制度有其殖民的歷史源淵，也難怪在二〇一一年時，南韓政府宣布要更換原有地址系統，改為較西式的作法，也就是命名街道並為房屋編號。南韓政府積極地推動新地址系統，甚至贈送藍芽耳機給透過線上系統採用新地址的人；電視購物公司提供十美元的禮券給改換新系統的人們；忠清北道省則送給每家的兒童刻有新街道地址的手鐲。

但是，在非正式場合下與我曾經談話過的韓國人，都說他們其實沒有真的在使用新地址，計程車司機會把新地址再轉換回舊地址系統，郵差也會這麼做。當然，這種不情願的狀態或許只是暫時、過渡期間，等到下一代長大，他們只會知道街道地址；若否，這或許會顯示韓國人依然是以區塊在解讀城市。

薛爾敦的理論適用於韓字的程度，不如其適用於日本漢字。所以我決定要再尋找其他的解釋，了解韓國人為何不那麼接受新式地址。於此，我發現了「世界化」（segyehwa）。

韓國社會學者箕昱申（音譯 Shin Gi-Wook）在某篇文章中寫道：「幾個月前，一位史丹佛大學（Stanford）新生來向我求助，事關他的韓國研究計畫。」[304] 箕昱申原本以為這位學生是韓裔美國人，因為他的英文和韓文都很棒，結果卻驚訝地發現，對方是在韓國長大的，讓箕昱申更驚訝的是，這位學生是出身於韓國發展程度低落區域的學校。箕昱申的好奇心被激發，他決定親自前往那間學校看個究竟。結果，「民族史觀高等學

32 出自世宗大王之《訓民正音》一書。

33 稱為「諺文日」或「韓文日」，唯北韓與南韓所訂的紀念日期不同。

校」（Korean Minjok Leadership Academy, KMLA）這所以「韓國的伊頓中學」自居的高中，幾乎每種科目都是全英語教學，連在課堂之外學生講的也是英語（週末才可以休息）。

有雄心壯志的韓國學校推動英語教學，這似乎言之成理，因為英語在韓國被視為通往成功的語文；然而，該學校也同時強調韓國的民族認同，該校課程要求學生學習傳統音樂、體育與儒家倫理。箕昱申寫道：「所有學生於早上六點於傳統韓式建築正面集合，向老師鞠躬，這本是子女每日早晚對父母請安的孝道行為。」[305]所有學生都必須學習傳統樂器，女孩子學伽倻琴，男孩子學大笒。該校校長曾表示，為了讓學生成為全球性的領袖，他們需要「先知道自己是誰，繼承了什麼，這是我們驕傲與尊嚴的源頭」。[306]

箕昱申將此視為「更巨大的潮流下的範例，這股潮流在今日的（南）韓國非常容易看見，也就是看似矛盾的兩種力量——民族主義（nationalism）與全球化（globalization）——的奇異混合」。南韓一向是內向而非外向的，無論是經濟抑或文化層面皆然。但是在一九九四年時，三十多年來第一位文人總統金泳三，將「世界化」（即全球化）引進南韓。

如今，南韓已經是全球強國，它積極主動地與西方接觸，不過，雖然全球化日益強化，朝鮮文化整體而言依然雄厚。與此同時，南韓也在向外伸展，韓國對儒家之提倡、韓國電影與藝術皆能開花結果，南韓政府訂有節日慶祝韓式泡菜、高麗參、韓式武術。連美國文化都融入韓風，例如嘻哈樂（hip-hop）或速食，你現在可於麥當勞點一客韓式雙層烤豬肉佐辣椒醬漢堡。

金泳三總統曾說：「全球化必須以朝鮮化為基礎。如果我們對自己的文化與傳統缺乏認識，我們就不可能當全球公民。全球化的正確含意是，我們必須用自身特有文化與傳統價值的力量，邁向全世界。」[307]在此理解之下，全球化實際上更加激發、而非減損韓國民族認同。

此等對於全球化意義之理解，亦有助於解釋民族史觀高中的教育。據說民族史觀高中的學生每週一早晨都要背誦：「英文只是一種韓國人引進先進文化的辦法，可以讓韓國成為世界一流國家。英文本身並不是讀書的目的。」[308]每一天，學生都要走過宿舍的階梯，階梯上印著以下字句：「三個月都不夠／用來加強／你的英文。浪費／你的時間來說／韓國話，是最笨／你所能做的事。」[309]

這所學校是否有助於解釋新的街道地址呢？看起來，用來命名韓國街道的新名字，根本沒有要反映朝鮮文化的意思。布林恩（Michael Breen）是位居住於韓國的英國人，他寫道，「假使我們被邀請參與其中，這項巨大的命名計畫可以激勵整個民族」，但光是首爾而已，就有一萬四千條街道需要名字，「你可以想像當地社群選擇以在地名人或街頭寺廟來為道路選擇名字，所以，不行，這樣會讓官員煩個沒完沒了」。[310]

反之，那些官員設立了一種簡單、合邏輯、無聊的街道命名方式，共有五百條大路有名字，其餘的則加以編號。[311]報紙曾經刊登一則消息，是金慧貞（Kim Hye-jung）去仁川找朋友時迷路的狀況，那裡的所有街道都是英文的珠寶名稱，例如 Ruby（紅寶石），她說：「街道名字讓我以為這裡是珠寶區，但這就只是個普通的地區而已啊，根本沒道理。」而市府官員說，他們之所以選擇珠寶名字是為了增加「國際」素質。[312]或許，這麼多新興路名聽起來國際化，是因為這些名字根本不是為當地人設想。我已有聽說，多數韓國人還是繼續使用舊的地址系統。目前，新的街道名稱為外來者與內部者創造出平行的風景，從外部來看，韓國讓自己看起來更西化，而韓國人自己或許還是看重舊傳統。至少到目前為止，他們閱讀城市的方式依然是區塊、而不是線條。

我無法不去思考薛爾敦關於日文書寫的理論。我個人不曾看過漢字的書寫，所以我決定去倫敦中區的 ITO 日本學校報名書法課程。班上還有另外兩個學生，一位是倫敦人，他二十多歲時曾去東京旅遊而印象深刻，如今他能用簡單的日文和老師談笑；另外一位是個筆墨藝術家；只有我，是個真正的初學者。

日文報紙的殘片，再配上毛筆與濃濃的墨汁，我們練習今日的符號：「花。」筆畫看似簡單，但其實很複雜，手臂要動、手腕也要動。有時我完成一個字之後，才發現寫的筆畫不夠長，於是我又拿筆把它補齊，但這麼做是錯的。書法老師友美在我背後看見這錯誤的補強時笑著說：「有趣！有趣！」是的，她確認過，每個字都必須在紙張中央落在方格內，所以我努力讓我的花能夠盡量置中。

對於我的名字 Deirdre，友美要發音有點困難，我不能怪她，這是個舊式的愛爾蘭名字，不符合英語發音規則。友美問我：「你的名字是什麼意思？」我跟她說，這其實沒有什麼意思，就只是個古代神話故事中的女性名字。我問她：「那你的名字是什麼意思?」她微笑答道：「美麗的朋友。」我們最後講定，她為我寫上了Dee，讓我回家練習。

課程終了，我們清洗毛筆，並且用報紙吸乾剩餘的墨汁。我和友美談到薛爾敦關於日本街道地址的理論，她的英語雖不是十分流利，但我想她應該能了解我的說明。接著，我問她，她認為哪個城市比較容易找路：倫敦，還是東京？

「倫敦」，她邊猛點頭邊說道，絕對是倫敦。

第三部

政治

第八章

伊朗：街道名稱為何追隨革命分子？

莫亞萊米恩（Pedram Moallemian）的母親或許想要生個女孩，他的哥哥已是個很野的青少年，其母不太確定自己是不是還能搞定另一個男孩。[313]然而，莫雅萊米恩是個很害羞、安靜的孩子，他可能會消失好幾個小時，騎著父親給他的紅色單車，默默地在德黑蘭的街道上穿梭。莫雅萊米恩的家族很富有（他告訴我，他父親也許是伊朗最大的兒童服飾製造商），但是他喜歡看看德黑蘭的其他人們是怎樣生活的。

莫雅萊米恩知道桑德（Bobby Sands）死於一九八一年的北愛爾蘭絕食抗議，他聽說此事的方式或許和他得知所有事情的方式一樣，也就是來自德黑蘭活力充沛的巷議街譚。莫雅萊米恩跟我說，在革命後的頭幾年之間，也就是國王（Shah）逃往埃及之後，所有人都在家裡，或是去賣書、派發小冊子的亭子談論政治，那時沒有電影、音樂，只有政治，「我們認識每個傢伙，世界各地的革命分子」。他和朋友忠誠支持共產主義者或社會主義者，就像別國的小孩擁護足球隊一樣；而他的兄弟會考考他，世界各國外交部長的名字。

莫雅萊米恩只有八歲的時候，一位老師帶他去參加政治集會，莫雅萊米恩著迷了，後來他會和同伴出遊，所有人大約在十三、十四歲左右，一同去上流社區朋友的停車棚踢足球兼談政治。有時，他們會在街上塗鴉或是派發傳單；有時，他們會被揍；更多時候，他們就只是聊天。但是，莫雅萊米恩告訴我，當桑德死去之後，他們決定要做得更多，也就是要報復英國人，因為英國人囚禁了絕食抗議者，而英國使館剛好就在街頭。

一開始，他們想要爬到使館頂層，將聯合王國旗換成愛爾蘭旗幟。然而，莫雅萊米恩又說，要嘛是德黑蘭根本沒人在賣愛爾蘭旗，或者就是他們沒找到；於是，他們企圖自己做綠、白、橘條紋的旗子，但是成品長得太像伊朗國旗，他們可不想遭人誤解。緊接著，他們想要懸掛一面白色的旗子，上頭寫著 IRA 以代表桑德的「愛爾蘭共和軍」（Irish Republican Army），可是假使無風，旗子就會像是塊又髒又難看的布。最令人困擾的是，他們聽見使館柵欄的另一端傳來狗吠聲，他們不太喜歡那些狗的叫聲。

新策略來了。他們騎著腳踏車前往五金行，購買強力粉狀膠與白色厚紙板。莫雅萊米恩說，繪圖一向是他的強項，於是他和朋友小心翼翼地用畫筆勾勒出新路牌，波斯語在上、英語在下；經過練習之後，莫雅萊米恩可以完美地模仿路牌的樣式，他和朋友遂將粉狀膠混水之後，將新路牌貼在舊路牌——「溫斯頓．邱吉爾街」（Winston Churchill Street）——之上。莫雅萊米恩說，過了幾天他回來查看，發現別人也用同樣方式蓋過了其餘溫斯頓．邱吉爾街路牌，他也看出有人曾試圖把牌子扒下，因為路牌的角落處剝除了，但強力粉狀膠果真是強力。

又過了幾個月，莫雅萊米恩認為他們勝利了，因為他聽見一位婦女坐上計程車然後說：「載我去『波比．桑德街』。」市府很快讓這個名字變成官方稱呼，於是英國人為避免在提及使館地址時，就要提到死敵革命分子的名字，他們在另一條街開闢了新的出入口。

為什麼是桑德？桑德或許從沒離開過北愛爾蘭六郡，這個人怎麼可能成為伊朗人的英雄？桑德是愛爾蘭共和軍的成員，當時正與英國政府爆發武裝衝突，雖然戰爭區域經常被分為新教區與天主教區，但其爭議其實與基督教神學沒多少關係，這是一場國家、民族認同的衝突。一九二一年愛爾蘭獨立戰爭（Ireland's War of Independence）末期，英國提出的和平條約，是愛爾蘭北方六郡繼續待在大不列顛與北愛爾蘭聯合王國境內。大體上，北愛爾蘭的新教徒希望如此，但是天主教徒如桑德則不願意，他們時常面臨羞辱與歧視，愛爾蘭共和軍的目標就是要以武力重新統一愛爾蘭，讓北愛爾蘭六郡脫離聯合王國，使其併入愛爾蘭共和國的一部分。

當反抗英國統治的暴力抗爭在一九七〇年代初期加劇之時，英國人將愛爾蘭共和軍成員關在隆基什拘留中心（Long Kesh Detention Centre），共和軍成員可以穿自己的衣服，其實際上的待遇等同於「戰俘」，不過在一九七六年時，這種「特殊類別身分」（Special Category Status）被撤銷，此後囚犯便等同於一般的罪犯。隆基什拘留中心——現已改名為梅茲監獄（Maze Prison）——的囚犯為抗議此決策，決定只用薄毯子圍著身體，其餘什麼都不穿，其領袖人物紐金特（Kieran Nugent）說：「如果他們要求我要穿制服，他們就得把制服釘在我的背上。」[314]其他人也加入這場毯子抗議，於是監獄人員為示懲罰，將抗議者囚室的家具全部移除，此後提供的茶不附牛奶、湯變得很稀，且麵包不附奶油。

抗議者不得從事體育活動，家人也不得探訪，除非他們穿上監獄制服，抗議者於是終日待在囚室內；當獄方拒絕為囚室提供盥洗之後，他們開始了骯髒抗議，將排泄物塗抹在牆上；他們敲砸窗戶，睡在有蛆的床褥上；冬天時，他們得站在《聖經》上，免得自己的腳接觸冰凍的地板。與此同時，愛爾蘭共和軍發動暗殺監獄工作人員的計畫，十八人因此被殺，其中許多人才剛成家不久。

一九八一年三月，桑德開始絕食抗議。他只圍著薄毯子，拒絕每日三次的供餐：馬鈴薯、魚、一大匙豆子、兩片麵包與奶油、一杯茶。桑德將自己寫的詩與部分日記想辦法傳出獄外，他寫道：「我確實想吃全麥麵包、奶油、荷蘭乳酪與蜂蜜。哈！這傷害不了我，因為，我想『好吧，反正人的食物也不可能讓人永生』，然後我安慰自己，我到天上之後可以被餵得飽飽的（若我有資格的話）。」[315]一個月之後，有位國會議員去世，導致席位空缺，他是北愛蘭西部鄉村選區的代表，是個酒吧主人；而桑德在器官逐漸衰竭的狀況下，參加競選爭取此席位，最後贏得百分之五十二的選票，此時的桑德近乎眼瞎，他進行絕食抗議已有四十日。

進行絕食抗議的第六十六天，桑德過世了，當時他躺在一張鋪著羊皮毛的水床上，這是為了保護其脆弱的骨骼，他的母親羅賽琳（Rosaleen）陪在他身旁。桑德，享年二十七，人們在貝爾法斯特街道上用擴音機撥放這則新聞。強硬的英國首相柴契爾夫人立場堅定，她說：「桑德先生是個判決確定的罪犯。他選擇結束自己的生命。但他所屬的組織並沒有給其行動的諸多受害者這樣的選擇機會。」[316]

在伊朗，桑德的死被加以神聖化，許多伊朗人對英國的痛恨一如桑德。在一九二〇年代時，英國人幫助第一任伊朗國王掌權，這位國王是個獨裁者，然後在一九五三年，英國人也在美國中央情報局（CIA）的協助下，發動政變對抗民主選舉出的新任首相摩薩台（Mohammad Mosaddegh），摩薩台先前正著手將英伊石油公司（Anglo-Iranian Oil Company，也就是今日的英國石油公司〔British Petroleum, BP〕）加以國有化。

伊朗人從沒原諒英國人。伊朗歷來最盛行的小說，是佩茲赫扎德（Iraj Pezeshkzad）的《我的舅舅拿破崙》（*My Uncle Napoleon*），該書主角相信英國人有意要毀了自己。有些伊朗人聲稱希特勒（Adolf Hitler）是英國人的「魁儡」，倫敦大轟炸乃是英國情報單位的安排。就連伊斯蘭教士在伊朗之得勢，都被怪罪於英國人。伊朗革命過後有句很普及的笑話是：「當你掀起一個穆拉（mullah）的鬍子，[譯34]你會發現上頭寫著『英國製造』」。莫雅萊米恩告訴我，一旦有事情不順利，諸如火車誤點、車輛拋錨，你都會聽見那句重複的話：都是英國人害的。

---

34 「穆拉」的意思是穆斯林宗教導師或領袖，多數伊斯蘭教士與清真寺領導者被稱為穆拉；另外，少數伊比利半島的猶太人社群也稱領導者為穆拉。

桑德是位詩人、烈士、英國佬的宿敵，而他恰好契合了伊朗人的思維。據說有一位伊朗大使，曾經與桑德家族互贈禮物。另據某報紙報導，前往伊朗的愛爾蘭遊客會在德黑蘭機場的護照查驗處獲得歡迎，那是一抹特殊的微笑、高舉的拳頭，再加上迎接詞：「波比．桑德，沒食物吃。歡迎來到伊朗！」[317]如今，德黑蘭乃是「波比．桑德漢堡店」的基地，餐廳用來招攬與迎接客戶的，是雙頰有酒窩、一副男孩樣的桑德圖片。

莫雅萊米恩現居多倫多（Toronto），在我們談話之際，一場風雪正要前來。他用訊息傳來一張兒童時期在伊朗的照片，照片表情嚴肅，雙耳突出，而他的母親企圖讓他的頭髮繼續留長以蓋住耳朵。在國王垮台之後，那段可以公開辯論、討論的特殊時期，在一九八一年時戛然而止。此時，在歷經十五年的流亡並領導革命後，柯梅尼（Ayatollah Khomeini）終於回到伊朗，擊敗左派敵手。接著，「革命法庭」每週都宣判處死好幾百人，而在埃溫監獄（Evin Prison）裡，人們被大型吊車吊死，埋在無名的墓穴中。[318]莫雅萊米恩數著，他有幾十個同學都死了，而等到他自己也被逮捕時，他的父母遂送他隻身前往加拿大居住，那年他十六歲，他後來再也沒回過波比．桑德街。

莫雅萊米恩的故事為街道命名開啟了另一篇章。早期的街道名稱通常是敘述性的，如教堂街、市場街、墓區巷。而波比．桑德不只是條路名，它還是座紀念碑，現代街道名稱不止於敘述，它們還要紀念些什麼。為了了解此事的原因，我必須追溯至一場非常不同的革命，回到十八世紀的法國。

一七九四年，年輕教士格雷高里（Henri Grégoire）坐在房間內寫作一篇關於街道名字的文章，其地址位於哥倫比亞街（rue du Colombier）十六號。[319]格雷高里是個不尋常的教士，當他接受授職不久，他被召至監獄執行一位八十四歲老者的臨終儀式，老人入獄是因為規避苛捐而私製鹽巴煮湯。格雷高里不能忘懷王政對於窮人的不義，他於是成為一位熱切的革命支持者，但同時維持自己的信仰與教士身分——這是件困難的事，因為革命是公開反對天主教教會的。可是，根據格雷高里的傳記作者塞平沃爾（Alyssa Sepinwall）所述，格雷高里認知「自由、平等、博愛」的革命精神，全然與教會的福音一致共容。

格雷高里疾呼宗教寬容、猶太人的權利、男性普遍選舉權。他參加「黑人之友會」（Société des Amis des Noirs），後來還寫了一本反奴隸制度的書，駁斥黑人為劣等的觀點，該書包含對於著名黑人後裔的詳盡人格研究。[320]傑佛遜身處巴黎時，曾拒絕加入該會（後來，傑佛遜表示，這些非洲裔美國人之所以有格雷高里讚頌的成就，唯一的原因是因為他們也有白人血統）。[321]

在一七九四年時，格雷高里主要關注於拯救法國，推翻王政是該計畫的一部分，革命分子企圖全然根據啟蒙運動理想來重塑法國，他們變更曆法、度量衡系統，甚至服裝。以記載美國獨立初年生活而著名的托克維爾（Alexis de Tocqueville），曾檢視革命前夕人民所列出的要求。

托克維爾寫道：「當我將所有個人的希望加以蒐集之後，我覺得非常恐怖，我發現他們的要求，是要完全、體系性地廢棄一切法律，以及法國當前的一切作法。我馬上就看見目前的議題，乃是世界史上所見過最廣泛、最危險的革命。」[322]

革命分子的想法很新，但是那時的巴黎已經非常老了，那些宮殿、教堂、街道都散發著王政的氣息。佛格森（Priscilla Parkhurst Ferguson）在傑出作品《革命時的巴黎》（*Paris as Revolution*）中，數度提及某些革命分子有意拆毀巴黎，雙手拍拍灰塵，然後讓一切「重頭開始」；但後來，他們決定不摧毀巴黎，反之，他們要幫巴黎「換牌」，讓巴黎換上新裝。佛格森寫道：「與其把精力用在事物本身上，還不如把精力用在讓事物被設想、被理解、被使用的方式。」她描述道，革命分子不是破壞宏偉的宮殿，而僅僅是將其轉變為公共性建築。[323]

他們不能加以改變的事物，他們可以為之重新命名，這些事物包含「他們」自身。在革命之前，法國人的名字主要受限於天主教規定，也就是要嚴格限制在《聖經》內或聖徒的名字（至於貴族，就像在其他方面一樣，他們有能力免於此等規範）。[324]然而，在一七九二年九月，就在法蘭西國民公會（National Convention）投票一致同意廢除王政體制的隔日，法國人民獲得了一項新權利：為小孩子取什麼名字都可以的權利，這也包括為自己重新取名。[325]許多人選擇充滿革命情懷的名字，例如「福勒爾・奧倫治・共和人」（Fleur d'Orange Républicaine）、「盧西斯・平民平等」（Lucius Pleb-Egal）和「西蒙・不自由毋寧死」（Simon la Liberté ou la Mort）等；而人們把小孩子命名為「拉羅伊」（La Loi，意為法律）、「黑森」（Raison，意為理性）。也正是此等創意，刺激拿破崙（Napoleon Bonaparte）於一八〇三年發布有限的名字清單，規定人民只能從中為孩子取名（該名單於一九九三年廢除，雖然法國法庭依然禁止某些名字，諸如「快樂」（Joyeux）、「能多益」（Nutella）、「草莓」，或者MJ——紀念麥可．傑克森（Michael Jackson）。[326]

自然而然地，創意命名的革命熱情也延伸至街道。這會很令人驚訝嗎？為某事物命名，就是在伸張對於某事物的權力，這也是為何上帝讓亞當（Adam）命名伊甸園（Eden）中的一切生物，最終也包括了（帶來問題的）夏娃（Eve）。革命之後，某些街道隨即重新命名，例如伏爾泰過世的那條街改名以紀念之，而「公主街」（la rue Princesse）則更名為「正義街」（rue de la Justice）。

但這些小小的改變，難以滿足啟蒙思想革命分子的胃口，他們希望能有更加呈現理性的作法。巴黎當時的街道名稱，以知識分子普朱爾（J. B. Pujoulx）抱怨的說法是一盤「薩瑪昆狄」（salmagundi），這盤「薩瑪昆狄」（我得去查查這個詞，看來這是某種法式版本的碎沙拉，有燉肉、海鮮、蔬菜、水果、生菜、堅果、花瓣，拌上油、醋與香料），要怎樣才能變得更像是「法式清湯」（consommé）呢？

佛格森生動地描述道，普朱爾是如何企圖將每條街道都變成一堂地理課，以城鎮名稱為街道命名，且該街道的規模會呼應該城鎮的規模（此外尚有某些共和主義者突發奇想，欲以保王派作家的名字為下水道命名）。[327]有個叫香姆魯（Citoyen Chamouleau）的人，想要將國內每條路都根據德行來命名，諸如「慷慨街」（rue de la Générosité）和「體諒街」（rue de la Sensibilité）等，「如此一來，人們就會將德行掛在嘴上，很快他們的內心也會充滿道德」。[328]

格雷高里被交付規畫新街道名稱的任務，他研讀了全世界的街道名稱，研究對象包含賓夕法尼亞乃至於中國（他印象深刻的是，貴格派「甚至能將其高貴人格刻印在街道上」），[329]在他提交予公共教育委員會（Comité de l'Instruction Publique）的十七頁報告中，他為新街道名稱設下兩項準則。首先，名稱必須簡短且優美；第二，他認為「每個名字應該承載某種思想或者情感，提醒公民自己應有的德行與責任」。[330]格雷高里寫道：「從革命廣場（Place de la Révolution）經過憲法街（rue de la Constitution），然後再抵達幸福街（rue de la Bonheur），這樣不是很自然嗎？」[331]

格雷高里的提議有序地綜合革命的各種哲學思想。法國大革命擁護平等與理性，但它同時也追求「重生」（regeneration），「重生」的概念意謂國家可以是純粹的、不腐化的；正如湯普森（Victoria Thompson）所描述，巴黎街景將會教導某種「革命教義問答」（revolutionary catechism）。[332]

然而，革命人士從未成功進行「品牌重塑」，要對一個歧異性如此之高的城市如巴黎，強加上烏托邦式的前景，乃是不可能的任務，巴黎的街道名字依然——且至今依然——是盤薩瑪昆狄大雜燴。街道名字只是「淪為政治風勢下的風向計」，隨著政局與政權變動而變化，「革命所預見的新城市景象並沒有出現」，佛格森如此寫道。[333]

不過，法國大革命還是開啟了一種風潮，也就是為街道重新貼牌，以炫耀新意識型態。於是，世界各地的革命政府紛紛以改換街道名字來擺脫舊政權。墨西哥市裡有超過五百條街道都以艾米里亞諾．沙帕塔（Emiliano Zapata）命名，沙帕塔乃是墨西哥農民革命的領袖人物；[334]在克羅埃西亞的武科瓦爾（Vukovar），此地的主要街道在二十世紀期間就換過六次名字，每次換名字的時候，就表示掌有武科瓦爾的政權又易主了；[335]近來，波蘭與烏克蘭通過了一系列法律，要讓街景能夠「去共產主義化」；俄國境內，有超過四千條大路都以列寧（Lenin）為名，里奇菲爾（Gideon Lichfield）曾指出，這些路全部加起來的長度可達五千三百六十三英里，比莫斯科到明尼亞波利斯（Minneapolis）的距離還要長。[336]

西班牙有項法律，要求撤換所有以法西斯主義者為名的街道，某些城市則代之以女性名字如羅莎・帕克斯（Rosa Parks）與芙烈達・卡蘿（Frieda Kahlo）。[譯35]近來，蘇丹支持民主的異議人士將街道名稱，換成因遭獨裁者巴希爾（Omar al-Bashir）鎮壓而死亡的人名，一位抗議領袖漢南（Mohamed Hannen）曾說道：「我們要以新街道名稱、新思維，來建造一個新蘇丹。」[337]

中國共產黨以街道名稱作為廣大政治宣傳運動的一部分。[338]在文化大革命期間，街道被改換成「紅衛兵路」、「東方紅路」等名稱（其中許多街道於後來改回原名）。[339]中國的《地名管理條例》第四條規定，路名必須「有利於人民團結」，而「有損我國領土主權和民族尊嚴」者必須更名；[340]引人注意的是，條例中還禁止以人名作為地名、路名，無論其人之古今，這應當是出自於共產主義的平等精神（中國並沒有「毛澤東路」）。

㉟ 羅莎・帕克斯（一九一三—二〇〇五），是美國黑人民權運動者。芙烈達・卡蘿（一九〇七—一九五四）為墨西哥畫家。

上海市的規定則要求，街道名稱須「含意健康，符合社會道德風尚」，[341]這難道是格雷高里本人寫的？

政治科學家哈希德（Jonathan Hassid）論道，中國利用街道名稱，作為管制少數民族區域的一種手段。在這種有其自身語言與文化的區域，你會預期看到街道名稱有更多變化，但是哈希德卻發現事實正好相反，少數民族集中的區域，其街道名稱反而「更加」類似北京的路名，道路名稱竟成為控制當地人的另一項工具。

美國的革命也將名稱與意識型態兩者交織。華盛頓其人後來成為了美國首都的名字，雖然他本人始終稱之為「聯邦市」（Federal City），而華盛頓指派了朗方（Pierre L'Enfant）來設計這座城市。[342]朗方生於巴黎，後於法國研讀藝術與建築，然而他就像數千位同胞一樣，志願加入了美國革命軍。朗方對於新首都的規畫，是將美洲城市與歐洲城市的理想予以結合，華盛頓將會擁有美洲式的格子狀格局與歐洲式的大道、圓環、廣場。華盛頓的街景充滿象徵性，舉例來說，位於山丘上的，乃是美國國會大廈，而不是白宮；這裡不是英國，總統可不是國王。

然後是路名。華盛頓特區的街道名字可說是極端的理性化，東西向的是數字編號的街，南北向的則是英文字母編號（A、B、C）的街（而到了W街之後，該模式又再度重複，只是街名變成兩個音節如Adams、Bryant等，到最後又再度重複，變成三個音節的街名如Allison、Buchanan等）。對角線方向的路（avenue）切過格子狀，其名字設以聯邦內的州名（當時共十五個），其中最長的路則是以當時面積最大的三個州命名，即麻薩諸塞州、賓夕法尼亞州、維吉尼亞州。至今，美國境內每一州的名字都是華盛頓特區的一條街道名字。[343]

美國革命人士是在一座乾河床上建造自己的新首都，這個地方（至少）對於革命人士而言，是全然空白而寂靜的一片地。在此，他們企圖實現政治與空間兩者的結合，這是法國人亟欲實踐卻失敗者。當時，那位生於法國的建築師朗方，喜歡叫自己為「彼得」，譯㊱這不是很貼切嗎？[344]

我前去丹尼・莫里森（Danny Morrison）在貝爾法斯特西區的家，他是桑德的昔日密友。莫里森在一九八〇年代前期擔任愛爾蘭共和軍政治組織「新芬黨」（Sinn Féin）的宣傳部長，英國人曾認為他是少數可能終結愛爾蘭共和軍軍事攻擊的人。他在學時就已在肉舖與酒吧打工，接著他隨即涉入政治，自己打造發射台並協助開始「自由貝爾法斯特廣播」（Radio Free Belfast），不久之後，他便利用父母的房子作為軍械庫。[345]他的父親也叫丹尼，有次其父曾因為這個名字而遭到逮捕。

莫里森的姊妹借錢讓他買下第一台打字機，他用此來寫短篇故事，很快地莫里森便成為《共和黨新聞》（*Republican News*）的編輯。後來他被關進隆基什監獄，以綁架的罪

㊱《新約聖經》典故，耶穌跟彼得說，要將教會建立在這塊磐石之上（「彼得」的意思是磐石，是耶穌替這位弟子取的新名字）。

名被拘禁八年，這項裁決日後被推翻了。現在，莫里森廣為知名的是，他鼓勵愛爾蘭共和軍從單純的暴力行動，轉為兼用政治來打擊英國人。在一九八一年的新芬黨年度會議中，他猛然站起來向其他代表說話，他問道：「你們在這裡，有誰真的相信，我們可以靠投票箱贏得這場仗？但這裡有沒有人會反對，我們一手拿著選票，另一隻手拿著阿瑪利特輕型步槍（Armalite，愛爾蘭共和軍選擇的槍枝品牌），然後我們能在愛爾蘭取得政權。」

當下針對莫里森觀點的反應，是一種反對與敵意，據稱愛爾蘭共和軍要人麥金尼斯（Martin McGuinness）說：「這他媽的是哪來的想法？」[346]但愛爾蘭共和軍後來採取的政治策略，確實是將莫里森的演說予以推展，最終這招把麥金尼斯推上了政府職位，使其成為第一位北愛爾蘭副首席部長（deputy first minister of Northern Ireland）。

如今，莫里森不再是愛爾蘭共和軍成員，他是一位全職作家。貝爾法斯特已是一座和他小時候很不一樣的城市了。在「大麻煩」（Troubles）的年代，[譯37]貝爾法斯特到處都是軍事檢查站，以及防止汽車炸彈的路障；該城的「歐羅巴酒店」（Europa Hotel），還曾是全歐洲最常遭到炸彈攻擊的旅館。愛爾蘭共和軍在一九九七年放下武裝，並鼎力支持《聖週五協議》（Good Friday Agreement）。[譯38]歐羅巴酒店如今有熱門的鋼琴演奏酒吧，有供應沙拉與烤鱈魚的餐廳，以及大西洋此岸最厲害的浴室；從酒店正門，你可以搭上黑色計程車，來一場「大麻煩」導覽之旅，去看看依然存在於天主教社區街道兩旁的桑德壁畫。

已逾花甲之年的莫里森在他家前門迎接我，他穿著拖鞋，帶著一抹溫和的、斜斜的微笑。他家是紅磚建築，花盆布滿前門階梯，屋內花格沙發搭配繡花抱枕，家族照片滿載於桌上，火爐旁的書架上是滿滿的精裝書。出乎意料，我沒想到一位前愛爾蘭共和軍的家竟是如此舒適；到廚房裡，他為我提供了濃茶，以及包裹著厚厚巧克力的馬莎百貨餅乾；當我們走到他的前廳談話時，他的貓咪阿提克斯和愛麗緊隨在旁。

莫里森也許是最了解桑德的人之一，當年正是由他主導桑德的選戰。莫里森告訴我，他最後一次看見生前的桑德，是在一九八〇年十二月，當時桑德頂著一頭油膩的長髮與虬髯，因為桑德正在進行不盥洗的抗議。該次探視結束之後，莫里森被禁止造訪監獄，而到下一次他看見桑德之際，那已經是棺木裡的桑德了。

我們搭著莫里森的掀背車，途經兩旁林蔭的街道、天主教學校、酒吧、轉角商店，抵達了米爾敦公墓（Milltown Cemetery）。來自科克（Cork）的旅客認出戴著黑色紳士帽的莫里森，激動地與他握手。在墓地，桑德的名字僅列在因絕食抗議死者名單之一，名單上方刻著「志願者」幾個字。莫里森指出一個地點，他曾經站在那裡，參加另一位愛爾蘭共和軍人士的喪禮，當時有個支持英國的武裝分子，名叫史東（Michael Stone），史東持槍與手榴彈，攻擊墓碑前的哀悼者，有三人死亡、十幾人受傷。

---

37 「大麻煩」是一九六〇至一九九〇年代北愛爾蘭衝突的一種稱呼。

38 「聖週五」就是耶穌受難日，也就是復活節（Easter）假期的第一日。《聖週五協議》簽訂於一九九八年四月十日，正式名稱為《貝爾法斯特協議》。

二〇〇八年，莫里森聽說當時的英國外交部長斯特勞（Jack Straw），有意請伊朗政府變更波比・桑德街的名稱（我就是在莫里森寫的書上第一次看見，本章伊始所述的莫雅萊米恩故事），於是，莫里森發動請願運動反對此舉，短期之內就獲得數千人聯署。[347]多數人發給伊朗的訊息內容，大約就像克林頓（Sean Clinton）這封：「所以你們打算讓英國佬告訴你們該怎麼稱呼自己的街道嗎？如果是這樣，你們何不拿下伊朗國旗，換上英國國旗！桑德是個英雄！」其他人則採取文化上比較合宜的口氣，例如這封由克拉克（John Clark）所寫的：「看在阿拉分上，留下波比・桑德的牌子。」[348]

有另外一個請願者曾表示，他「最近在巴黎聖丹尼斯區（St. Denis）看到有面路牌是『波比・桑德街』，在國外看見這種事感覺真好」。所以，我去查查他說的是否正確，結果，法國境內有五條街道讓波比・桑德永久留名，世界上還有少數地方也是如此。然而，儘管愛爾蘭的請願者對於德黑蘭的波比・桑德街事宜有如斯怒火，在愛爾蘭（無論南、北），卻沒有任何街道紀念他。

我對於為何如此有些想法。我的丈夫保羅來自北愛爾蘭中部的庫克斯敦（Cookstown），距離桑德當選國會議員的選區大約只有六英里遠（我的婆婆和莫里森是在同樣的天主教工人社區長大；我婆婆的母親與桑德一樣葬在米爾敦公墓）。保羅讀書時的學校校長是神父福爾（Denis Faul），愛爾蘭共和軍稱他為「威脅者丹尼斯」（Denis the Menace），因為神父後來說服絕食抗議者的家人，這場抗議只是在浪費性命。庫克斯敦大約有一萬人口，有一條長長的林蔭大路，有一座繁榮的週六市集，還有五間肉舖。

保羅的父母將他從醫院接回家，他們家就在某間肉舖樓上，保羅的祖父是該肉舖老闆，而這間肉舖的窗子曾被愛爾蘭共和軍的炸彈炸破，大約有二十多次。

至今，北愛爾蘭大致上是和平的，雖然這和平從沒讓人覺得真正安全，而新教徒與天主教徒大多居住在不同區域。長約三英里的「和平之牆」（Peace walls）依然分隔著貝爾法斯特的新教區與天主教區，今日這類的牆甚至比一九九八年《聖週五協議》簽訂時還要更多。[349]在北愛爾蘭，依然約有百分之九十的學童所上的，是根據宗教教派分離的學校。

當你寫了很多關於街道名字的文章之後，編輯似乎有意將文章標題向U2樂團歌曲〈街道無名之地〉（Where the Streets Have No Name）致敬，這首歌曲部分得自於北愛爾蘭的啟發。填詞者波諾（Bono）是個愛爾蘭人，他曾告訴某家雜誌道：「有人曾經告訴我一個有趣的故事，在貝爾法斯特，你可以根據人們住在哪條街上判斷他們信仰的宗教，甚至可以判斷他們能賺多少錢。透過他們住在路的哪邊來判斷，愈往山丘上去，房子就愈貴。」[350]在我丈夫的家鄉，事情確實是如此。尊崇英國皇室的地產或街道，通常會有英式的名字如「公主路」（Princess Avenue）或「溫莎街」（Windsor Street），而整條路上經常掛有紅、白、藍的彩旗；天主教的地產通常有愛爾蘭式名字，如雷辛恩（Ratheen）、雷夫貝格（Rathbeg），還有電線桿上會飄揚著愛爾蘭旗幟。

不過，庫克斯敦與所有南、北愛爾蘭的城鎮裡，沒有任何一條「波比．桑德街」。桑德所象徵的精神是愛爾蘭的統一，這是多數北愛爾蘭天主教徒所認同的，但大量天主教徒從未同意桑德等愛爾蘭共和軍人士所採取的暴力作為。敵對雙方在「大麻煩」期間共約有三千人喪生，更多人受傷。在絕食抗議事件的高潮時期，一位二十九歲的人口調查員因槍擊而死，她名叫瑪特斯（Joanne Mathers），她之所以受到殺害，是因為某些愛爾蘭共和軍人士相信，人口調查其實是種偵查行動。波比．桑德的名字聽起來很甜美，而他有酒窩的臉龐又被化作鄰家男孩形象，雖然如此，桑德之所以入獄，是因為他企圖在一間家具行引爆炸彈，而且那是在他將店員逼趕至地下室之後。

不過我們依然可以輕易看出，為何桑德是一個浪漫化的形象。這個人看似普通，卻用意志讓自己挨餓致死，目的是為了追求他認為的自由，此舉確實驚人（其餘尚有九人在桑德死後不久也因絕食抗議而亡，這讓人更加心驚膽戰）。所以，當人們遠遠地看，確實很容易欽佩桑德對抗英國人的奮鬥，尤其是在這個世界上，英國人經常把自己變成剝削者；然而，回到桑德自己的家鄉，他的英雄主義其實並不總是那麼清楚明白。

若桑德本人參加了自己的選戰，他對於後來的和平交涉是否會感到滿意？莫里森告訴我，有些倖存的絕食抗議者後來接納了《聖週五協議》；可是桑德曾經寫道：「我絕不妥協，直到我實現我國的解放，直到愛爾蘭成為一個有主權、獨立的社會主義共和國。」[351]桑德的姊姊伯娜黛特（Bernadette）長期以來都表示，桑德對於這種妥協是不會高興的。（某位桑德家族的朋友告訴報社：「波比有很多種身分，但他絕不是鴿派。」）[352]

桑德沒有妥協，然其革命的主要目標失敗了，至少在我寫作的此刻，北愛爾蘭六郡依然在大不列顛與北愛爾蘭聯合王國境內。愛爾蘭沒有波比・桑德街，因為今日的愛爾蘭並不是桑德的愛爾蘭。

第九章

柏林：納粹的街道名稱如何讓我們反省歷史？

希爾勒（Susan Hiller）初次注意到的「猶太街」（Jew Street）位於柏林。二〇〇二年，她獲得藝術家獎助而旅居德國，當時她正在柏林米特區（Mitte），視線在地圖與路牌之間變換；目光往上，希爾勒注意到自己正踏上Judenstraße，其意思是「猶太佬街」（Jews Street），甚至不是「猶太人街」（Jewish Street），貶義已十足明白。[353]希爾勒不知對此該作何感受，回到公寓之後，她與丈夫開始搜尋德國境內所有城市鄉鎮的地圖，他們發現德國境內散布著「猶太路」、「猶太道」、「猶太市場」等。不久，她就寫下了三百〇三條以「猶太」為名的街道清單，而她決定親身造訪每一條。

當時希爾勒已是六十多歲，她還是站得很挺、穿著優雅，眉毛拱起，一副充滿好奇心的樣子。她說話的口音，像是長期處在英國文人圈的美國女人，像是個嗓子啞一些的凱瑟琳．赫本（Katharine Hepburn）。[譯39]希爾勒受的是人類學的訓練，曾在貝里斯、墨

[39] 凱瑟琳．赫本（一九〇七－二〇〇三），美國傳奇女演員，四度獲奧斯卡最佳女演員。

西哥、瓜地馬拉從事田野調查，但在某次演講期間觀看非洲雕像的投影片時，她忽然意識到藝術本質上就是非理性的、神祕的，就是此刻，她決定要「離開現實而追尋奇幻」。[354]

希爾勒於二〇〇二年發現柏林的猶太街道，當時她在倫敦已是一位成功的概念藝術家（她在二十多歲時搬入倫敦），於是，《J道計畫》（*J Street Project*）成為她的下一件藝術作品，她與丈夫前往德國每一條以「猶太」為名的街道，他們旅行了一週、兩週，抵達那些觀光客通常不會前去的地區。希爾勒詢問專家，這些猶太街道是否是在戰爭過後才添加的？專家說：「絕對不是。」如果是新街道有意紀念猶太人，其名稱聽起來會比較舒服，例如「安妮．法蘭克路」（Anne-Frank-Straße）。譯㊵這些「猶太街」相對而言是古老的、是敘述性的路名，就像教堂街是教堂所在處，猶太街則是猶太人所居處，它們在納粹時代曾遭改換，但在戰後被改回以示尊重。

讓希爾勒驚訝的是，有許多猶太街乃是位於鄉村地區，因為想像猶太人居住在繁忙的城市，某種程度上比較容易，所以，看見這種名稱出現在平凡無奇的德國風景反而使人驚奇。這些街道路牌可以追溯德國猶太人的歷史與蹤跡，某些街道位於市鎮的中央，猶太人曾於此擁有店鋪；某些街道則較為偏遠，可能位於該城鎮的最後一條街，或者是火車的最後一站，因為猶太人亦可能不被允許住在城鎮中心。有位地方史家則描述道，現今某座停車場，從前乃是間猶太會堂；在另一個地方，某位居民模糊地告知希爾勒，「有錢人家過去住在這裡」；[355]在某個城鎮，有位老太太說明，過去曾有間猶太學校位於猶太人街，但後來這條街改成以一座橋來命名。希爾勒思索著，那些被「後來」所消除的東西是什麼呢？

未來的西德領袖布蘭特（Willy Brandt）曾回想納粹在其家鄉掌權的那一天，他在回憶錄中寫道：「在一九三三年三月二十日的呂貝克，當街道被重新命名後不久，有一大群人就受到所謂的『保護性監禁』（protective custody）。」[356]

數月之後，於一九三三年十二月七日，某位女性致信予當地報社《法蘭克福民報》（*Frankfurter Volksblatt*）道：「是否可以請您運用你們的影響力，來幫我一個大忙，那就是改變我們的街道名稱，那條街現在叫作『猶太人雅各布．希夫』（Jew Jakob Schiff）。」這個女人與她多數鄰居先前已加入納粹黨，她接著寫道：「當每間房子都懸掛著飄揚的卐字旗，『雅各布．希夫』一名就像是把插入心臟的匕首。」[357]

城市委員會對此表示同情，但是出生於法蘭克福的希夫，乃是身為美國銀行家的超級富豪，他曾向出生地捐獻許多金錢，如果他要求收回贈禮該怎麼辦？[譯41]到最後，希夫的猶太人身分壓過了他的捐獻，「希夫街」隨即據該城市的前任市長之名改為「穆默路」（Mummstraße）。

至一九三三年時，德國所有城鎮幾乎皆有以希特勒命名的街道。（二〇〇四年

---

40 安妮．法蘭克（一九二九—一九四五）是第二次世界大戰遭納粹迫害的荷蘭猶太裔女孩，因《安妮日記》而為世人所知。

41 雅各布．希夫（一八四七—一九二〇）是生於法蘭克福的猶太人，後移民至美國，經商成為巨賈，曾資助美國鐵路擴建，並募鉅款支持日俄戰爭中的日方。希夫死於一九二〇年，故應不會有本文所謂收回贈禮的問題。

時，Google曾意外地將柏林夏洛登堡〔Charlottenburg〕時尚區的特奧多爾・豪斯廣場〔Theodor-Heuss-Platz〕，[譯42] 改回其第二次世界大戰期間的老名字：阿道夫・希特勒廣場〔Adolf-Hitler-Platz〕。）[358] 以猶太人為名的街道稱呼被更改之際，猶太人能夠自由活動的範圍也改變了，《猶太日報》（*Jewish Daily Bulletin*）於一九三三年九月報導：「羅騰堡（Rothenberg）市府近來重新命名其主廣場為『希特勒廣場』，並決議猶太人不可踏上這塊享有希特勒聖名之地。」[359] 至一九三八年，德意志第三帝國已剝奪猶太人的公民權，他們的所有資產都必須向國家登記，任何與「亞利安人」（Aryan）的戀愛關係都會入罪，猶太人必須將其中間名改成以色列（Israel）或莎拉（Sarah），猶太人禁止前往海灘、戲院或音樂會，而商店也拒售食物給他們，早在集中營開始前許久，猶太家庭早已捱餓受饑。

同年，官方宣布，街道名稱若有「猶太」乃屬非法。因此，以音樂家馬勒（Gustav Mahler）為名的街道易名為巴哈（Bach）；索恩曼（Leopold Sonnemann）是法蘭克福報業首家猶太出版商，他的名字也在地圖上被抹去；拉特瑙（Walther Rathenau）是德國第一位猶太裔外交部長，於一九二二年遭到暗殺，以他為名的街道後來被特奧多爾・弗里奇（Theodor Fritsch）取代，後者乃是《猶太問題手冊》（*The Handbook of the Jewish Question*）之作者，該書以被稱作「反閃族主義教義問答」（Anti-Semitic Catechism）而著名。

漢堡（Hamburg）這座城市內，共有一千六百一十三條街道的名稱，被視為太過於「馬克思」或「猶太」。城市委員會宣布：「若此刻『赫爾曼・戈林路』（Hermann-

Göring-Straße）的創建也是眾人所欲，譯[43]那或許可考量重新命名『哈勒爾路』與相關地鐵站名。」[360]哈勒爾（Nicolaus Haller）乃是第一個猶太家族出身而被選入漢堡市府之人，其人已經受洗為基督徒，但這已無關緊要，某家報紙刊登了一張照片，上頭是位老工人正在拆除哈勒爾路的路牌。[361]

漢堡的納粹黨市長企圖保留電磁波發現者赫茲（Heinrich Hertz）之名，這位物理學家是「半個猶太人」，然而，例外是不被允許的。帝國部長直接了當地回覆那位市長的請求：「立刻撤換所有猶太的街道名字，在一九三八年十一月一日前，向我報告重新命名事宜。」[362]為彰顯這位物理學家的頻率單位「赫茲」仍在，但那條路已改名為「萊比錫路」（Leipzigerstraße）。猶太人不僅從德意志消失，也從路牌上消失了。

某方面來說，街道名字真是厲害的宣傳工具。說出路名，不需要思考、不需要考量，更棒的是，每當你要指路、寫信、進行各類申請，你就被迫得使用路名，國家真的能夠「把字塞到你的嘴裡」，譯[44]而納粹最能了解箇中奧妙。希特勒《我的奮鬥》（*Mein Kampf*）帶來的教訓之一，就是人民是健忘的，同時，人民是容易被賦予印象的。希

---

42 特奧多爾．豪斯（一八八四—一九六三）為德國自由派政治人物，曾於一九四九年至一九五九年間擔任西德的第一屆總統。

43 赫爾曼．戈林（一八九三—一九四六），德國納粹高層，曾任祕密警察主事者與空軍總司令。

44 該片語意涵為故意曲解他人所說的話，於此有逼迫他人改變說詞之意。

特勒心腹戈培爾（Joseph Goebbels）之任務，就是要塑造出納粹的「訊息棒」（message stick）；譯[45]戈培爾曾寫道：「一位聰明的宣傳家，其任務就是找出很多人會想到或使用的東西，循此道觸及所有人，從知識分子到尋常百姓。」[363]一項簡單的訊息，只要在切合的脈絡之下不斷重複，便可以在人心中成形，並永久長存。那麼，還有什麼訊息，會比路名更簡單？

英國國家檔案館（National Archives）位於倫敦西區泰唔士河畔，我進入這棟全以玻璃與石材打造的建築，一位工作人員交給我幾本厚厚的檔案，這是第二次世界大戰後德國境內的英軍檔案，文獻封面有紅筆潦草寫下的幾個字：「去納粹化」（denazification）。將檔案放置到美耐板桌上，我翻開內頁，閱讀好幾疊軍事基地的文件，內容是關於奧地利境內的街道情況。我發現了一份備忘錄，泛黃紙張上的文字解釋道，英軍如何將納粹時期的街道名字改回原本名稱。除了阿道夫．希特勒路以外，多數要被取代的納粹街道名稱，聽起來都像是從德國教科書中抓出來的尋常名字，諸如漢茲．朗茲（Hans Lanz）、米黑爾．迪特雷希（Michael Dietrich）。不過，迅速吸引我目光的是那些新街道所在的城鎮名稱──「猶登堡」（Judenburg）。

今日的猶登堡，是座人口少於一萬的古老城鎮。我透過電子郵件聯絡猶登堡的檔案庫，看看能不能有更多認識。檔案管理員希斯特（Michael Schiestl）回信道，這座城鎮確實是因猶太人得名，猶登堡的意思就是「猶太人的城堡」，這個名字可以追溯至十一世紀，當時此地是座市集城鎮，該城鎮紋章的主角是猶太人，直到猶太人於十五世紀被驅逐為止。在奧地利即將被併吞之際，要求更名的信件如雪花般飛來，舉例來說，有位市政公務員曾寫信給希特勒，表示本市「始終是納粹理念的忠誠守護者」，懇請「我的元首」能將本市自其名字中解放。

希斯特從檔案中寄給我幾個範例，以下是其中之一：[364]

布爾諾，一九三八年三月二十五日

敬愛的先生！

眾所周知，第一日耳曼人、最正直的日耳曼人、您的元首希特勒，痛恨一切與猶太人相關、聽起來有猶太味的事物。然而，您可敬的城市卻擁有醜惡的猶登堡之名。我呼籲閣下盡快召集市鎮大會，並且向市中傑出且權威的領袖人物提出申請，將先前的猶登堡一名改為「阿道夫堡」（Adolfburg）……

保羅・安德里亞斯・穆勒敬上

克伊茲巷二十三號，布爾諾

還有另一封：

45 「訊息棒」本是澳洲原住民之間傳遞訊息的工具，在木棍上刻上點與線以示意；於本文脈絡代表具有象徵意義的訊息塑造。

埃森，一九三八年四月四日

致猶登堡市長：

我因「大日耳曼帝國」之創建而雀躍不已，故我企圖透過地圖，讓自己更了解您的地區，然我發現您的城市名稱「猶登堡」頗令人不適！……若能禁絕與猶太人及壓迫者相關的所有事物，這將是一份貢獻；另一方面，「優柏堡」（Jubelburg）若能作為新名字，可以永遠提醒我們，紀念希特勒於一九三八年三月十二至十三日間在奧地利受到迎接的「歡慶」（jubilation）。

希特勒萬歲！

胡果．莫茲

最終，鑒於猶登堡一名的悠久歷史，城鎮人民雖不欲更名，他們表示戰爭結束之後會再考慮。但他們確實移除了城鎮的標誌，也就是紋章中戴著尖帽子的猶太人頭像。

然而，即便市鎮名稱維持原狀，納粹依然改換了猶登堡內的街道名。希斯特告訴我，這些新街道名字得自於企圖在德國併吞奧地利之前，就向奧國國會發動政變的納粹分子。德國人將「美麗的死亡」美化為民族神話，正如戈培爾所寫，真正的納粹人必須將「理想」視為超越一切，乃至於和「人類做抉擇時所能獻出的最高價值之事物——犧牲生命——相衡量」。[365]服膺該想法者，首先是希特勒的衝鋒隊領導者霍斯特．威塞爾（Horst Wessel），其人於一九三〇年為共產分子所戕，他的名號迅速在德國的新生兒與街道命名上蔚為風潮。[366]威塞爾是在柏林猶太路上長大的。[367]

希特勒在防空掩體裡吞下氰化物膠囊後，不到一個月，新的盟軍四國美、英、法、蘇政府開始統治德國，他們發現有很多事要幹。五萬棟建築化為碎磚爛瓦；光是柏林一處，就有五萬三千個兒童淪為孤兒，[368]其餘孩童則死於結核病、佝僂病、癩皮病、膿疱症；[369]一九四五年七月赤痢大流行，導致每一百個新生兒就有六十六個死亡。[370]在史達林（Joseph Stalin）知情的狀況下，蘇聯士兵強暴三分之一的柏林婦女（他們光是在德國，便造成十五萬至二十萬個嬰兒因此出世），傳染斑疹傷寒、梅毒與淋病。[371]即便戰後的德國人口減少，但戰爭結束後的每日死亡人數居然是戰爭時期的四倍之多。[372]

雖然如此，柏林各區新區長於一九四五年五月二十四日第一次集會時，首要議題卻是街道名稱。[373]德國共產黨（German Communist Party）徹底調查所有柏林路名，在估計約一萬條街道當中，提議變更其中一千七百九十五條的名字。[374]理論上，人人都同意新路名有其需求，但歧異的街道命名哲學，已然預兆著遲早要切開柏林的那座牆。

為了一九四九年十二月史達林的七十歲生日，東柏林政府正籌備一項特別的禮物。亞沙里亞滸（Maoz Azaryahu）生動地記錄道，十二月二十二日早晨，「法蘭克福大道」（Frankfurter Allee）的路牌被移除，數千人蜂擁至道上，簡直是過節的氣氛；此刻，駕著摩托車的人們揭曉新路名，工人帶著火把行進，柏林警察樂隊則演奏著日耳曼與俄羅斯的民俗歌謠，以及德意志民主共和國（東德）國歌。[375]煙火齊放，照亮一幅巨大的史達林畫像，亞沙里亞許如是寫道。[376]東德作家巴特爾（Kurt Bartel）提筆為此刻寫下一詩，詩曰：「我們該如何感激史達林？我們讓街道擁有他的名字。」[377]

至此時，東德與西德之分裂已成事實。在西德，明顯為納粹的街道名稱被移除，而某些反納粹人士的名字也獲得紀念，然整體而言，西德對於「去納粹化」已感倦怠，納粹式的街道名稱回復成原本的名字，戰後西柏林的街道名稱聽起來，彷彿戰爭從沒發生過。

可是，東邊蘇聯勢力的興致則不止於「去納粹化」，他們還追求「革命」。街道名稱所反映的，是東德決定此新世界秩序的模樣。蘇聯占領區會紀念反納粹分子，例如漢斯．肖爾（Hans Scholl）和蘇菲．肖爾（Sophie）兄妹，兩人因為送發反納粹傳單，慘遭蓋世太保害死。但是，重新命名運動迅速變得更加激進，藝術家、左派哲學家、革命分子、共產黨烈士的名字，都出現在東德的街景中；後來，一九六一年柏林圍牆建立之後，在牆邊遭到殺害的東德祕密警察（Stasi）、軍官、守衛等人，也都化為路名。[378]

不過，德國再度統一之後，這些路名的下場如何？[379]柏林圍牆才剛倒塌，德國社會主義之女尼德基希納（Käthe Niederkirchner）便引發一場抗爭。尼德基希納原本受的訓練是要當裁縫，但她日漸參與共產黨活動，發送傳單、發表演說，納粹興起之後，她遭到逮捕並被驅逐出境。尼德基希納遂逃至莫斯科，她在那裡進行德國國內的反納粹廣播。在一九四一年時，她以跳傘方式來到波蘭，於前往柏林之際被納粹抓住，因為她的德國護照固然複製得很精緻，卻缺少了近期發布的納粹印章。尼德基希納被逮捕、審問，被押送至拉文斯布呂克（Ravensbrück）集中營，最終於此被黨衛軍（SS）槍殺。

東西兩德統一後，新柏林市議會位址訂於從前的普魯士議會（Prussian Assembly）建築，正位於東柏林的「尼德基希納街」上。[380]領導西德的基督教民主黨（Christian Democrat Party），堅決表示該路名必須變更；議長論道，倘若尼德基希納本人於納粹時期倖存下來，她現在就是個共產主義者，由此推斷，她正是要推翻我們企圖建立並守護的民主。到最後，基督教民主黨印在其信紙上的地址，乃是「普魯士議會街」；同時，左派則繼續沿用尼德基希納街作為通訊地址。

全德國境內皆有民眾寫信給市政府，要求德國東部的街道名稱可以恢復為戰前的狀況。歷經數年之後，許多德東的人民也支持此更名事宜，某位居民曾寫道：「如果某人的回郵地址是『列寧大道』（Leninallee），即使不是柏林的列寧大道，他就會被視為一個東柏林人。誰想要這樣？」[381]不過其他人未必這麼想，數千人上街抗議的事件時而爆發，訴求是反對官員這樣子抹消東德的身分認同。一九九一年時，柏林市議會已提案要將數十條道路重新命名，這些街道原先紀念的人物，包括共產主義者、西班牙內戰（Spanish Civil War）鬥士、詩人、小說家、反抗軍成員。[382]

這是為了什麼？貝蘭德（Hanna Behrend）是位猶太裔的教授，她在納粹時期逃亡，後來又回到東德。貝蘭德曾於一九九六年寫信給朋友說：「我們沒有新的地址。」[383]柏林市議會認為應當取消以在西班牙受戕的反納粹青年亞特爾・貝克（Artur Becker）之名命名的道路，將之回復為赫爾・馮・克尼普羅德（Herr von Kniprode）。克尼普羅德屬於日耳曼騎士團，這是個「東征並征服斯拉夫地區」的中世紀強盜幫派。那些為取代共產主義路名而選擇的新名字，似乎有蓄意挑釁的意味，德勒斯登（Dresden）的「卡爾・馬克思廣場」（Karl-Marx-Platz）更名為「宮殿廣場」（Palaisplatz），而「弗里德里希・恩格斯路」（Friedrich-Engels-Straße）則變成「國王道」（Koenigstraße）。[384]如同某位人類學者所論，東德與西德的統合，並不是一種融合，而是一種「集體接收」。[385]

當年柏林圍牆倒塌，法學教授威爾克（Christiane Wilke）仍是個孩子，日後她曾趁學術休假期間去柏林住，漫步在她母親曾經遊玩的街道上；但是，當威爾克要和媽媽聊起這些地點、地鐵站、街道時，她得先把自己看到的目前地名、路名，與母親所知的昔日舊稱對照。丹齊格納路（Danziger Straße）是哪條？托爾斯路（Torstraße）是哪條？

威爾克還發現，她和自己的美髮師其實是在同一個市區長大的，但是那位美髮師所上過的學校新名字，她卻不能認出來；反過來，美髮師也不知道東德時期的舊稱呼。兩人之間無法「翻譯」家鄉地名，讓他們竟然「相對無言」，威爾克這麼寫道：「我們無法談論彼此沒有共同稱呼的地方，你必須要在老名字、新名字以及很老很老的名字之間切換。」[386]沒有街道地址字典，可以跨越這道斷層。

一九五一年，舊東德時期的德勒斯登有座廣場，是以紀念朱利耶斯・富奇克（Julius Fučík）命名，此人是名記者，他是反抗納粹勢力的共產領導人，後遭納粹處以絞刑。在身處集中營時，富奇克靠著同情他的守衛私下提供的紙張，寫下一百六十七頁的回憶錄。他留言予讀者：「你們若能於此災難倖存，切莫忘記，那些對抗納粹的人，並不是無名英雄。」他們，也是有名字的，他們有臉龐、有渴望、有信仰，「這些人之中即便是最渺小的，其所遭受的苦難，並不會少於那第一位名字被後世記得的人」。[387]

歷史學家博德斯基（Patricia Brodsky）寫了以下文字：「『請注意』！德勒斯登的『富奇克廣場』已於一九九一年時更名為『史特拉斯堡廣場』（Straßburger Platz）。」[388]

概念藝術家似乎受到柏林路牌的吸引。一九九三年，史蒂（Renata Stih）和史諾（Frieder Schnock）在柏林從前猶太區的路燈桿上懸掛了八十張牌子，每張牌子上都有一項納粹的法律，：「猶太人與波蘭人不能購買甜食」、「猶太人不准擁有收音機或唱機」、「猶太人不許使用電話或搭乘地鐵」、「此後猶太人家中不可豢養寵物」、「猶太人不得獲頒學位」。他們刻意讓每塊牌子上頭都有「猶太」一詞，以針對畏懼——甚至不敢說出——這個語詞的德國民眾。負責懸掛牌子的工人原本咕噥抱怨道，這項展覽計畫根本沒必要，直到某人打開窗戶嘶吼道：「滾開！猶太豬！」[389]

史蒂與史諾得悉，在展覽位址的附近，曾有一條街道的戰前名稱，是以猶太人喬格・哈伯蘭（Georg Haberland）為名。他們想，這件事到現在還有可能嗎？於是他們製作了「哈伯蘭路」招牌，就放置在哈伯蘭故居的外頭。

由此，哈伯蘭路之名竟然造成一場五年之久的政治辯論，據史蒂表示，綠黨（Green Party）表示他們不喜歡哈伯蘭，綠黨人士告訴《紐約書評》，哈伯蘭是個投資者，此人實無資格獲此榮譽。

史蒂：在不了解這個人的情況下，他們就說他是個壞人，說「我們不能用投資者來命名街道」[390]。歷經五年，他們終於同意，重新命名半條街道為「哈伯蘭路」，另外半條則繼續叫「特羅林格路」（Treuchtlinger Straße）。

史諾：德國式解決方案。

一九三八年，德國納粹將柏林詩潘道區（Spandau）的猶太人路撤換，改以十九世紀革命人士命名為金克爾路（Kinkelstraße）。據報導，當此路要恢復猶太人路之名而舉辦典禮時，右翼抗議者在當場嘲弄道，「猶太人滾」、「你們猶太人是萬惡之源」，[391]那時居然是二〇〇二年，也是希爾勒到柏林去的那年。

二〇一九年希爾勒因患胰臟癌去世，她在過世前一年左右寄給我，她所製作的關於猶太街道的影片，這部影片曾與她所攝的街道照片一同在世界各地的博物館展出。影片長度六十七分鐘，內容使人著迷，雖然除卻時鐘的滴答、持杖老人走動以及車輛呼嘯過路牌之外，其中幾乎沒有對話、沒有活動。在希爾勒的影片裡，現代生活在猶太街道上一如往常，辦事的人們經過、工人貨車駛過、一個男人的帽子被風吹走、孩子嬉戲遊玩。讓人最為動情哀傷之處，當屬那些「猶太通道」（Judenpfade）、「猶太巷」（Judenwege），像是《糖果屋》漢賽爾與葛麗特的樹林小徑一般，它們的出現，是由於當時猶太人不許穿過城市而必須繞路而行，久而久之被走出來的。此外，我每次看見「猶太弄」（Judengasse）的牌子便心驚膽跳，雖然我已經知道 gasse 在德文的意思只是狹窄的巷弄。譯46然而，正如希爾勒所指出，這些標誌固然令人困擾，但若將其去除，事情只會變得更令人困擾而已。

希爾勒多數作品的內容是關於鬼魂。她曾在倫敦泰特不列顛博物館（Tate Britain）展出，關於人們瀕死經驗的奇異故事（她說：「若我們對此不感興趣，那我們一定非常無趣。」[392]），其實，《J道計畫》亦是關於鬼魂的故事，在這些猶太街道上，日常生活依然持續著，然而猶太人的日常生命曾長期遭到剝奪，乃至於最後，他們的生命也被奪走。希爾勒寫道：「在我完成旅程之後，我感覺那數百個路牌結合成一個合唱團，它們大聲地叫喊、一再地叫喊著，那永遠消失的名字。」[393]

柏林的歷史，比世界上任何城市的歷史都更加狂亂，不到一百年的時間，它經歷了普魯士時代、威瑪共和（**Weimar Era**）、納粹統治、冷戰時期。維爾海恩（**Dirk Verheyen**）曾論道，街道名稱「代表著柏林對其身分的掙扎，這是現實、也是寓意」。[394]近年，抗議者要求市府改變柏林非洲區（**Afrikanisches Viertel**）的街道名字，此地在第一次世界大戰之前本規畫為「動物園兼人類園」所在（後來未曾開張），此地路名所紀念者，是德據非洲殖民地時期，那些奴役、強暴、折磨非洲人的人。德國政府遂於二〇一八年決定將其撤換，變更為對抗德國人的非洲解放運動人士之名。

當我愈加了解德國的街道名稱，我就愈常碰見一個詞，它提醒了我，從前學生時

46 作者應是指 gasse 一詞很像是英文的「毒氣瓦斯」（gasses），令人聯想到猶太集中營的慘劇。

代為何不想修習德文。「面對歷史」（Vergangenheitsbewältigung），該詞的組成有兩個概念：「過去」以及「面對或處理的過程」。[395]這個詞十分德式，經常使用於思考德國納粹、冷戰時期德國分裂的歷史。所有人都必須要面對過去、記住過去、掙扎地處理過去、對此做些什麼；而做些「什麼」的「什麼」，時常會包含街道名字。

我對於「面對歷史」感到最驚訝的，並不是居然有這等語詞存在，而是在於這個詞內含面對過去的「過程」。過去真的能夠徹底處理嗎？要問這個問題，就類似在問：「面對歷史」真有完畢的一刻嗎？

第四部

種族

第十章

佛羅里達州好萊塢：為何美國人總要爭論邦聯的街道名稱？

非裔美國人兼正統猶太教徒的以色列爾（Benjamin Israel），在過去兩年半以來，參加了每一場佛羅里達州（Florida）好萊塢（Hollywood）市議會所舉辦關於街道名稱的會議（他糾正我，除卻肺癌治療那次以外，他每場會議都有出席）。以色列爾成長於哈林區（Harlem）的阿姆斯特丹大道（Amsterdam Avenue），當年正值紐約毒品氾濫的恐怖年代。他的父親是猶太人，因為宗教迫害而逃離衣索匹亞，最終搭上商船來到紐約，並遇見了以色列爾的母親。

以色列爾的母親從事傭人工作養家，而放學之後的以色列爾，還得去清理被癮君子當作廁所來用的門廊。雖然如此，他還是愛著曼哈頓，可是後來他的氣喘病情惡化，叔叔把他帶去佛羅里達放假一週，去到那裡，他發現自己竟可以順暢呼吸了，以色列爾從此沒再離開過；不久之後，他定居好萊塢，這是一個規模介於羅德岱堡（Fort Lauderdale）和邁阿密（Miami）之間的中型城市。以色列爾受訓成為木工，他找到一間離猶太會堂不遠的房子，從此他便可以走去參加猶太安息日。

如今，好萊塢是以色列爾的家。以色列爾在猶太亞莫克帽（yarmulke）下的頭髮已日漸發白，每次他參加市議會召開的會議時，始終強調同一主張，市內的邦聯（Confederate）街道名稱必須更改。其中有三個名字尤其是欲去之而後快：紀念李將軍（Robert E. Lee）的李氏街（Lee Street），紀念奈森．貝德福德．佛瑞斯特（Nathan Bedford Forrest）的佛瑞斯特街，以及紀念約翰．貝爾．胡德（John Bell Hood）的胡德街。這三條街都貫穿了利比瑞亞區（Liberia），這裡是好萊塢傳統的黑人區，市議會每次都給以色列爾三分鐘的發言時間，但是他慷慨激昂的演講，老是夾在居民對交通阻塞與Airbnb 規定的牢騷之間。

佛羅里達的好萊塢與其說是被建立起來的，不如說是用魔法變出來的。開發商楊恩（Joseph Young）原本計畫與父親在育空（Yukon）淘金，結果沒找到金礦，但他卻在加利福尼亞（California）發現地產這個玩意，而地產可以賺到的錢，不會比黃金少。[396]傳記作者米克爾遜（Joan Mickleson）敘述道，三十八歲的楊恩在一九二〇年一月來到邁阿密北部樹叢茂盛之地，尋找另一片財富，那塊地介於兩座農場之間，上頭有沼澤、棕櫚樹、短葉松，乍看之下前景不是非常樂觀。[397]

這都不礙事。楊恩為這座新城市進行詳盡的規畫，以奧斯曼（George-Eugène Haussmann）對巴黎的重新規畫為模範——這麼說可毫無諷刺之意，其中會有寬廣的街道、圓環、大道，以及深度可供遊艇航行的湖泊。（楊恩宣稱「好萊塢」一名絕非模仿加州的那座城市，他就只是喜歡這名字。）短短五年之後，這座市鎮已有一間火車站、一家俱樂部、一棟百貨公司及一所冰廠。

當時是一九二〇年代，美國是世界上最富有的國家。美國人的撫恤金、退休金非常優渥，他們用來度假、買新車。佛羅里達很熱，但其餘的美國地區很冷，一九二〇年時，曾有整整七十二小時的暴風雪籠罩紐約，積雪高達十八英寸，甚至得請美國化學兵團的士兵使用火焰噴射器融化冰雪；在波士頓，該年的降雪量高達七十四英寸。[398]

為了尋找樂園，美國人蜂擁來到佛羅里達，他們通常是開著新車前去，那可是汽車還不像現在這麼普遍的時代。投機者都在還沒有實際付錢之前，快速轉售購得的土地。《邁阿密先鋒報》（*Miami Herald*）當時是全美最重的報紙，因為它總是附上厚厚的土地廣告。[399]全佛羅里達有三分之二的不動產，是靠郵件方式販售，買家根本還沒實際看過地方。[400]而楊恩則是安排了二十一班「絕不強迫購買」的專程巴士，從波士頓及紐約開往佛羅里達好萊塢。[401]

楊恩不是南方人，他從來不是個種族主義者。但是當三K黨（Ku Klux Klan）在一九一五年以降復興，其勢力最強大、最暴力的區域便在佛羅里達州。楊恩買下打造好萊塢的那片地產之後幾個月，在一九二〇年總統選舉那天，佛羅里達州奧科伊（Ocoee）的三K黨謀殺了近六十個黑人。奧科伊當地社區的黑人躲進沼澤區，佩瑞（Julius "July" Perry）被吊在電線桿上，旁邊有塊牌子：「這就是黑鬼企圖投票的下場。」佛羅里達州人在一八九〇年至一九二〇年間，至少對一百六十一個黑人動用私刑，這個數據是阿拉巴馬州（Alabama）的三倍多，是密西西比州（Mississippi）、喬治亞州（Georgia）、路易斯安那州（Louisiana）的兩倍。[402]佛羅里達州州憲法取消黑人的投票權，並且禁止白人教師向黑人授課。

「吉姆・克勞法條」（Jim Crow laws）禁止黑人毗鄰白人居住。[譯47]所以，在一九二三年時，楊恩另外建立了一個市鎮供黑人居住，他稱此為「自由鎮」（即利比瑞亞〔Liberia〕），黑人於此可以自行其是。根據都市規畫，自由鎮預計會有四十個方形街區、有大道、有一個圓形大公園、有旅館；此外，楊恩還捐助土地以建造學校和教堂。楊恩以美國黑人傑出活躍的城市名稱當作市中街道的名字，例如亞特蘭大（Atlanta）、羅里（Raleigh）、夏洛特（Charlotte），並將鎮中公園命名為鄧巴公園，以紀念黑人詩人鄧巴（Paul Laurence Dunbar）。[403]

但是，楊恩對於自由鎮的願景從未實現，一九二六年一場颶風重創好萊塢之後，他的資金用罄。[404]黑人於是得居住在不符標準的房屋裡，很多人還擠居在帳棚內，不久之後，楊恩訂定的街道名稱不知怎麼地轉變了。在自由鎮當中，有三條街道的名稱是為了要彰顯有著茁壯黑人社群的城市，它們分別是路易斯維爾（Louisville）、梅肯（Macon）、薩凡納（Savannah），但後來三者全遭改名，換上的是邦聯的將軍，也就是保衛黑奴制度的傢伙。

以色列爾告訴我，最使他困擾者當處佛瑞斯特的路名，他也這麼跟市議會說了。有時會有委員支持他的理念，有時他則感覺到對方的高傲態度。其中的委員曾經這樣告訴以色列爾，或許他們可以拿掉「佛瑞斯特」的一個 r，讓它變成「樹林街」（Forest

Street）。

以色列爾反詰：「你何不拿把刀刺進我的背，然後再將刀子拔出來一些？」

佛瑞斯特是個奴隸販子，他在曼菲斯（Memphis）市中心的「黑鬼市場」賣出幾千個黑奴，其人宣傳是自己的商品是「由剛果直接進口」。[405]有份報紙曾經報導，佛瑞斯特曾拿鞭子抽打一位被四人架住的奴隸；[406]另一次，佛瑞斯特則是拿「浸過鹽水的皮鞭」抽打裸身的女性。[407]在南北戰爭爆發之初，他以士兵身分入伍，戰爭結束之際，他已然成為將軍。根據歷史學家羅伊斯特（Charles Royster）所論：「他在一些大戰役中，是個小角色；而在一些小戰役中，是個大角色。」[408]

他最惡名昭彰的一場勝利，乃是皮洛堡(Fort Pillow)之役。皮洛堡是座聯邦(Union)軍營，佛瑞斯特決定攻擊以取得補給。駐守皮洛堡的軍隊包括眾多黑人士兵，其中有些人甚至曾是佛瑞斯特的奴隸。佛瑞斯特所率領的三千名士兵，在攻擊時特別針對黑人士兵，不接受對方投降。

邦聯這方有位士官記錄道：「這是場慘烈的屠殺，言語不足以形容其景象。那些被矇騙的可憐黑鬼跑向我們這方，雙膝跪下、雙手高舉，求喊著饒恕，但我們要求他們站

㊼ 吉姆·克勞是一個杜撰的黑人角色，代表當時白人對於黑人的刻板印象，不正經、懶散、愚蠢、不道德等等。「吉姆·克勞法」其實就是種族隔離制度的各種法律。

起來，然後開槍。」[409]有個黑人士兵向追趕他的邦聯士兵求饒，但邦聯士兵說：「去你的，你竟然在攻打自己的主人。」然後拿起槍擊斃對方。邦聯陣營的報紙報導確認此一消息：「白人獲得寬恕，但黑鬼不容饒恕。」[410]佛瑞斯特本人寫道，此役造成兩百碼的河水都遭染紅，「希望本次事實可以讓北方人知道，黑鬼軍隊無法對抗南方人。我們還是打下了皮洛堡」。[411]最終，此役納降的聯邦軍白人人數有百分之六十九，但倖存的黑人竟只有百分之三十五，而後者全都擄為奴隸。[412]

無須驚訝，內戰戰敗並沒有改變佛瑞斯特對於黑人的想法，他很快就成為三K黨的第一個「大巫師」（grand wizard）。一八七一年時，佛瑞斯特在美國國會裡捍衛三K黨，他申論黑鬼的「蠻橫」、白人淑女受到「強暴」，[413]而三K黨的組成只是為了「保護弱者」。[414]如牛頓（Michael Newton）所述，在佛瑞斯特步出公聽會時，有一位記者攔住他，「大巫師對他眨了眼，說道：『我如紳士一般說了謊。』」[415]黑人對於內戰結束後的期望，其精神表現在新學校、自我精進的團體、公民組織等等，而牛頓解釋道，這一切很快就被粉碎了。[416]

這段歷史一點也不神祕，這段歷史已然沒有爭議。而這也是為什麼以色列爾跟我說，佛瑞斯特街特別困擾他。我必須同意。我不能了解，在現代的美國怎麼還會有人會想要紀念那個人。

接著，我想到了傅特（Shelby Foote）。

和許多同世代的人一樣，我首次知道佛瑞斯特這個人，是透過一九九〇年伯恩斯

（Ken Burns）的紀錄片《南北戰爭》（*The Civil War*）。我當時是五年級，回家作業是每天晚上觀看總共九集的紀錄片，此系列的內戰故事，是以舊照片、演員朗讀的信件內容、歷史學家的訪問所呈現。那使人縈繞心頭的小提琴調子《阿紹肯告別》（The Ashokan Farewell），會在最慘痛的場景出現時響起，或許此乃第一首出自紀錄片而在耳邊不斷徘徊的歌曲（此曲實為出身勃朗士〔Bronx〕猶太裔的昂格爾〔Jay Ungar〕於一九八二年所譜，本是作為夏令營的離別曲）。[417]此系列紀錄片聲名大噪，觀賞者超過四千萬，這是美國公共電視PBS史上最高的收視人數。

在紀錄片中現身的領銜專家群內，無人能和傅特比肩。傅特在成為歷史學家前已是小說家，他耗費二十年時光撰寫三冊的南北戰爭史。傅特這種人，會是我奶奶所說的那種「有個性的人物」：他喝威士忌，用鋼筆寫稿，抱怨老是找不到吸墨紙。[418]在此紀錄片中，他說話經常停頓，目光離開攝影鏡頭，好像他在心中翻索事件，接著他會開始描述場景，以他「醇美、像在啜飲威士忌的密西西比口音」——如某訃聞所寫（傅特於二〇〇五年過世）。他的口音經常為人以飲食來比喻，有位評論者說那是「玉米粥加蜂蜜」，另一位則說「有如圖珀洛（Tupelo）蜂蜜般醇厚而甜美」。

傅特房內牆上掛著一幅佛瑞斯特的畫像，他宣稱「佛瑞斯特是歷史書頁上最有吸引力的人物之一」。[419]在紀錄片裡，傅特說佛瑞斯特在戰爭期間，「坐騎被打死了三十次」，但是他「在徒手作戰中，殺死了三十一個人」。在傅特的敘述裡，佛瑞斯特成為一個可以引起共鳴的人物。傅特在接受訪問時說道，佛瑞斯特在父親死後，要扶養六個兄弟姊妹，當時他才十六歲，「他成為奴隸商人，因為那是扶養家庭與致富之途」。[420]伯恩斯的鏡頭經常停留在佛瑞斯特的照片上，那是個頭髮濃密、眼神如霜的男人。

傅特並不是第一位將佛瑞斯特英雄化的人。在內戰結束後，人們開始認為佛瑞斯特（當時的三K黨領袖）是南方大英雄之一，是一位值得欽佩的人物。曼菲斯立起二十英尺高的佛瑞斯特雕像，同雕像一起，他的遺體移葬至以他命名的公園。在全美國境內，有數千座紀念碑為南方將士而立，這是「敗局命定」（Lost Cause）的一部分，「敗局命定」觀念認為，內戰的爆發是為諸多事物奮鬥，但不是為了奴隸制度而打。（不要去管邦聯憲法直接保障奴隸制度，也不要去管邦聯的副總統曾經說這是「近期分裂與當前革命所促成的立即使命」。[421]）根據史家羅文（James Loewen），田納西州的佛瑞斯特紀念碑數量，竟多於任何史上的人物，包括該州出身的傑克森總統（Andrew Jackson）。

街道名稱也是某種紀念碑。在美國南方，有一千條以上的街道擁有邦聯領袖人物的名字。但此情不止見於南方而已。[422]布魯克林的一座軍事基地，其所在的街道名字取自「石牆」傑克森（Stonewall Jackson）將軍與李將軍。身為聯邦州的俄亥俄（Ohio）有三條路名屬於邦聯的將軍，另一聯邦州賓夕法尼亞則有兩條。阿拉斯加（Alaska）白令海峽（Bering Sea）沿岸有塊區域，人口有百分之九十五都是原住民，這塊地最近居然命名為維德．漢普敦（Wade Hampton），南方最大的奴隸主之一，他是個邦聯騎兵隊中尉，後來還擔任南卡羅來納州（South Carolina）州長。[423]所以，這件事情並不是戰勝者在榮耀其英雄，美國似乎有意要歌頌邦聯，即便邦聯企圖摧毀美國。為何如此？

一九一三年七月，當時距離邦聯投降約莫經歷五十年，來自美國四十八個州、超過五萬內戰老兵來到賓州的蓋茨堡（Gettysburg）重聚。蓋茨堡之役由聯邦獲勝，此為南北戰爭的轉捩點，超過四萬人於該役喪生。為迎接這些再度前來的老兵，主辦方建了兩百八十英畝的棚子，由兩千一百七十個廚師供應六十八萬八千份餐點，用掉超過十三萬零四十八磅的麵粉，有五百盞電燈樹立於近五十英里的舊戰場上。[424]

歷史學家布萊特（David Blight）詳盡解說此事，雙方老兵的聚會，讓血腥的往事融化於和解的言談之中，人們尋找戰爭期間對自己開槍的傢伙，一位前聯邦士兵與一位前邦聯士兵到當地五金行買了把手斧，把它埋在昔日戰場上。此情毫無爭議，雙方的重逢象徵著，南北戰爭本身讓美利堅合眾國更加茁壯。

要再次強調，這並不只是一個來自「深南方」（Deep South）的故事。[425]根據布萊特的撰述，在老兵重逢之際，《華盛頓郵報》（*The Washington Post*）曾表示，若奴隸制度是個「道德原則」問題，「引進奴隸制度的責任應當是由北方人承擔」；《舊金山觀察家報》（*San Francisco Examiner*）說「我們知道這場大戰必須打，所以打這場仗是件好事，它是一個必須的、有效的、光榮的犧牲，促成人類族群之統一」；《紐約時報》則僱用某位邦聯將軍的遺孀隆史崔特（Helen Longstreet），由她負責報導昔日敵人之間的浪漫對話。

這部宏偉的和解故事，忽略了南北戰爭中的要角：前奴隸。長久以來，雖然黑人也會前去蓋茨堡相聚，但他們出現在當地顯然是令人難以忍受的，報章媒體大力抨擊這些活動（報紙批評黑人遊客，稱他們的慶祝乃是「一幅沉淪景象」，標題或為「蓋茨堡週年墮落聚會」[426]）。一九一三年的重聚大會，沒有證據顯示有任何黑人士兵參加。布萊特點出，威爾遜（Woodrow Wilson）總統當時於蓋茨堡演說，一個星期之後，他要求財政部必須讓白人與黑人員工有各自的盥洗室。

北方與南方的內戰記憶並不總是相契合的。美國內戰結束後進入「重建時期」（Reconstruction），許多北方人對於從前的「叛軍」，自然有鄙夷昔日敵人的敵意，而且北方人對於美國黑人的前途頗為樂觀。但是，如歷史學家西爾伯（Nina Silber）所述，當「北方白人漸漸地屈服於種族團結的壓力之下」，事情改觀了，北方人開始「忽視美國奴隸制的歷史，將南方黑人視為一種陌生的外國人口」，同時，他們傾向接納南方人的男子氣概思想。這種態度上的改變，使得北方人能夠將「吉姆．克勞」觀念當作自己的東西。[427]

布萊特在某次關於自身著作的訪談當中侃侃論道：「在美國，由於有著前奴隸，並以犧牲種族正義為代價，我們企圖在內戰之後調和國家以及接下來的幾十年時光。」一起於南方的「吉姆．克勞系統」最終獲得北方的遵從，布萊特補充道，這套系統「是美國人在內戰之後，讓自己人得以重新團結的作法之一」。[428]

北方與南方並不是讓內戰的敘事遺漏黑人的苦難，反之，它們的基礎建立在黑人的苦難上。

在好萊塢市議會的會議中，以色列爾對於佛瑞斯特與路名的論點未曾更改，但他採取了各種方式來表達，有時候他會談談南北戰爭，有時候他會大聲朗讀《蓋茲堡演說》（Gettysburg Address）內容；[譯48]他會告訴與會委員，李將軍、佛瑞斯特、胡德是如何意圖摧毀他們宣誓效忠的這個政府；又有些時候，以色列爾會憤怒地表示，以邦聯將軍之名重新安上黑人社區的街道，是多麼殘酷的笑話。[48]

即使如此，依然有許多人覺得奇怪，現在怎麼還會有人想要改變這些路名？有位李氏街上的公寓業主，她面向著屋前的路牌並告訴記者：「這些歷史都已經是兩百年前的事情了。倒底哪裡有問題？」[429]

一九二〇年代時，法國哲學家兼社會學家哈布瓦赫（Maurice Halbwachs）便開始申論「歷史已死」。哈布瓦赫寫道：「正確的名稱與日期、總結一系列細節的套路、偶發的軼事或引言，不過是簡短、泛論、貧乏的意義而已，就像多數墓碑刻文那樣。歷史就像是座擁擠的墓園，空間必須持續清出來，以安置新的墓碑。」[430]

可是，記憶是活的；不僅如此，記憶是屬於社會的。哈布瓦赫認為，記憶不是存在「我心中的某個角落，只有我自己可以到達」，「在我的一生當中」（然實為短暫的一生，因為他在布亨瓦德集中營〔Buchenwald〕被害），「我的國族社會乃是眾多事件的舞台，

㊽《蓋茲堡演說》是美國總統林肯（Abraham Lincoln）於一八九六三年所做的政治演講，哀悼此役陣亡將士，內容強調聯邦為自由、平等奮鬥的精神。

上演了許多我會說『我記得』的事件，但我只是從報紙或親身經歷者言詞處得知。這些事件在國族的記憶中占有其位置，但我本人並沒有親自目睹」。哈布瓦赫自這些想法創建出「集體記憶」（collective memory）的概念，也就是一種塑造群體認同的共享記憶庫。

諾哈（Pierre Nora）專門研究法國的集體記憶，這位學者在其作品中主張，在十九世紀之前，我們並不需要「對象」來記住過去，記憶根植於地方文化與風俗習慣；然而，二十世紀的劇烈變遷彷彿加快了歷史，記憶愈加抽離日常生活經驗，我們逐漸感覺到一股強大的驅動力，驅策我們不能僅僅將記憶視為內在於心中，而是附著於特定的地點或事物，像是紀念碑或街道名稱。[431]我們希望人生是穩定可期的，而此種可預期性（predictability）便需要在「現在」和「過去」之間有著「敘事連結」（narrative link），由此讓我們能夠放心，保證所有事情都是它該有的樣子；將我們的記憶加點鹽、醃起來，然後把它們變成公園裡的銅製品、把它們刻印在路牌上，藉此促使未來的社會能更類似於過往的社會。[432]

所以，「紀念過去」乃是「期待現在」的另一種方法。麻煩之處在於，人們並不總是擁有相同的回憶，此外，並不是每一個人都握有平等的機會，能在地景上表揚自身群體的記憶。正如小說家昆德拉（Milan Kundera）之言：「人們之所以想在未來做主人，唯一的理由就是，這樣能改變過去。他們在爭奪這間實驗室的使用權，在那裡，照片可以再度修改，傳記與歷史可以重寫。」[433]美國南北戰爭紀念物之興建有兩次高潮期：首先是二十世紀前期，也就是吉姆・克勞法制定的時代；再來則是一九五〇、六〇年代，那是吉姆·克勞法受到挑戰的時代。[434]史學家格羅斯曼（James Grossman）曾說：「這些雕像的目的，就是要為白人優越性創造正當性的外衣。你怎麼會想在一九四八年的巴爾的摩（Baltimore），放個李將軍或石牆傑克森的雕像？」[435]好萊塢的那些街道名稱，可能是在三K黨全盛時期被更改的。

但，記憶是可以改變的。已出現裂痕的「大和解」的神話，如今已日漸粉碎。在二〇一五年時，盧福（Dylann Roof）在查爾斯敦（Charlestown）的一間教堂，殺死九個非裔美國人，其目的是要挑起種族間的戰爭；那間教堂正好位在卡洪街上，得名自邦聯的大英雄卡洪（John C. Calhoun），卡洪相信奴隸制度是一項「積極的善」。[436]此外，多起受人關注的警察殺害黑人事件，刺激「黑人的命也是命」（Black Lives Matter）運動之發展，而川普（Donald Trump）的選舉更是激發了該運動。

邦聯英雄的紀念碑，現已成為「敗局命定論」荒謬性的物證，並且使人更加警覺已根深蒂固的種族主義。紐奧良（New Orleans）市長蘭德魯（Mitch Landrieu）撤除了該市內的邦聯紀念物，他解釋道，這些東西「蓄意紀念一個虛構的、消毒過的邦聯；它們忽略死亡、忽略奴役，還忽略了奴役所意涵著的恐怖。」數十個城市也宣布跟進，要把與邦聯相關的雕像撤除。[437]佛瑞斯特在其家鄉曼菲斯的雕像於二〇一七年撤走；佛瑞斯特公園從此更名為「健康醫學公園」，也就是負責管理公園的那個組織名稱。

很快地，對於以色列爾的主張，佛羅里達好萊塢市議會開始表達更高的關心。在一次關於街道名稱的特別工作坊當中，誰要承擔路名更動費用的課題被提出，技術上，每項更名作業要花費兩千美元；而在好萊塢長大的小旅館主人施克特（Laurie Schecter）舉起手，表示她願意支付這筆費用。施克特和行動派人士安德森（Linda Anderson）一同申請路名變更。最終，施克特為了該市街道名稱的相關事宜，包括新路牌等等，付出了超過兩萬美金。

當市議會對於更名提案進行辯論之際，有數百位支持更名者在戶外聚集，而反對更名者則手持邦聯旗幟對那些群眾大喊：「川普！川普！川普！」佛羅里達州代表瓊斯（Shevrin Jones）說，有人叫他「滾回去」，吼他「黑鬼」、「猴子」。[438]有位白人至上主義者遭到逮捕，因為他拿著旗桿衝向群眾，對著一位支持更名者吼道：「你在這世界上就是個毒瘤。猶太人都是！」[439]

不過，邦聯街道的捍衛者鮮少公開使用具有種族主義性質的言詞。美國內戰所留下的記憶，遠比種族主義更加複雜。我曾經收看某次街道名稱公聽會的網路直播，我看見支持與反對的居民交鋒好幾個小時，許多人認為這些路名是種種族主義；但其他人則認為這些路名是中立的事實，是某種歷史教材（《阿甘正傳》〔*Forrest Gump*〕主人翁的老媽顯然就是這類人，而「阿甘」的名字佛瑞斯特．甘是詭異地根據奈森．貝德福德．佛瑞斯特而起，這是為了提醒阿甘，「有時候我們都會做一些，嗯，沒什麼道理的事情」）；另外有些人則認為，這種問題應該讓住在這些街道上的人們進行投票；還有另外一群人對此發牢騷，表示更改自己帳單、身分資訊上的地址很耗時間，即便做這件事情所花費的光陰，比在這場會議上排隊發言還要少幾個小時。

對於其他人來說，讓南北戰爭的歷史保留在路牌上，是一種緊抓他們視為浪漫的歷史遺產的方式，這是其集體記憶的一部分，他們認為自己能夠在崇敬這些遺產的同時，也反對奴隸制度之惡。這件事情讓我想起，我曾看過某次傅特的訪談，訪談背景是他在曼菲斯的舒適書房，傅特念出某位觀眾所提的問題來終結那次訪談，其內容是關於傅特「甜美的口音」。

傅特呵呵笑著對那位觀眾說：「人們總是在談所謂的南方口音，其實這種口音全都是來自於我們成長期間，和我們所謂『有色保母』（colored nurses）接觸的結果，我們的口音是從黑人那裡來的，全都是從那兒來的……我到二十一歲的時候才意識到，我所吃的每口食物，我所穿的每件衣服，我所受的教育，全部都是來自黑人的勞力。」對他來說，保母勞合德（Nellie Lloyd）的意義甚至比母親、姑姑阿姨、叔伯舅舅加起來還要大。傅特繼續說道：「這都是黑人經驗……這就是密西西比河三角洲。我是在黑人社會中被拉拔長大的，他們不是管理社會的人，但他們是其中做事的人。」[440]

我覺得，這段由一位崇拜佛瑞斯特的男人口中說出的話，告訴我們他心裡想的究竟是什麼。不知為何，傅特認為自己能同時讚揚為他日常需求勞苦的黑人，以及那位企圖奴役、殺害黑人的人；傅特心中可以調和這兩種觀念，這件事就像是南北戰爭記憶辯論的一種隱喻，而這種隱喻也反映在捍衛街道名稱的好萊塢居民言論中。

某位在會議中發言的好萊塢女性居民表示：「我們必須照顧我們的孩子，告訴他們，我們的歷史是什麼。我們得教導他們如何原諒、如何去愛、如何有同情心、如何有同理心。拆掉胡德與李將軍的名字，無法改變什麼，也不能改變人格。」[441]

她說的沒錯，光是更名本身，並不能改變人格，但是這件事或許象徵著記憶的改變。至二〇一八年時，新路牌換上了：「自由街」（Liberty Street）、「自主街」（Freedom Street）和「希望街」（Hope Street）。

當我在研讀邦聯街道名稱時，我發現某篇文章，其內容是關於東教堂丘高中（East Chapel Hill High School，就在我的家鄉北卡羅萊納）的一位十七歲女孩，她在Instagram上傳一張照片，裡頭是她自己與另一位同學揮舞著邦聯軍旗，照片標題是「南方將興起」。[442]他們和歷史課老師一同去昔日內戰戰場旅遊，剛剛完成「皮克特衝鋒」（Pickett's Charge）的重演，當年那場攻勢是氣數已盡的邦聯軍進攻，象徵著南北戰爭結束的開端。當這個學生上傳此張照片之後，下方有個留言者寫道：「已經買了第一個奴隸。」面對同學及其家長的批評，揮舞旗子的學生發表道歉聲明，然其說詞可能更像是「敗局命定」的論調：「我對於身為國家一分子感到驕傲。我對於自己的照片有侵犯他人之虞，感到很抱歉，但是我認為這張照片的合理正當之處，是我在紀念那些保衛自己家人、家庭的英雄。」

我還記得每年一度的「南北戰爭之旅」，那是二十多年前我還在就讀教堂丘高中時，我也在蓋茲堡重演了皮克特衝鋒（與前例是不同的歷史課老師）。我們的旅程有整整三天，途經公路以及坑坑洞洞的路。在我們前往古戰場途中的顛簸鄉間路上，我記得有個同學揮舞著邦聯旗幟，有時候則把旗子黏在巴士窗上；我不認為老師知道這件事，不過我也沒有說什麼，在記憶可及的範圍內，我應該是那趟旅程當中唯一的黑人學生。

畢德蒙（Kevin Biederman）是好萊塢市議會委員，我在和他談話時，想起了那趟旅程。在委員即將投票表決路名變更之前，我倆有簡短的談話。畢德蒙告訴我，他先前決定去李氏街、胡德街、佛瑞斯特街等處走走，看看能不能獲得支持。有個白人家庭告訴畢德蒙，他們不希望改路名，而他們的黑人鄰居也不希望如此；這位鄰居就住在對面，於是畢德蒙請對方過街來聊聊，這位鄰居跟畢德蒙說，他有兩份工作，他不想要改換身分資料與帳單的地址。

但是當畢德蒙說了再見並離去，那位黑人鄰居反過來找上他，大力地與他握手，說道：「謝謝你，謝謝你為此所做的一切。」這位黑人鄰居不想和鄰居起糾紛。

我想，這件事情正是多年以前，我在學校南北戰爭之旅的情況翻版，不要和我的同學、鄰居起糾紛，在當時，那似乎是我唯一的選擇。

第十一章

聖路易斯：金恩博士大道如何揭示當代美國的種族問題？

一九五七年四月，馬丁．路德．金恩旅行至聖路易斯（St. Louis）發表演說。他已經忙了一整年。蒙哥馬利（Montgomery）公車抵制運動的成效卓著，美國最高法院正式宣布公車座位的種族隔離違背了憲法。三月時，金恩與妻子踏上一次漫長的旅程，來到新獨立的迦納，慶祝它終於脫離英國統治。當時，年僅二十八歲的金恩，是在無奈的情況下，成為公民權運動的代表人物。

整整八千人聚集在聖路易斯大學的基爾中心（Kiel Center），為的是聆聽金恩演講。金恩開頭便說：「來聖路易斯感覺很好。」然後他祝賀這座城市在種族關係問題上的進步，聖路易斯市的午餐餐檯隔離已經取消，金恩表示，「深南方的城市有許多該向聖路易斯學習之處」，取消隔離在此並沒有「引發太多混亂」，其過程甚至可以說是「順利而和平的」。

幾乎每當金恩講完一句話，群眾便呼喊著「是的」、「繼續說」、「阿門」，中斷他說下一句話。

但是金恩也沒有因此輕易放過群眾，他說我們的社群需要有人出來領導，「在今日領著人們在自由與正義的應許之地上站起來」。

聽眾大聲回應：「是的！是的！是的！」

金恩向眾人說道：「這，便是這個時代的挑戰。」[443]

★★★

懷特（Melvin White）小時候住在聖路易斯的馬丁．路德．金恩博士大道（Dr. Martin Luther King Drive, MLK）。一九七二年建立的金恩博士大道，由法蘭克林大道（Franklin Avenue）與伊斯頓大道（Easton Avenue）合併而成，在一九四〇年代時，附近區域主要是德裔、義裔的工人階級所居住，街道邊常有販賣蔬果、花卉、雞鵝、鯡魚、蒔蘿的各種攤子；[444]不過，至懷特的兒童時代，金恩博士大道已經是非裔美國人社群的中心處，黑人會蜂擁至新開張的傑西潘尼百貨購物，通勤者在寬廣大道上搭乘著直來直往的電車。

可是，那也是很久以前的事了，傑西潘尼早就關門大吉，原址現在是倉庫。有些生意看來頗為穩健，例如酒商、街角商店、販售豬排與香蕉布丁的靈魂餐館，但似乎也沒剩幾家。毒品與娼妓氾濫於街角巷弄，這些地方在從前可是貨物運輸裝卸的忙碌地帶。而現在，竊賊會在光天化日之下，偷拆年久失修的別墅，盜取磚頭運至休士頓與夏洛特充當建材使用。

某一日，懷特的人生突然改觀了。那天他正開車經過德爾馬大道（Delmar Boulevard），這裡距離金恩博士大道約有一．五英里遠。在懷特的童年時代，德爾瑪大道和金恩博士大道沒什麼差別，都是白人搬離、遠離後的空蕩街道。可是那天，懷特覺得自己簡直是第一次看到德爾馬大道一樣，黑幫、毒販、破窗子全都不見蹤影，如今路旁是生意興隆的餐廳、熱鬧的音樂場地，還有座三螢幕的實驗藝術電影院；德爾馬大道上的店鋪（精品鞋店、墨西哥融合韓式的捲餅店）迎合大量時髦追求者與遊客的品味，美國規畫協會（American Planning Association）曾將德爾馬大道列為全美最佳街道的前十名。

窈窕英俊的懷特是非裔美國人，他戴著一副金絲邊眼鏡，門牙有一顆金齒，他雖一邊行駛在德爾馬大道上，心思卻已飄到金恩博士大道。他心知，德爾馬大道興隆了，而金恩博士大道沒落了。懷特是個晚班的郵務人員，他的同事頗害怕在夜間的金恩博士大道送信，他自己很清楚喜劇演員洛克（Chris Rock）的老笑話：「如果你發現自己所在的街道是以馬丁．路德．金恩命名，快跑！」之前，懷特從沒認真想過，金恩博士大道的遺緒及意義為何，此時他受到的衝擊是，以此等人物命名的街道，看起來應該要更像是德爾馬大道那樣，而不是淪為一個笑點。

郵局工作讓懷特生活過得不錯，對於該區域的人而言，在政府單位任職是個值得尊敬的金飯碗，可是，他卻擔心這份在凌晨時刻分類郵件的工作，會讓自己變得麻木，他經常跟表哥巴瑞（Barry）聊到，他們可能會有什麼前途，可能會有什麼更可貴的事情可做。因為念念不忘這件事，懷特失眠了。

忽然之間，這件事出現了，就出現在他眼前。懷特告訴我，「這件事對我的衝擊非常大」，當時我們正開著結實的本田車子駛過德爾馬大道，途中經過一家餐館，裡頭有瓶裝的麥根沙士，還有幾個穿著瑜伽褲、推著嬰兒車的女人。附近的人們總說，因為道旁的樹蔭，在夏日炎炎時，你會發現德爾馬比金恩博士那裡還要低個十度。

懷特自忖：「為什麼金恩博士大道不能變得像德爾馬那樣？」而他自己為什麼不能成為此事的推手？

根據邦聯命名的街道「與」紀念金恩的街道，大都是位在多數黑人所在的美國南方。這當然不是巧合。金恩逝世於一九六八年，黑人社區紛紛嚷著要將道路改成他的名字（位於荷蘭的哈倫市〔Haarlem〕，僅僅在金恩過世一週之後，便設立街道名字紀念他；西德的美茵茲〔Mainz〕也在三週後跟進；但是，金恩的出生地亞特蘭大卻沒這麼做——直到整整八年以後）。[445]全美境內有近九百條街道紀念金恩，而塞內加爾、以色列、尚比亞、南非、法國、澳洲境內也都有「馬丁．路德．金恩路」。

在美國，以金恩命名街道的提案時而引發種族衝突。一九九三年在喬治亞州的亞美利克斯（Americus），有位白人消防員表示他支持將半條街命名為金恩，只要另外半條街可以採用暗殺金恩之人詹姆斯．厄爾．雷（James Earl Ray）的名字；在佛羅里達州的邁阿密戴德郡（Miami-Dade County），有人將金恩相關的路牌，都噴上了李將軍之名；[446]明尼蘇達州的曼卡托（Mankato）在二〇〇二年時，有個機車騎士撞倒新設立的金恩街道路牌，同時高喊種族主義口號；[447]而在二〇〇五年印第安納州（Indiana）的蒙夕郡（Muncie），有位郡政府雇員表示，那些支持街道命名的傢伙「表現像黑鬼一樣」[448]，美國司法部（Department of Justice）甚至為此派出一位調解員，與當地居民協調「整整三個月」。

即便是那些我們認定為進步的城市，衝突都可能爆發。奧斯汀（Austin）的金恩街建立於一九七五年，此事得以成就，還是因為休斯頓蒂洛森大學（Huston-Tillotson University，該校學生傳統上以黑人為主）榮譽校長希布魯克（J. J. Seabrook）在激昂地發表此主張時，忽然心臟病發而過世。[449]議會成員琳恩（Emma Lou Linn）是白人女性，她對希布魯克施行CPR急救，此幕被相機拍下且廣為流傳，然這張照片竟使她數度收到死亡威脅。[450]在一九九〇年時，位於奧勒岡州的波特蘭有五萬人簽署請願書，反對將街道更改為金恩之名；而在道路重新命名儀式舉行時，竟有數十人在場外企圖干擾；甚至有位法官宣布，對於街道名稱進行公眾投票，乃屬於非法行徑。[451]

所謂的隔離，意味多數非裔美國人是居住在專屬的區域，於是與金恩之名相關的街道很快就與黑人社群畫上等號。記者提洛夫（Jonathan Tilove）曾拍攝過全美九百條金恩路當中的好幾條，他將自己的書名標題定為《和馬丁・路德・金恩一道：美國黑人的大街》（*Along Martin Luther King: Black America's Main Street*）。[452]格里夫（Lamont Griffiths）是羅里市中心金恩大道上的理髮廳老闆，他曾告訴一位記者：「如果你是新來的，想要找黑人社區所在，你只需問一句：馬丁．路德．金恩路怎麼走？」[453]

懷特的非營利組織「親愛的美國街道」（Beloved Streets of America），其總部就設在金恩博士大道上，大道長度超過七英里，從密西西比河畔開始，一路經過聖路易斯市中心，直到城市西緣。我抵達的時候，懷特的表哥巴瑞，以及他的兒時好友兼公關安德烈（Andre），打開建築物厚厚的鐵門，走進去之後，那間辦公室看起來簡直就像是「黑人歷史月」（Black History Month）期間的學校教室，裡頭貼著各種姿態的金恩黑白照片——或在思考、或在行進、或在演說、或在談話。有一句格言環繞室內，上頭寫著：「人生最長久且最迫切的問題是，『你為別人做了什麼？』」

有一張專業繪製的海報以大頭釘釘在牆上，這是懷特對於金恩大道前景的夢想與主要計畫，他告訴我們：「MLK代表的是『物資、勞力、知識』（Materials, Labor, Knowledge）。」他指著投影片上的規畫圖像給我看，如新建設、運動設施、人行道、公共藝術等等。懷特看過德爾馬大道後，產生自己預見的「前景」（他表示這是前景而不是夢境，因為他真的「看見」了），他還製作粗略的金恩博士大道計畫草圖。為此，他平生第一次參加那種人們會交換名片的社交場合，他想出如何在市中便宜租賃這條路上房地產的方法。

懷特與巴瑞開車遊歷美國境內的金恩街道，他們到底特律（Detroit）找朋友借住，接著在前往芝加哥的途中暫停印第安納州的加里（Gary）。但凡是懷特去到某個地方，例如和某個女孩去邁阿密度假、去費城參加婚禮等等，他就會拿著照相機去金恩街道處拍照，然後把有些手震的影像上傳到一個簡易的網站。

接下來，懷特開始在媒體上出現，安靜地在畫質不佳的社區電視台上講話。他想辦法接觸到聖路易斯公共廣播電台，很快地，他發現有許多人其實是有心為他人伸出援手的，他在媒體上所留下的電話號碼，有教授、牧師、銀行家、大學學生等人撥過。成立非營利組織需要填寫一疊疊的文件表單，而懷特竟說服聖路易斯最高那棟樓上的法律事務所，免費幫他辦妥此事。起初懷特為非營利組織想到的名稱是「聯合遠見」（United Vision），卻時常有民眾來詢問眼鏡的問題，所以，最終他選定「親愛的美國街道」，典故來自金恩「親愛的社區」之夢想，也就是上帝的子民得以在愛與和平之中共存的園地。

為了規畫位於親愛的美國街道組織辦公處對面的「遺緒公園」（Legacy Park），懷特打電給素不相識的八十歲建築師，並使對方同意協助。後來這位建築師過世了，懷特又再次拿起電話，這一次，首位回應他的人叫作勞爾（Derek Lauer），勞爾的職業生涯通常是為數百萬美金的契約製作複雜精緻的計畫，但勞爾為懷特所做的事則是免費。

整整連續八個月，親愛的美國街道組織都在遺緒公園預定地舉辦社區日活動，他們發送衣物、提供煎餅早餐、贈送聖誕節玩具，靈魂樂的聲響從一輛吉普車窗內放送出來。聖路易斯華盛頓大學（Washington University）利用它的食堂捐贈食物，志工向路上車輛揮舞著用日光牌（Day-Glo）顏料手寫的標語。懷特對於親愛的美國街道組織建築後方區域也有宏大的規畫，那是一塊類似閣樓的寬敞空間，牆上油漆大片大片地剝落，懷特跟我說，在我到這裡的前一個星期，還有個傢伙在此用毒過量；這裡的水泥地板已經打掃過了，懷特表示他和幾個朋友清除了這裡多年的廢物，扔掉垃圾、針頭和保險套。

懷特預計將此處規畫為有機水耕室內農場，沒有土壤也能種出蔬菜，他說：「我們要種萵苣、玉米筍、南瓜、紅蘿蔔、番茄，只要你需要，我們就種。」他停頓了一會兒，說道：「我不知道我們能不能種香蕉。我們能種出香蕉嗎？」

「不可思議」是對這項計畫的一種形容方式，但是，懷特是個很有說服力的人。僅僅一個下午，勞爾便為該計畫寫好補助申請，並獲得兩萬五千美金幫忙搭建設備，而華盛頓大學答應買下他們種出來的所有萵苣，並且支付高得嚇人的電費。

懷特帶我上樓，到他預計替員工住宿重新裝修的房間。用房屋仲介口吻來說的話，這棟建築「骨架很好」，有滑門、挑高拱形門廊，還有高十二英尺的天花板。私自竊居的人剛剛搬離，這裡的窗戶早就破碎，陽光直接灑入室內，而垃圾也撒滿室內，還有奇怪凹陷的床墊、一串長長的捲髮、兒童紫色背包。牆上噴漆的一道訊息是：「舞孃，多用點力，不然回家去！」

金恩博士大道固然衰敗，但它對於黑人社群來說依然是重要的街道，即便是對於那些早就搬到郊區的人也是一樣。在我離開聖路易斯沒幾天，有位白人警察就在幾英里外的福格森（Ferguson）槍殺了布朗（Michael Brown），那裡離懷特長大的地方沒多遠。這起槍擊案引發全國性的抗議活動，怒火促成「黑人的命也是命」活動之滋長，布朗的喪禮舉行地點，就在金恩博士大道上，是一間黑人為主的大型教會，而喪禮行進隊伍正好經過懷特的辦公室。

★★★

聖路易斯的往事，可以呈現於懷特自己的故事上。他的母親在數百萬黑人離開南方的「大移民」（Great Migration）時代，從田納西州來到聖路易斯，她獲得不錯的政府工作，也是一份郵局的職務。她與諸多黑人移民同樣住在市中，但很快地，她便攜著三個兒子搬到了郊區；當這個家庭在一九七〇年代搬遷至聖路易斯的內環郊區時，鄰居多半是白人，可是後來白人又搬到更外圍，黑人也跟隨之，錢愈多的走得愈遠。沒幾年時光，市郊的種族隔離情況，已經與市內沒什麼兩樣。懷特告訴我，白人是怎麼全走光的，他一邊搖頭說：「我從小被人叫成黑鬼，長大後卻發現，這裡竟然只剩下黑人。」

懷特的家族故事，是聖路易斯大故事的一部分，這是一個被《繪出衰亡》（*Mapping Decline*）作者戈登（Colin Gordon）稱為「非常悲劇」的大故事。[454]一九四五年，來自密西西比州、有五個孩子的黑人父親雪萊（J. D. Shelley），在聖路易斯今日金恩博士大道處買下一間小磚頭排屋；社區協會告上法庭，該屋有項協定是不得將其售予「非高加索種（Caucasian）的人、黑人與蒙古種（Mongolian）的人」。[455]最高法院雖在一九四八年宣判這些協定違憲，但是在白人出逃之後，街上的種族隔離情況只有更嚴重而已。

戈登持論道，聖路易斯至今依然是美國種族隔離最深的城市之一，此乃種族限制與失敗城市政策的結果，聖路易斯的黑人社群遭到孤立及邊緣化。此地報紙會另闢一欄，刊登非裔美國人的房產，以提供給「有色人種」。市內的「有色人種」區萎縮，好幾代的人得擠在單戶房子裡居住。有份一九四八年的房地產手冊提出警告：房屋買主可能導致房市衰敗；手冊還將以下這些人全歸成同一類：非法酒販、應召女郎，以及「那些子女正在讀大學、認為自己有資格和白人同住的有錢有色人種」。[456]

作為該區域經濟來源的醫院關閉了，政府政策將黑人排除於低利率貸款之外，令黑人不敢踏上房產階層的梯子（property ladder）。[譯49]黑人社區被拆除，這是「都市更新」政策的一部分。選區涵蓋金恩博士大道主要地帶的市議員摩爾（Sam Moore），在年紀還小的時候，和十七個兄弟姊妹搬入一間三房公寓。他們那間在米爾克里克鎮（Mill Creek Town）的寬敞房子已被認定為「衰敗」，那是一九六〇年代的事情。

就在我寫作之際，位於聖路易斯郊區的拉度（Ladue），白人人口占該區百分之八十七，這裡的家庭收入中位數是二十萬三千兩百五十美元；而在七英里之外金恩博士大道周邊的郵遞區號區域，黑人人口占百分之九十四，此區的家庭收入中位數是兩萬七千六百零八美元。[457]地理學者艾德曼（Derek Alderman）的寫作經常涉及金恩大道周遭區域，他告訴我：「實在諷刺，我們以這個時代最有名的公民權運動領袖為路名，但這些路段卻是亟需公民權運動協助的區域。」

我追蹤懷特的消息已有數年，我每一陣子就會打電話，看看他做得如何。事情往往無法順利照計畫進行，公園的進度停滯，進度落後造成他的困擾，例如因此無法維修辦公室的廁所。懷特自己花了幾千美金在親愛的美國街道組織上，且難以再增加金額，他的手因從事郵件分類而受傷，只能從郵局處領取傷殘補助。此外，某年聖誕節期間，竊賊竟盜走辦公室建築的蔥綠色雨棚與燈具。

但是懷特是個刻苦耐勞的人，他依然十年如一日地無改初衷。他的誠心召來盟友。關於懷特這個人，人們談話的開頭經常是：「嗯，我喜歡懷特。」而且，懷特還吸引到上層人士的注意，有一個由德歐卡（Daniel D'Oca）執教的哈佛設計研究所（Harvard Graduate School of Design）班級，居然前往聖路易斯為街道進行設計案。懷特應邀到哈佛作客，並且擔任學生期中、期末成績的評審（其他評審包括華盛頓特區的計畫總監，以及一群不輕易妥協的五年級生）；事後，懷特還與學生共同在哈佛廣場上的一間黃色板屋內慶祝。他壓根不知道哈佛跟波士頓距離很近。

在二〇一八年感恩節前陽光燦爛的某天，懷特站上哈佛法學院內雷金諾·路易斯樓（Reginald Lewis building）的講台，此時的他已擴大任務、投入別的城市，以期使該計畫能夠達到全國性規模。寇茲比（Brandon Cosby）是他的新夥伴之一，寇茲比所負責的是印第安納波里的弗蘭納之屋（Flanner House），這是一間社區中心，服務該市以黑人為主的金恩街道附近社群。

在懷特之後，寇茲比也在哈佛大學上台了，他告訴聽眾弗蘭納之屋的城市農場計

㊾「房地產梯子」一詞是在形容較便宜與較昂貴房子的差距，也反映買主的經濟等等能力。

畫，它的目的是接受那些被「推出學校、踢出學校、當出學校」的孩子。孩子會與商販講價訂約，某次，在他們完成交易之時，一個年輕人附耳低聲對寇茲比說：「你知道你剛才賣羅勒所賺的，比你賣大麻還多嗎？」

寇茲比低聲回道：「目的正是如此。」

我認識懷特愈久，便發現他的理念愈見宏偉。他在很早以前便認知，那些金恩街道的問題不只是靠字面意義上的「清掃街道」就能解決。然而，即便有那次哈佛案例的成功，懷特要怎麼繼續向前邁進，仍是個難題。批評者指出，無論懷特再怎麼努力清掃、無論他送出多少玩具、無論他從哈佛大學那裡獲得多少協助，聖路易斯的金恩博士大道並沒有真正改善。但是，或許肉眼可見的進步速度，並不是他用來衡量成就的唯一標準，或許，他的付出與照料本身，就是成就。

我覺得金恩本人應該會喜歡懷特，這麼一位平凡市民，希望盡自己一切的力量讓這個世界變得更好。金恩自己就是個平凡人，他成為領袖人物乃出於無奈，當年，年輕的他被拱上如此地位，其實令他感到驚慌。金恩認為自己所做的事情，是要啟發人們組織整頓自己的社群。金恩的努力並不是孤立的，有千千萬萬尋常人為了改變而奮鬥，為此付出且為此受苦。

然而，我設想，金恩理當不會介意，以他為名的街道主要是下層階級人民在居住。金恩支持窮苦人民，他絕不會因為自己的名字與那些他付出生命支持的人們連結在一塊，而感到羞恥。我很難想像金恩會用化學量杯喝咖啡，或是從十二種不同的起司通心麵中挑選自己所愛，上述那種景象是我在德爾馬大道上看見的。會喚醒金恩起而行動的，是那些基層的貧窮、絕望，以及那些在空地上踢泥土的孩子。

聖路易斯金恩博士大道的衰落是事實，這也是為何以金恩為名的街道，會成為某種都市、黑人衰敗的代號。這也是為什麼，會有那麼多從商的人生氣地抗議，表示這個路名「對生意不好」；這也是為什麼，洛克的笑話會令人發笑。但是，要知道金恩街道的壞名聲是不是符合事實，恐怕沒那麼容易。有些研究者發現，金恩街道區域與其他地區確實存在貧富差距；但也有別的研究數據顯示，金恩街道區域的經濟能力，其實未必比美國國內其他幹道要差勁，在這些金恩街道上，禮品店的數量高過保釋代理人，保險公司的數量比酒行還多。[458]

可是，一條路是否配得上金恩之名，這件事真的有那麼重要嗎？問題可能在於，那些金恩街道長期以來被認定是糟糕的，無論實際上它們有多好，或能變得多好。事實上，有許多金恩街道是經過商業區、大學城，是穿過時髦的白人社區，甚至還環繞首都。對許多人來講，以馬丁．路德．金恩為名的街道一定是條黑人街，對他們來講，一條黑人街就永遠是條壞人街，就算有公園，就算有精品店，就算有相反的證據，這幫人的想法還是不會改變。

第十二章

南非：誰歸屬於南非的路牌？

二〇一〇年時，法蘭妮．羅柏金（Franny Rabkin）這樣告訴一位口述歷史學家：「好吧，這滿戲劇化的。我其實出生在監獄裡。我的雙親祕密參加南非共產黨和非洲民族大會（African National Congress, ANC），他們被逮捕的時候，我母親已經有孕在身。」[459]

時值一九七六年秋季，非洲民族大會為了反抗「種族隔離體制」（apartheid，即南非法定的種族隔離），已經奮鬥超過六十個年頭；[譯50]種族隔離體制強迫非洲黑人與「有色人種」待在保留區或所謂「市鎮」（township），分配他們進入簡陋的學校，藉此厚顏無恥地竊取他們的土地，且使他們受限於從事低賤的職業。在羅柏金父母被逮的幾個月前，南非軍隊殺傷幾百個在索偉托（Soweto，約翰尼斯堡〔Johannesburg〕外圍的一個「市鎮」）抗議的學生。羅柏金一家被種族隔離法庭宣判時，他們緊握拳頭擺出「黑色力量敬禮」

---

[50] apartheid 專指南非的種族隔離體制，也就是南非荷蘭語（Afrikaans）的「分隔」（aparthood）。

（black power salute），[譯51]昭示法庭內的觀眾。

蘇珊・羅柏金是法蘭妮的母親，嬰兒出生之後，她在開普敦（Cape Town）附近的珀斯穆爾監獄（Pollsmoor Maximum Security Prison）裡被關了十天，後來他們被遣送至英國（法蘭妮是白人，她的母親是在英國出生）。經歷數年，他們前往莫三比克，為流亡當地的非洲民族大會工作；法蘭妮的父親則被囚禁七年（檢方原先要求處以死刑），他後來死在安哥拉的非洲民族大會訓練營當中，過世時年僅三十七歲。

一九九〇年，非洲國民大會領導人物曼德拉（Nelson Mandela）出獄了，正是法蘭妮出生的那座監獄。甫滿十三歲的法蘭妮戴上有一顆紅星的切・格瓦拉（Che Guevara）帽，火速回到南非家中，之後，她成為律師，並在二〇〇一年時擔任後隔離時代新南非憲法法庭的司法人員。憲法法庭裡有黑人法官，也有白人法官，黑人法官是從前隔離體制的受害者，而白人法官理論上是該體制的得利者，雖然後者未必擁護該體制；但神奇的是，法蘭妮發現法官投票並無模式可循，他們並沒有因為政治路線而分裂或各持立場——這在美國最高法院裡是很常見的情況。雖不知這是如何辦到的，但法官找到跨越、銜接其過往歷史的方式，多年下來，憲法法庭一致通過死刑之廢除，並且支持同性結婚的權利。

然而，有一個案子，撼動了法蘭妮對於法庭精神為一致的信念。她後來成為一位記者，她寫下：「我不認為那些案子是壞法律，但我從來沒見過最高法院的法官，如此激烈地彼此撻伐。」[460]

你應該不會感到意外，那個案子關乎街道名稱。在二〇〇七年時，南非行政首都（administrative capital）普利托利亞（Pretoria）[譯52]提案變更二十七條市中心的街道名字（甚至連該城市的名字都尚在辯論當中，未確定是要稱作普利托利亞，抑或是該大都會區域名稱茨瓦尼〔Tshwane〕）。[461]在種族隔離時期，街道名稱所用的語言是「阿非利肯語」（Afrikaans，或稱南非荷蘭語或布耳語），又或者以路名紀念阿非利肯人，[譯53]而種族隔離體制就是由阿非利肯政府所制訂且實施的。對於非白人區域，阿非利肯政府不放在心上，甚至不為那裡的街道命名，即便到今日，南非境內還有好幾千條無名的道路，有一位南非選務的黑人官員曾經跟我說，他是在表哥家裡長大的，而表哥家有地址，這讓他這非常「光彩」。

新提案的街道名稱之中，有許多是紀念非洲國民大會的英雄先烈。然而，有個自稱為阿非利肯人「公民權」組織的團體「阿非利論壇」（AfriForum）對這些變更表達反對之意。這個團體底下有個分支，（很不幸地）叫作「阿非利論壇青年團」（AfriForum Jeug），[譯54]當中有些成員將新路牌換回舊路名，以英語、阿非利肯語、索托語（Sesotho）

---

51 黑色力量敬禮本是一九六八年奧運美國黑人運動員領獎時舉起拳頭表示抗議的動作。

52 南非首都有分行政首都、立法首都（開普敦）、司法首都（布隆方丹〔Bloemfontein〕）；總統府與外國使館位於普瑞陀利亞，故為實際上的首都。

53 阿非利肯人即是南非白人移民後裔，主要是荷蘭裔，其次是德國、法國裔，他們也被稱為布耳人。

54 應該是指會讓人聯想到納粹青年團（Hitlerjugend）。

書寫。馬那雷（Blessing Manale）是茨瓦尼地區的發言人，他在新聞鏡頭前表示，星期一早上起床，卻發現舊路名竟然回到路牌上，他說，那不過是種「鄉愁」而已，一種「種族主義的鄉愁」。[462]

阿非利論壇訴諸司法，希望停止城市內撤換舊街名的作為。整體而言，該組織的論點是，市府沒有給市民適切的路名變更通知，也沒有給予市民對此舉表達意見的機會。甚至還有另一個技術性問題是，這個爭論是否真的屬於憲法法庭的管轄範疇；然而，此事似乎是在質疑或挑戰，阿非利肯人是不是真正的南非人。

不過，在我進入這個案子本身之前，我想要講述另一個年輕南非人的故事。莫谷恩（Mogoeng Mogoeng）曾說過兩個故事，說明在南非種族隔離時期，黑人小孩的成長歷程是什麼狀況。[463]第一個故事是，小莫谷恩和祖父在一個叫咖啡克拉爾（Koffiekraal）的村莊放牧牛羊，警察來了，要求他的祖父出示身分證件，那是一種控制黑人行動範疇的地區性護照，而人們將其稱為「蠢護照」（dompas）。莫谷恩爺爺的護照放在幾公里外的家中，距離不遠，他請求警察讓他回家拿證件，但是，警察卻把他捉去，關到附近的警局牢房裡，將小男孩棄在原地。爺爺是小男孩的英雄，而爺爺當時的無助，讓莫谷恩困惑不已，他只能一邊哭著，一邊走回家去。

第二個故事則與莫谷恩的媽媽有關，這位母親在約翰尼斯堡附近的佛羅里達當家庭幫傭（他的父親則是礦工）。莫谷恩說道：「媽媽工作的那個家庭姓史托夫伯格（Stofberg），那個家庭裡有一個年紀與我相仿的男孩子，名叫戈登（Gordon）。我崇拜戈登所擁有的那些，我爸和我媽時時提醒我，而我到某個年紀後也這麼提醒自己，那就是，我希望自己能變得像戈登一樣。」莫谷恩隨即補充道，這意思不是表示他想變成白人，他很高興自己是黑人，但是他希望自己能像戈登與其父母那般，達致某種「人生地位」。[464]

莫谷恩的成就最終只有更高。路名案子的公聽會召開後不久，我便看見莫谷恩出現在我的電腦螢幕上，現在的他乃是南非憲法法庭的首席法官。那間法庭頗不尋常，飄散著和解的精神氣息，該建築曾是座聲名狼藉的監獄舊址，此棟建築之打造乃是環繞著「樹下的公義」（justice under a tree）此一主題，暗指智者調解村莊內爭端的傳統；昔日監獄審判區的一座舊樓梯還保留著，監獄時期的磚頭與新建的磚頭混雜在一塊。法官的座位並沒有比觀眾更高，雖然法官後方的窗戶高懸於上方，但從窗戶之外看來，窗子的位置其實是在地平面，所以從法庭內部可以看到法官頭上的窗子裡，持續有來來往往的行人雙腳。法官自始至終都被提醒，他們並不高於法律。

首席法官莫谷恩穿著深綠色、白領發皺的法袍，他開始宣讀對於街道名稱案子的決議。開頭時，他有別尋常地講述了種族隔離時的基本歷史，他宏亮地朗讀道：「南非是最後一個從那套系統中解放的非洲國家，那套系統認為，一個種族制度性地壓迫另一種族並沒有錯，沒有什麼理由，只是膚色、鼻子形狀、頭髮質地有所差別。」[465]人們認為黑人又懶又笨，當然，不用感到意外，從前沒有任何城市、鄉鎮、街道或制度，會認可黑人的領袖、傳統以及歷史。所以，新路名反映新的事實，這樣有錯嗎？莫谷恩在宣判文上直接寫道，阿非利論壇的反對意見實在「太薄弱了」。

有八位法官同意此項判決，他們全是黑人；但是卻有兩位反對，他們是該案子中僅有的兩位白人法官。弗朗曼（Johan Froneman）法官是在農場長大的，他的家族會僱用的婦女就像是莫谷恩母親那種人（換句話說，弗朗曼就是戈登）。卡麥隆（Edwin Cameron）是位捍衛同性戀、愛滋病陽性患者權益的改革派行動分子，他的父親是「酒鬼中的酒鬼」，他的母親無力持家，卡麥隆於是被送到孤兒院，但是他後來讀了僅限白人就學的學校，最終獲得「羅德獎學金」（Rhodes Scholarship）。[466]兩位法官作為阿非利肯白人，童年境遇或許非常不同，但是在此案例上，他們的主張是一致的。

弗朗曼法官寫道，阿非利論壇在質疑新路名一事上，並沒有犯錯，因為南非憲法保障所有少數族群必須「感覺被包容與保護」。弗朗曼反問，難道「阿非利肯白人與南非白人——除非他們能證明這不是根植於壓迫——沒有一九九四年之前的文化權（cultural right）嗎？」他問道：「這要怎樣才能辦到？難道所有南非白人或阿非利肯人的組織，都必須要表現出，自己與壓迫的歷史之間全無關聯性嗎？這是誰決定的，是依據什麼標準決定的？」難道，阿非利肯人已經淪為「憲法棄兒」了？[467]

有些街道名稱似乎具體而微地展現了「後種族隔離」（postapartheid）南非的焦慮。種族隔離體制前的南非和今日的南非，看來似乎無甚差異，事實上，某些統計資料顯示，南非乃是全世界最不平等的國家。白人人口僅占全國十分之一，卻握有全國財富的十分之九；[468]另外，百分之八十南非人（多為黑人）的淨資產（net worth）為零。[469]地理上、經濟上、情感上，種族隔離似乎未曾終結。

與此同時，阿非利肯人乃屬於南非的少數族群，大約只占總人口百分之五，他們之中有許多人，曾經對自己的國人犯下難以形容之暴行，而他們的祖先抵達南非時，大約是五月花號（*Mayflower*）到達普利茅斯（Plymouth）的三十年之後。至今阿非利肯人多數依然在「那裡」，而且多數沒打算離開，也沒打算特別去哪。其他那些歷史上的壞蛋，即便犯下的罪行更加惡劣，還是有辦法「融入」。邦聯人再度變成美國人，納粹回去做德國人。所以問題變成，阿非利肯人能不能就變成南非人。

我原本可以用一九六〇年二月來開啟本章，當時英國首相麥克米倫（Harold Macmillan）在開普敦演講之時，竟然嘔吐了。（想當年那位仁兄，曾在第一次世界大戰期間傷到大腿與髖部，他在壕溝裡躲了十小時，一邊注射嗎啡，一邊閱讀艾斯奇勒斯〔Aeschylus〕[譯55]《被縛的普羅米修斯》〔*Prometheus Bound*〕的希臘文本。[470]）麥克米倫當時所進行的，是為期六星期的非洲大旅程。一百多年來，大英帝國一直是歐洲統治非洲的推手，但據邁爾斯（Frank Myers）的說法，到了那時，帝國的胃口已太大，而殖民主義的罪孽已太深。第二次世界大戰後，英國放鬆對白人比例稀少的非洲國家之控制，例如黃金海岸（Gold Coast，也就是迦納）、奈及利亞，像這種地方，黑人與白人的衝突

---

55 艾斯奇勒斯是古希臘三大悲劇作家之一。

較少且能受到控制；但是像羅德西亞（Rhodesia，如今的辛巴威）、南非等國，是由勢力強大的少數白人所控制，在此等地區，英國就會支持白人的統治。[471]然而，這一切即將風雲變色。

在昏暗、木板裝潢的議會餐廳內，牆上掛著許多慶祝南非獨立的畫作，麥克米倫翻動面前的講稿。[472]他的手在發抖。麥克米倫用他急促的伊頓中學口音，首先讚美南非的「農場、森林、山脈與河流，以及清澈的天空、南非草原廣闊的地平線」，[473]但是，這場演講的內容，很快就轉入一種預兆式的論調。

麥克米倫說道：「變革的風正在吹拂這塊大陸，而無論我們喜歡與否，民族意識的成長是一項政治事實，我們必須接受這個事實，而我們的民族政策必須考慮此事。」至於南非，他繼續表示，：「坦白說，你們某些層面的政治作為，讓英國無法給予全盤的支持」，若英國加以贊成，將會「違反我們對於人類自由的政治趨勢之堅定信念」。英國不能贊同南非的種族隔離。人們開始將麥克米倫的這場演說，稱為「變革之風」（Wind of Change）演講，但或許其更好的稱呼，乃是「帝國的終結」。

南非總理維沃德（Hendrik Verwoerd）事先沒有獲得警告，他不知道麥克米倫會說什麼，雖然維沃德的祕書連連敦請對方提前提供講稿副本，但都沒有收到答覆。那個場合原本應當是一場慶典，慶祝的是「南非聯邦」建立五十週年，旗幟已然在全國各地飄揚。[474]維沃德起身，開始答覆。

不太尋常地，維沃德首先謙遜地、有點結巴地說了幾句話。他的服裝剪裁粗糙，其結實的身材與麥克米倫形成對比，據記者描述，後者乃是「愛德華時代（Edwardian）的精瘦，有種瀟灑的優雅」。[475]不過，維沃德隨即做出銳利的即興回答：「我們在南非的問題已經夠多了，不勞煩你用這種重大宣告的方式來增加問題，然後還期待我講幾句簡短的話來表達感激。」接下來，維沃德開始捍衛種族隔離政策，雖然他全沒講出「種族隔離」一詞：「非洲國家有獨立的趨勢，在此之際，我們應該對所有人都保持公正，不只是要公正對待非洲的黑人而已，也應該要公正對待非洲的白人。」維沃德明言，是白人「帶來文明」，而白人會掌管自己的土地，「這是我們唯一的故鄉」；黑人也可以掌管他們自己的土地，也就是白人限制黑人所能擁有的地區。

諸多電報拍來，恭賀維沃德不接受麥克米倫說詞的精彩回應。種族隔離不但沒有削弱，那場演講似乎反使其更加強化。那場演講結束的一個月後，非洲民眾因為和平抗議沙佩維爾（Sharpeville）市鎮的「通行證法」（pass laws），慘遭警方殺害六十九人；南非政府禁止所有抗議活動，將反種族隔離的團體入罪，例如泛非洲大會（Pan Africanist Congress）及非洲民族大會。聯合國譴責此次殺戮事件，但在另一方面，美國密西西比州議會居然讚揚南非政府「對於種族隔離秉持堅定政策，以及在外界鋪天蓋地的怒火之下，依然堅強地延續了傳統」。[476]隔年，也就是一九六一年，南非人投票脫離大英國協，而維沃德機場、維沃德醫院、維沃德學校，當然還有維沃德路，紛紛在南非全國各地出現。

在那場演講的當晚，麥克米倫在日記寫下：「我需要安慰那些英國後裔；鼓勵自由人士；滿足國內輿論；但我還得繼續——至少在表面上——和如今握有廣大國土的、奇怪的阿非利肯政治核心人物保持良好關係。」[477]

這些所謂的奇怪政治人物是指誰呢？維沃德曾是個聰明伶俐的學生，後來還成為社會學以及心理學的教授。他曾經待過哈佛大學，或許也待過耶魯，離開學術界後，他從事記者工作，往後又投入政界。[478]維沃德的言行舉止，實在很難以可惡來形容，桑普森（Anthony Sampson）寫於《生活》（*Life*）雜誌道：「會面時，維沃德是個極為紳士的人。他很高，臉很豐滿，鼻子翹翹的。只有在休息時間，你才能看見，他眼中的緊張感與嘴上的嚴肅線條。」[479]維沃德說起話來很溫和，有如學校老師在安撫焦慮的學生，他的微笑帶著一種孩子的單純，好像是在說：「事情就是那麼簡單。」

對於在一九六六年遭到暗殺的維沃德而言，事情真的就是那麼簡單。種族隔離的作法，早在第一個歐洲人踏上南非土地時便已問世，後來也迅速被法律加以神聖化。維沃德曾任原住民事務部部長，之後又當上總理，他將自己對於種族隔離的觀點，寫入一系列的法律法規之中，其中充滿各種歐威爾式（Orwellian）[譯56]的名稱，也帶來歐威爾式的後果。《班圖人教育法》（Bantu Education Act）限制黑人只能上補救式學校（remedial schools）；《人口登記法》（Population Registration Act）創建全國性名冊，將人民以種族加以區分；《班圖建築工人法》（Bantu Building Workers Act）容許黑人受訓從事建築行業，卻禁止黑人在白人地區工作；《禁止通婚法》（Prohibition of Mixed Marriages Act）的用意則明顯不過（南非內政部部長表示，美國有三十個州也有類似的法律）。

[480]南非後來的總理馬蘭（D. F. Malan）曾說：「我不使用『隔離』（segregation）這個語詞，因為它會被解釋為關起來的意思；我使用『種族隔離』（apartheid），它給予諸多種族在自身所有的基礎上成長之機會。」[481]至此，種族主義居然能重新包裝成「培力」（empowerment）。

大量阿非利肯人是經由荷蘭東印度公司（Dutch East India Company）來到南非的，他們起初也是窮苦的社會邊緣人。十九世紀時，英國人來了，然後英國人一如往常地成為了老大，英國人將阿非利肯人視作野人，不屑對方的語言，高度取消對方的政治自主權；但是要附記的是，英國人取消了奴隸制度，此舉更增添阿非利肯人的仇恨。於是「先民」（Voortrekker）穿著「多普派」（dopper）短外套與帽子，[譯57]駕著牛篷車前往內陸，在一八三五年至一八四六年間，大約有一萬五千個阿非利肯人參與了「大遷徙」（Great Trek），對他們途中遇見的部落發動殘酷的戰事，祖魯人（Zulu）、巴索托人（Basotho）、恩德貝萊人（Ndebele）、茲瓦納人（Tswana）僅是少數幾個例子。[482]阿非利肯人在名義上廢止奴隸制度，但卻去捉捕所謂的「學徒」（apprentice）來為其工作，曾經有位德國傳教士說過，有時候，那是「一車又一車的孩童」。[483]

然而，阿非利肯人雖遠離英國人，卻離得不夠遠，尤其是當前者領地內發現豐富鑽

---

56 英國文學家歐威爾（George Orwell）在其一九四九年名著《一九八四》當中，描繪了破壞自由的極權政治與社會，Orwellian 就是用來形容這一類的極權作為。

57 「多普派」就是指基督新教中的喀爾文教派（Calvinism）。

石、黃金礦藏的時候。英國人和布耳人（阿非利肯語中的「農夫」）於是打了兩場戰爭，英國人最終勝出，他們靠的是游擊戰、燒毀農場、屠殺牛隻，並將女人小孩關到集中營內（據說「集中營」一詞便是源自於此）。[484]總共約有兩萬六千個布耳人死於集中營，其中多數是孩童，另外還有數千名黑人與「有色」非洲人死去。負責集中營的克欽納勳爵（Lord Kitchener）[譯58]批評阿非利肯人不文明，是「只有表皮為白色的野蠻人」。[485]

戰爭過後，阿非利肯人被強迫離開農場、進入城市，他們普遍比英國白人窮困許多，許多人陷入赤貧的困境。來自卡內基調查委員會（Carnegie Commission）的研究人員，曾乘著福特 T 型車遊歷全南非，最終編出五大本的報告書：《南非的貧窮白人問題》（*The Poor White Problem in South Africa*），出版於一九三二年。[486]報告書的建言促使政府解決白人社群的貧窮問題，其後果卻是以損及黑人為代價。[487]或有人指出，該委員會的報告書落入維沃德手中之後，反而變成種族隔離政策的某種「藍本」。[488]

戰爭的經歷強化了阿非利肯人的中心理念：他們是倖存者，他們是上天揀選之人。阿非利肯人的政黨國家黨（National Party）於一九四八年以極小差距險勝，遂使阿非利肯人高於非洲原住民的理念更加被美化，成為該黨的生存宗旨。為阿非利肯立場辯護的熙利（Piet Cillié）寫於一九五二年：「就像是巴勒斯坦的猶太人與巴基斯坦的穆斯林，阿非利肯人反抗英國統治而獲得自由，其目的不是要被更多數的另一種族所壓制；我們終究會將自由賦予多數族群，但絕不可讓它的權力超過我們，非洲黑人絕不可在會影響我們生活的狀況下，獲得更多的權利。」[489]

曼德拉認為，了解阿非利肯語是讓他達成職志的關鍵要素。曼德拉的獄友馬哈拉（Mac Maharaj）告訴他，阿非利肯語是「該死的壓迫者的語言」。[490]但是曼德拉堅持必須加以學習，他告訴對方：「我們深陷一場持久戰，若你不了解敵軍的領導者，你別妄想能夠伏擊敵人。」在獄中，曼德拉透過遠距教學研讀阿非利肯語，一位友善的獄卒則幫忙矯正他的短文錯誤，文章名稱或為「海灘上的一天」。[491]（曼德拉曾寫到他在監獄中的工作，是將海藻拖上羅本島〔Robben Island〕然後曬乾，以便製作為肥料。恐怕這不是考官期待看見的那種作文。）最後，曼德拉通過了考試。

曼德拉曾經向記者講述一個故事，解釋南非英國人與阿非利肯人的差異，他說這個故事是長輩流傳下來的。[492]曼德拉說，如果一個黑人來到英國人家門前乞討食物，女主人可能邀請他進屋，給他一片「薄到陽光都可以穿透」的麵包，以及一杯淡淡的茶；但是，若這個黑人來到阿非利肯人的家，企圖從前門進入，女主人會對他嘶吼，然後叫他到屋子後方會面，女主人絕對不會邀請黑人入內，但會賞給對方一塊厚厚的麵包，塗上花生醬與果醬，且提供一壺又熱又甜的咖啡，再送一包剩下的食物給他帶回去分給家人。

我喜歡這個故事，諾曼（Kajsa Norman）在其探討阿非利肯人身分認同問題的著作《跨越血河之橋》（*Bridge Over Blood River*）當中，也生動地重述這個故事；這個故事某

58 克欽納（Herbert Kitchener）是英國著名將領，因布耳戰爭獲勝出名，又曾領導蘇丹等殖民戰事，第一次世界大戰時為英國戰爭部部長，死於大戰期間。

種程度說明了阿非利肯人，也說明了曼德拉（可能還說明了英國人）的特質。曼德拉並不認為阿非利肯人是天生的壞胚子，他知道他們只是恐懼而已；而正是這股恐懼、這種不安全感，這種近乎宗教的種族主義信念，導致種族隔離制度的出現，釀成數千人遭到戕害，還造成曼德拉自身近乎二十七年的牢獄之災。在曼德拉被釋放之後，問題就只剩下，阿非利肯人最後是不是願意讓黑人從前門進來。

曼德拉於一九九四年成為南非總統時，他也是將手按在胸口，用阿非利肯語唱國歌。在任職演講時，曼德拉身穿極為簡樸的三件式藍色衣著，這是南非人跳舞時所穿的裝束，而他在演講中談的是一個「彩虹之國」。當多數南非黑人反對橄欖球國家隊裡全是白人時，曼德拉卻在南非隊於主場獲得世界盃冠軍之際，身穿橄欖球隊隊服獻上獎盃並歌頌「跳羚」——這長期以來是阿非利肯人的象徵。譯59 曼德拉還與維沃德的遺孀在後者居住的全白人市鎮內共進晚餐，並吃著南非麻花卷（一種編織的甜甜圈再沾上黏黏的醬），他們很自然地以阿非利肯語交談。

出奇的是，曼德拉總統任內沒有改動多少種族隔離時期使用的名稱。南非政府設立真相與和解委員會（Truth and Reconciliation Commission），而不是推動審判，以提供一個不需懲處的認罪機會、一個不需恐懼的作證機會。有時候曼德拉會反對重新命名事宜，他反對將那些與曾關過他的阿非利肯人名字相關的街道、機場、紀念碑等加以更名。對於將維沃德水壩變更為以諾貝爾和平獎得主盧圖利（Albert Luthuli）首長命名一事，他有所保留，譯60因為他意識到這是將一位阿非利肯政治家的名字改成非洲民族大會黨員之名。[493]曼德拉在一九九四年時曾告訴某間報社，他對於南非國會維沃德樓要改名一事感到困擾，部分原因乃是維沃德的孫子與其妻子都是非洲民族大會黨員。

曼德拉解釋道：「無論（維沃德的子孫）多麼唾棄種族隔離制度，那個人依然是他們敬愛的祖父，我們不能如此麻木不仁地特別針對他們。」曼德拉補充道，必定會有某些變革發生，且會有「部分群體會感到沮喪」，但整體而言，他對於更名事務頗為謹慎。[494]大多數的新興政權，都希望將地景重新貼上標籤以擺脫過去，以顯示這個世界變化之大；曼德拉採取的則是相反作法，或許，保有昔日舊名稱是一種讓革命看起來不那麼像革命的策略，免得讓和平狀態變得薄弱。

姆貝基（Thabo Mbeki）接任曼德拉的總統職位，他推動更多變革。真相與和解委員會之內又設置了南非地名委員會（South African Geographical Names Council），後者已經變更了八百多個名稱（其中有四百多個地名是因其包含了種族主義用語「卡菲爾」*kaffir*）譯61。[495]南非全國的街道名稱也開始變動，許多城市甚至一口氣撤換幾十個路名，光是德爾班（Durban）這座城市，就變更超過一百條街道名，可是在不久之後，很多路牌居然遭到破壞或噴漆。[496]

---

59 跳羚也是南非橄欖球隊的隊徽。

60 盧圖利是南非祖魯族政治人物，獲得一九六〇年的諾貝爾和平獎，曾任非洲民族大會黨主席。

61 「卡菲爾」在南非大約就是「黑鬼」的意思。

即便是南非黑人或「有色」人種，都不一定肯定這些變動。有許多南非人抱怨，新設的街道名太偏重非洲民族大會及其英雄人物。因卡塔自由黨（Inkatha Freedom Party）是以祖魯人為主的政黨，他們曾遊行抗議將以因卡塔自由黨領袖命名的曼戈蘇圖高速公路（Mangosuthu Highway）改為葛里夫・麥贊吉高速公路（Griffiths Mxenge Highway），以紀念非洲民族大會的行動分子；其他人則質疑，為什麼德爾班內的道路竟然以切・格瓦拉為名，那個人和南非又沒關係；此外尚有人批評，以甘地（Gandhi）命名的新街道太過「墮落」，它竟然就位於城市的紅燈區內。[497]

引起最大爭議的，莫過於非洲民族大會堅持設新路名以紀念宗多（Andrew Zondo），那個青少年曾在購物中心內引爆炸彈，殺死了五個人，包括一個小孩（宗多後來告訴法庭，他曾試圖打電話示警，但郵局的所有電話都通話中）。受害者的親屬聽聞竟然有「安德魯・宗多路」，為此流淚哭泣；但對於許多人來說，身為非洲民族大會成員的宗多是個自由鬥士，他的行動是為了對抗警方的野蠻與濫殺行徑，而這是他所知的唯一作法。

然而，有別於安德魯・宗多路，茨瓦尼（普利托利亞）地區提案的新路名並不紀念會引發爭議的人物。馬斯摩拉（Jeff Masemola）是一個老師，也是反對種族隔離運動者，而且是全南非服獄最久的政治犯；亨因斯（Johan Heyns）是阿非利肯人，作為一位牧師，他反對種族隔離乃是神之旨意，並且支持種族之間通婚，後來，他在普利托利亞的家中被暗殺，子彈穿過他的頸子，當時他正在與妻子及孫子打牌；博帕培（Stanza Bopape）

是個年少的行動派人士，後遭到警方電擊刑求致死，屍體被棄置於滿是鱷魚的河流裡。博帕培的名字取代了哪條路？答案是，教堂街。[498]

我聯繫上修曼（Werner Human），他是阿非利論壇的律師，我想要知道，紀念重要南非人士的命名事宜，為何會成為憲法法庭的案件。修曼剛成為一位驕傲的新手父親，於是我們倆出乎意料地聊了許多關於睡眠的事。當我們開始談起這個案件時，他首先表示自己對於法庭十分尊敬，但他依然強烈地主張道，阿非利肯人的街道名稱應當保留，經過一陣子，我意識到我們所談論的，已不再是這個案件本身，甚至不是街道名稱。於是我問他，在現今的南非當一個阿非利肯人，究竟有多難？

修曼停頓一會才啟齒：「阿非利肯人整體上受到敵視，只因為我們企圖在此案件上有所捍衛，我們其實遭受許多糟糕的、可惡的言語攻擊。」有很多人甚至畏於表示自己是阿非利肯人。他告訴我說：「我們爭取的是在太陽底下有『一個』位置，而不是要求在太陽底下的『那個』位置。」他又說：「我不認識任何朋友，或是我所處的任何圈子，會否認種族隔離在道德上是錯誤的。」如果他期望在社會中有一個合理的位置，他「必須」承認這個錯誤，他說：「我們要說的是，這不是我們被定義的唯一方式，不是所有在一九九四年之前的事情都是壞事。」

我喜歡和修曼談話，即便我不是全盤同意他所說。我認為他尊重法庭的態度是真誠的，例如他拒絕批評任何此案的法官。他最大的希望，是在承認過往錯誤的同時，他的兒子還能說自己的語言，而他能夠以自己的遺緒為榮。確實，我自己都覺得驚訝，我們的談話竟能如此深入，與此同時還有那麼多人以為阿非利論壇有極深的種族主義色彩。

該組織成員不是一概都承認種族隔離之惡，比如說，阿非利論壇呈給法庭的文件中提到「所謂的種族隔離」，讓一眾法官火冒三丈。近期在一部由阿非利論壇資助的紀錄片裡，評論者論及維沃德這位「種族隔離的建構者」乃是「單純的」，維沃德幾乎是個「哲學家」，有其「欲達成的理想」。[499] 阿非利論壇執行長克瑞歐（Kallie Kriel）持論，雖然他感到種族隔離有錯，但這並不是一種「違害人類罪」（crime against humanity）。[500]

當阿非利論壇聲稱南非諸多白人農夫謀殺案類似於「民族清洗」（ethnic cleansing）時，法學教授杜．普萊熙（Elmien du Plessis）對此強力駁斥。該組織的副執行長羅慈（Ernst Roets）在 YouTube 上傳三十一分鐘長的反擊影片，嚴正指責對方誤解他們的立場，在影片尾聲，羅慈提及猶太大屠殺（Holocaust）倖存者克蘭普勒（Victor Klemperer），他表示，克蘭波爾曾寫道，在猶太大屠殺之後，局勢若有可能逆轉，他要把「所有知識分子吊起來，教授尤其要比其他人高三尺，只要符合衛生標準，就繼續把他們吊在路燈上」。[501]（羅慈沒提到該引文的前後脈絡，克蘭普勒本人就是個教授，而他所以特別譴責學術中人，是因為那些人竟把自己的理性換成了希特勒。）羅慈是在美國華盛頓特區的清晨時段拍攝這段影片，他來此的目的，是為了爭取保守派美國政治人物的支持（川普曾代表阿非利論壇發布「推特」）。

羅慈否認自己是在呼籲暴力行為，但是當該影片發布之後，杜．普萊熙的確接二連三收到威脅，其中某訊息甚至是：「你就是下一個。」我聯絡杜．普萊熙，並在通話過程中問起，她本身是不是阿非利肯人；我幾乎可以透過通話的感覺看見她扮的鬼臉，她說：「如果我承認是，那我就是。」最終她笑了出來。杜．普萊熙也憎恨那些農夫所受的暴力與折磨，但她認為這些痛苦不應該被特殊化，好像這與南非黑人平常遭遇的殘酷暴行是不同類型的。

關於阿非利論壇，杜．普萊熙跟我說：「他們很難接受自己不再是掌權者——如果我們現在放棄街道名，下一件事情會是什麼？即使關於農場謀殺案的統計數字，似乎都跟別的事情相關。他們還是擔心會被擠到邊緣。」她對於自己的母語特別帶著一種複雜的驕傲感，又為此天人交戰，她問道：「若我們想要記得或訴說過去發生了什麼事，要怎麼表現得不像是在讚揚它？」

一六五二年，范．里貝克（Jan van Riebeeck）這位阿非利肯人心目中如哥倫布（Christopher Columbus）般的人物，登陸後來成為開普敦的地區。和哥倫布一樣，范．里貝克與歐洲建立貿易線，並且恫嚇他在當地發現的族群。在二〇〇八年時，波切夫斯特魯姆（Potchefstroom，或稱「波切」〔Potch〕）市府決定將范．里貝克街更名，改以紀念年輕社會運動者與抗爭英雄彼得．莫卡巴（Peter Mokaba）。莫卡巴不同於曼德拉，他拒絕讓白人輕易獲得贖罪的機會，在種族隔離期間，莫卡巴呼籲採取更激進、更暴力的鬥爭，反抗白人主宰的局面，他還以「殺掉農夫，殺掉布耳人」的口號為人所知，現在這句話在南非已被視為仇恨言論而遭到禁止。

路名變更沒多久，波切地區彼得·莫卡巴街的嶄新路牌就被噴上黑漆，丟棄到瓦爾河（Vaal River）。人類學家古德瑞奇（Andre Goodrich）和邦巴德拉（Pia Bombardella）訪問了當地的阿非利肯居民，那些人製作范·里貝克街牌立在自己的地產上。其中有位居民說：「我反對這些新道路的唯一原因，是因為我該死的不知道自己身在何處，你知道嗎。」另一位居民表示，小孩子現在會迷路，「而父母必須出門找小孩，一直找到夜深，卻只有少數人能找到孩子」。[502]

以下所節錄的，是一段古德瑞奇及邦巴德拉與居民的對話：[503]

居民：現在你如果去走路，或是騎腳踏車，而你曾經在這區生活過很久，然後你離開，現在又回來，你會迷路，會不知道自己該去哪裡。

採訪者：這是你的親身經驗嗎？

居民：是的。

採訪者：你現在會在自己的家鄉迷路？

居民：是的。

研究者寫道，居民的說法字面意義上實在「相當不可置信」。人們在自己的家鄉不是靠路名在找方向的，他們依靠的是感覺、地標、肌肉記憶（muscle memory）。換上新路牌，怎麼可能讓人在自己的家鄉迷路呢？

可是，「迷失」（lost）在《牛津英文辭典》（*Oxford English Dictionary*）中的第一種定義，並不是關於尋找方位，而是關於事物「消失或被破壞；被摧殘，尤其是精神或心靈方面；（靈魂）受傷害」。[504]阿非利肯人並不是找不到回家的路，或許他們是找不到回「家」的路。古德瑞奇及邦巴德拉對此寫道，那些人喪失「自己所繼承的東西，他們的歸屬感，他們在世界上的地位與角色」；波切夫斯特魯姆的白人居民擔憂，新一代阿非利肯兒童的成長歷程，會「缺乏象徵性的次序，來提供這些繼承的事物與歸屬的感覺」。

但是，南非黑人的迷失只有更久。光是在波切夫斯特魯姆一地，幾乎所有的黑人都是住在「市鎮」裡，而白人卻是住在城市中，這種非正式的隔離其實與種族隔離時期差別不大。這也不令人驚訝，今日仍有許多人相信，南非的革命連開始都還沒開始。曼德拉長期以來在全世界被英雄化為和平使者，如今逐漸有聲浪批評他實在讓步過多，從前曼德拉所否決的提案運動，例如土地補償等等，至今又開始活躍。在二〇一八年，非洲民族大會通過一項決議，容許土地自白人手中轉移為黑人所有，不需要有所補償；就在我寫作的期間，南非議會正在考慮修憲，以使上述意見能加以落實。

光是土地，似乎還不夠。隨著事態惡化，緊張情勢也逐年升高。二〇一九年八月時，南非軍隊進入開普敦附近，鎮壓一場延續七個月、殺害近兩千人的幫派暴力行動。[505]騷亂之爆發，源起於兩個白人農夫把一個十五歲的男孩摩斯維（Mathomola Mosweu）推下行駛中的卡車而造成男孩死亡（男孩被指控偷竊向日葵）。[506]在二〇一八年時，開普敦有兩個兒童溺斃於蹲坑廁所內。這是數十萬窮困黑人的唯一衛生設施。[507]

學生為此發起了大型示威活動，抗議學校學費上漲，並訴求增加黑人教員，減少歐洲中心式的課程，撤除禁止髮辮、玉米辮、雷鬼辮的服儀規範。

哲學家列斐伏爾（Henri Lefevbre）曾表示：「一場革命倘若沒有創造出新的空間，那麼這場革命便沒有發揮它全部的潛力。」[508]如果曼德拉不想改換名稱用語，是因為他不想讓革命的發生看來太過明顯，那麼，從這點看來，他似乎做得太成功了。

在街道名稱案之後，我開始追蹤南非憲法法庭，很快地，另一個案子出現了，此案又令我想起普利托利亞路名的鬥爭事件。南非憲法規定，每個南非人都能夠以自己選擇的語言受教，只要這是「合理而可行的」。南非自由邦大學（University of the Free State）於是決定停辦使用阿非利肯語的課程，這間大學認為，開辦使用阿非利肯語的平行課程，等於是在學生之間增加種族情緒的緊張。

阿非利論壇再度提起訴訟。

普林斯頓大學歷史教授德拉米尼（Jacob Dlamini），當年是在南非的「市鎮」中長大的。他寫道，阿非利肯語是種「命令與羞辱的喉音語言（guttural language）；這是班圖人所受的語言教育；這種語言曾讓孩子在一九七六年上街頭，抗議為何學習從數學到科學的任何東西，都要使用阿非利肯語」。[509]德拉米尼繼續補充：「這無助於阿非利肯語在南非黑人之間的政治目的。這種他們得學習的語文，是要讓他們知道人生是有定位的，而他們的地位是上不去的。」

然而，德拉米尼寫道：「說實話，黑人和阿非利肯人的關係遠比這更複雜。」對許多黑人而言，他們講阿非利肯語「比英文還要溜很多」，它是「時髦、爵士和城市黑人」的語言，它是口語表達的語言，它是「老傢伙彼此開玩笑」的語言：「你還太嫩啦！」（Jy's nog a laaite）[510]

阿非利肯語也是鄉愁的語言。德拉米尼問道：「難道，使用阿非利肯語來表達我們對於過去的思念、思念我們（可能）已經喪失的家園，這麼做就是在強迫南非黑人，去回想阿非利肯語曾在開普敦的廚房與奴隸區中使用嗎？」南非黑人在使用阿非利肯語的同時，亦可以抗拒「白人至上主義者的想法，因為那些人不顧歷史，硬是宣稱阿非利肯語就是白人的語言」；[511]但是，德拉米尼自己是個黑人，而他始終否認自己曾把阿非利肯語講出口。

在憲法法庭上，自由邦大學阿非利肯語教學案再度讓眾人意見依種族陣營分裂。黑人法官否決阿非利論壇的主張，並指出該大學已表明使用此語言將導致種族分離的班級。這一次，莫谷恩法官是這麼說的：「這間大學的說法，實際上是在表示曼德拉總統最糟的夢魘成真了，使用阿非利肯語已在無意之間，成為種族或文化隔離以及種族緊張的刺激要素。」若繼續以阿非利肯語進行教學，「其結果將不會矯正白人優勢，而是讓此種優勢繼續延長」。[512]

本案中的少數意見，來自三位白人法官的反對態度，其主要人物依然是弗朗曼法官。關於種族間的緊張與課堂使用阿非利肯語兩者的相關性，這幾位法官並沒有被說服，且認為法庭應該要求該大學提供更多證據，證明以此種語言教學確實造成歧視的問題。

少數派法官的意見並不止於此。弗朗曼法官以英語說完技術性問題的主張之後，開始用阿非利肯語寫起字來，此時他是在向自己的族群傾訴，弗朗曼表示，目前多數人的意見是，只要阿非利肯語看來依然「具有排外性，與種族綁在一起」，它便不能宣稱自身受到憲法的「保障」；阿非利論壇提交予法庭的文件內，沒有提到不平等待遇或者他人的言語權，這反而「加重阿非利肯人頑固且冷漠對待他人需求的諷刺形象」。阿非利肯語也是南非解放運動期間使用的語言，而目前使用阿非利肯語的褐皮膚人們，其實比白人還要更多。阿非利肯語並不等於種族隔離。

南非權威歷史學者吉里奧梅（Hermann Giliomee）曾問起阿非利肯文學家拉比哀（Jan Rabie），阿非利肯語的未來是指什麼，拉比哀只回答一句：「什麼都沒了（Allesverloren）。」

弗朗曼法官在其異議發言中哀聲道：「阿非利肯語真的全完了嗎（Is alles verlore vir Afrikaans?）？」[513]

第五部

階級與地位

第十三章

曼哈頓：街道名稱值多少？

一九九七年，川普為他在曼哈頓上西城（Upper West Side）鄰近哥倫布圓環（Columbus Circle）及中央公園西大道（Central Park West）的新建築，舉辦一場正式的宴會。川普跟一位記者說：「這是全美國有史以來最成功的一間公寓大樓，你早些時候應該有聽我說過吧？」[514]川普的公寓是高空中一間九千平方英尺的超大玻璃箱（「從沒有人看過這麼大的房間，竟然有這麼高的天花板，和這麼多的玻璃」）。川普的離婚律師也參加了宴會，但川普的離婚對象梅普斯（Marla Maples）待在家裡沒來。這棟樓是增建於一間舊辦公室大樓的鋼筋骨架上，包覆古銅色的反光玻璃；憤怒的紐約客紛紛質問《紐約時報》的建築評論家慕斯贊普（Herbert Muschamp）：「它看起來很俗」；「這根本是邁阿密海灘」；「它真的糟透了」；「你為什麼沒先警告我們？」[515]慕斯贊普本人則形容，這棟樓是將一九五〇年代的摩天大樓，「塞進一九八〇年代的金錦緞晚宴服內」。[516]

關於這棟建築的宣傳說詞，也是一堆半真半假的渾話。川普其實並不是該建築的真正所有者，奇異企業退休金信託（General Electric Pension Trust）才是。[517]川普說這棟樓有五十二層，但它實際上只有四十四層；[518]這傢伙發明了一種新數學，來決定他的樓房有幾層，他是用「平均」樓層高度去換算，然事實是多算的樓層根本不存在，但這似乎已經不重要了。從此以後，川普的算法竟成為紐約開發商的慣常作法。

接下來則是地址。這棟新大樓的地址不能說是在扯謊，但這並不是市府原本公告的地址。川普的開發公司要求市政府，將大樓地址從哥倫布圓環十五號改成中央公園西大道一號。[519]（那時哥倫布圓環不過是個汙染嚴重的交通點。）廣告打出來的口號是，該棟建築是「全世界最重要的新地址」。[520]

不過，川普的大樓沒能長久維持唯一的「中央公園西大道一號」地位。幾年之後，時代華納公司（Time Warner）在川普大樓的後方也蓋了一座高樓，並命名為「中央公園一號」，雖然它真正的地址乃是哥倫布圓環二十五號。

川普的臉從橘色轉為赤紅。他告訴《紐約客》（*New Yorker*）雜誌道：「我們位在中央公園西大道，地址是中央公園西大道第一號，他們沒在中央公園，雖然他們這樣廣告。」[521]川普大樓擋住了對方的中央公園景觀。

川普在大樓上掛起一幅巨型標語，直接面向對手那棟樓，上頭寫著：「你們的景觀沒那麼棒，對吧？我們有『真正』的中央公園景觀，以及『真正』的中央公園地址。祝好。唐納上。」或許這是第一遭，也是唯一的一遭，《紐約客》雜誌印上幾個字：「川普說的有理。」

川普（或者是該書的共同作者）在一九八七年《交易的藝術》（*The Art of the Deal*）一書中寫道：「關於房地產的一切，也許最遭到誤解的概念，就是以為成功的關鍵是位置、位置、位置。其實，講這種話的人通常不知道自己到底在說啥。」[522]你並不需要最棒的位置，你需要的只是最棒的交易，「就如同你可以創造槓桿（leverage），你也可以透過推銷和心理學來強化一個位置」。

此種型態的房地產「心理學」實非新猷。在一九七〇年代，當川普剛開始經營自己第一批建築的時候，紐約客鬼扯路名的歷史已有百多年了。

★★★

回到一八七〇年代，曼哈頓上西城區的地主曾聚在一起討論街道名稱。[523]當時的上西城充滿貧民窟或「棚戶區」，簡陋蓋起的木造、土造房屋裡，住的是外來移民家庭，他們在土地上種蔬菜、養山羊取羊奶，男人通常是在附近區域勞動，女人則去翻垃圾，找找看有沒有碎布或值錢的東西可以賣。[524]地主來此時絕不是手無寸鐵，但他們發現傳統的驅逐方式似乎效果不佳。《紐約時報》曾經報導，有一回，「一位警官在第八十一街附近辦業務，結果人被抓起來，頭被蓋上半滿的牛奶罐，像戴了頂帽子似的」。羅斯─雷伍德生動地敘述道，曼哈頓上城的地主團結組成「上西城協會」（West Side Association），開始採用比較不傳統的武器，將「比較好的階級」吸引至他們的貧民區來。[525]

街道名稱乃是鄉紳化的一種初期工具。柯爾蓋特（A. W. Colgate）曾告訴上西城協會說：「我們全都知道，不管名字好壞，一旦它與地方綁在一塊，就很可能繼續保持連結。我們也應當謹記，好名字花的錢不會比壞名字更多，而唯一避免壞名字的作法，便是提早取個好名字。」棚戶區住戶就算離開此地，這些下流的名字會永遠玷汙路牌。柯爾蓋特說：「倫敦就是活生生的例子，腐敗道（Rotten row）、豬巷（Hog lane）、螃蟹樹街（Crabtree street）、孔雀街（Peacock street）、鞋街（Shoe lane），還有很多其他同樣荒唐的街道名，它們的起源就是這樣，即便附近已然變成貴族區，卻依然保有這樣的俗名。」[526]

「豬巷」一稱可不是什麼稀奇古怪的預測，從前的「荷蘭丘」（Dutch Hill）後來已被稱為「山羊丘」（Goat Hill）。紐約每個人曾平均擁有五隻豬，狄更斯對於紐約街上居然有那麼多「胖母豬」在遊蕩，感到非常吃驚，他讚嘆地寫道：「這些豬乃是城市的食腐者，這些醜陋的畜生，多數有著稀疏棕色的背部，軀幹像是披著馬鬃，上頭還有難看的黑色斑點。」[527]

為了避免糟糕的街道情況轉變為糟糕的街道名稱，上西城協會決定採取行動。此時的曼哈頓街道已是格子狀，路名乃是數字編號；但是，地主的目的可不是編號街道所代表的平等精神，其實是正好相反。勝家縫紉機公司（Singer Sewing Machine Company）總裁克拉克（Edward Clark）是曼哈頓的大地主，也是上西城協會成員，他一面提倡混合公寓大樓、公寓套房、單戶家庭屋的前瞻性開發，一面還提議將大道的數字名改掉；克拉克所想的是，「以絕佳的品味，去挑選最新的州名與領地名」，於是他提議將第八大道改叫「蒙大拿大道」（Montana Place）、第九大道更名「懷俄明大道」（Wyoming Place）、第十大道改稱「亞利桑那大道」（Arizona Place）、第十一大道易名「愛達荷大道」（Idaho Place）。

可是，克拉克的同事卻對他這種美國精神的建議充耳不聞。一八八〇年，第十一大道被命名為「城西大道」（West End Avenue），「城西」乃是倫敦非常著名的一區；此外在一八八三年時，「中央公園西大道」成為第八大道的新名字；最後，在一八九〇年，第九大道變成了「哥倫布大道」，第十大道則變成「阿姆斯特丹大道」。熱愛西式名字的克拉克應當知足，因為他將自己座落在中央公園西大道、第七十二街的豪華公寓大樓，命名為「達科他」（Dakota）。

這是某種《夢幻成真》（*Field of Dreams*）式的挖空政策。[譯62] 如果你想要一條上流的路，那就給它一個閃亮亮的名字。所以，不用意外，「中央公園西大道」的地址要價不菲，因為選擇這個名字就是為了要高貴而貴。

時光飛逝一百多年，二〇〇八那年有一對鬍子刮得乾乾淨淨的兄弟檔，完成在中央公園西大道十五號的建物，他們是房地產開發商威廉・傑肯多夫（William Zeckendorf）

---

62 《夢幻成真》為一九八九年風靡全美的電影，是一位農夫在玉米田上蓋棒球場的故事，經典台詞為：「如果你蓋了，他就會來的。」

與亞瑟・傑肯多夫（Arthur Zeckendorf），建設地點離川普大樓不遠。為了自己的新大樓，傑肯多夫兄弟拆除了舊五月花飯店（Mayflower Hotel），據說他們付給最後一個租金管制住戶（某位隱居的單身漢）的金額高達一千七百萬美金，換得的是對方三百五十平方英尺的房間。[528]這項投資很超值，中央公園西大道十五號共有五十四層樓，它早在還沒動土之前便已售罄，前後價格上漲了十九倍。[529]建築評論家高柏格（Paul Goldberger）當時稱它為「紐約有史以來在經濟上最成功的公寓建築」。[530]

二〇一六年，傑肯多夫兄弟開啟一項新計畫，地點是在上東城（Upper East Side），紐約市法規對於建築高度有所限制，但是開發商可以向附近未用完建築高度額度的區域，購買「天空權」（air right），於是，傑肯多夫兄弟付給公園大道基督教會（Park Avenue's Christ Church）四千萬美金，購得七萬立方英尺的天空權，來打造某位房地產仲介口中的「威而鋼」（Viagra）大廈——又高又直。[531]然而，與基督教會的交易實不止於讓樓變得更高而已，傑肯多夫兄弟還保證每年付對方三萬美元，連續付一百年，以換取一件非常簡單的事情：教會的地址。[532]傑肯多夫兄弟新蓋的「公園大道五二〇」大廈，根本就不在這條路旁，它其實是在東第六十街上，位於公園大道西邊一百五十英尺處。

這怎麼可能？在紐約，連地址都是可以買賣的。開發商只要付很便宜的一萬一千美金（這是二〇一九年的金額），便可向市府申請更換為更具吸引力的地址（煩請一律使用銀行本票或匯票）。[533]紐約市這種自詡的「浮華地址」（vanity address）計畫，等於是不尋常但卻明白了當地承認，不光是地點，就連地址都能賣給出價更高的買家。在地址計畫的初期，浮華地址到底有沒有道理，幾乎不受到考量，只要申請便會獲得許可。去麥迪遜花園廣場（Madison Square Garden）和賓州車站（Penn Station）繞一繞，就會發現賓州廣場（Penn Plaza）的地址編號，照順序看來是一號、十五號、十一號、七號、五號。[534]你沒辦法從公園大道走進公園大道二三七號，因為這棟樓實際上位於萊辛頓大道（Lexington Avenue）。[535]此外，沒有人會說「時代廣場十一號」靠近時代廣場（時代廣場本身就是某種浮華地址，它是在一九〇四年《紐約時報》遷入時，由朗埃克廣場〔Longacre Square〕改名而成）。但是，這麼做其實有很好的理由，公園大道或第五大道上的公寓其總價要比附近路口的相等地產，要價高出百分之五至百分之十。[536]

正規的浮華地址計畫在行政區長（後來曾任市長）丁金斯（David Dinkins）任內大行其道，當時市政府意在吸引更多的開發。[537]基本上，如果郵局不在乎的話，市府就覺得可以（如果郵局介意的話，市府可能還是覺得可以）。有些國際買家或許會被愚弄，但依然有許多紐約客，他們就算很清楚自己不會真正地住在公園大道「旁」，但還是很樂於付錢，以便說自己住在公園大道「上」。[538]

我去找來一份曼哈頓區的浮華街道名單，其中有些特殊指定的地址，確實很令人渴望，或者是因為路名很時髦，又或者是整數號碼很漂亮。清單裡頭有「一號組」，例如時代廣場一號、世界金融中心一號、哥倫布大道一號；有「廣場一號組」，例如港口廣場（Haven Plaza）一號、自由廣場（Liberty Plaza）一號、警察廣場（Police Plaza）一號；有「大道、廣場、圓環組」，例如第五大道四百號、時代廣場四號、哥倫布圓環三十五號。令人費解的是，有些位於街口轉角的建築，會將出入口開在名字聽來比較不花俏的路上（這不需要申請浮華地址變更），舉例而言，盧西達公寓大樓（Lucida）採用的住址是東第八十五街一百五十一號，而不是萊辛頓大道，顯然是因為前者聽起來比較時尚一些；[539]另外有一棟公寓，它選擇的住址是在東第七十四街而不是麥迪遜大道，因為開發商希望讓住址聽起來更像「精品店型」的房地產。[540]

阿爾本恩（Andrew Alpern）敘述道，其實在浮華地址計畫出現之前，開發商已經在用命名建築物的方式宣傳形象了。[541]他們會借用宏偉的英式名稱，如柏克萊（Berkeley）、布倫海姆（Blenheim）、卡萊爾（Carlyle）、西敏區、溫莎，甚至是白金漢宮。此外還有歐陸式的名稱，如格勒諾布爾（Grenoble）、拉法葉（Lafayette）、凡爾賽、馬德里、希臘人（El Greco）、威尼斯人（Venetian）。然後還有美國本土的名稱，比較有家的感覺，例如達科他、懷俄明、愛達荷。不過，如今開發商連建築物的地址都能夠加以變更。

浮華地址看起來是增加房地產價值的便宜作法，但是此事所需付出的代價可能不只是金錢。警察與消防員因此難以找到一棟地址設在第五大道實際上卻不在那裡的房子（這居然是曼哈頓與西維吉尼亞州鄉間的共同問題）。芝加哥有一個類似的計畫容許開發商操控地址，結果，三十一歲的克雷（Nancy Clay）竟死於辦公室火災，因為消防員不知道伊利諾中心一號（One Illinois Center）的實際位置，是位於名字沒那麼響亮的東威克大道（East Wacker Drive）上。[542]

我前往拜訪曼哈頓地形局（Manhattan Topographical Bureau），它位於戴維・丁金斯曼哈頓市政大樓（David N. Dinkins Manhattan Municipal Building）百萬平方英尺辦公空間中的一個小角落。在此，里維拉（Hector Rivera）於一間沒有窗戶的房間裡工作，裡頭藏有千百張的城市地圖，其中包括藍道當年新繪測的格子狀都市地圖。里維拉在紐約的「腓特烈・道格拉斯社區」（Frederick Douglass Houses）長大，那裡是上曼哈頓區的補貼系列住宅，高中的時候，里維拉獲得在行政區長辦公室的實習機會，從此就沒再離開過，到現在他已在自己的辦公室待了半輩子，負責管理地圖與門牌號碼、實地查看建築施工地點、回答關於街道地景的問題。每當有開發商想要新蓋建築的時候，里維拉便得去翻查街道的歷史，他說這是為了確保「你的鏟子不會挖到遺骸」。[543]

里維拉很自豪於自己家鄉井然有序的房屋編號，稍後，里維拉給我看他為了管理資料庫而設計出的複雜系統，市區每條街道的檔案都精心分類至「地圖室」。赫克特本人只負責管理浮華地址計畫，實際上有權力同意申請案的人乃是行政區長。但很明顯的是，浮華地址絕非里維拉的理念，他告訴我：「當然，每平方英尺都能賺更多錢，但是，如果你花三百萬美金買到的地方，在你心臟病發作時卻讓救護車找不到位置，實在是很荒唐。」即便如此，他的桌上還是堆著一整疊浮華地址的申請書。

曼哈頓就在我們的周圍，塔式起重機吊臂在空中盤旋，為城市天際線增添數百萬平方英尺的空間。我跟里維特說，要趕上開發商的腳步應該很不容易；他似笑非笑地回答道：「這裡是紐約，什麼事都在變。」

路名可以增加價值、也可能貶低價值，這在世界各地都是如此。澳洲吉朗（Geelong）聖心中學（Sacred Heart College）的高中生想出一項很有用的研究計畫，他們找出維多利亞州內二十七條有愚蠢名字的街道，如巴特街（Butt Street）、萬客路（Wanke Road）、海狸街（Beaver Street），[譯63]學生又從澳洲統計局（Australian Bureau of Statistics）調出資料仔細研究後發現，這些路上的房地產價格竟然比附近街道平均低了百分之二十，以墨爾本（Melbourne）中等價位房舍來說，大概可以「省下」十四萬美元。[544]

重要的可不只是街道名稱的「前半部」而已。在英國，以「街」結尾的地址，售價竟然不達以「巷」(Lane)結尾者的一半，難道是因為與「街頭流浪兒」(street urchin)、「街頭流浪漢」（streetwalker）扯上關係？語言學教授寇茲（Richard Coates）曾在《衛報》上問道：「你應該沒聽說過『大道流浪兒』吧？」[545]令人不安的是，地址路名有「國王」或「王子」的房產，價格居然比「皇后」與「公主」還要高。[546]英國房地產網站發言人總結道：「前人有言，買房子最重要的三個因素乃是位置、位置、位置；我們的研究顯示，你所選擇的路名會影響你在尋找房產時，所預期會付出的金額。」[547]

當然，有些路名比較尊貴，因為路名已然說明了道路本身。房地產專家拉斯考夫（Spencer Rascoff）與亨佛瑞（Stan Humphries）指出，「華盛頓街」上的房舍，可能比「華盛頓園」的房舍年歲更久遠，[548]因為在一九八〇年代時，美國很流行使用「園」(Court)、「環」(Circle)、「道」(Way)等名稱。如果你住在一條「大道」上，你可能有很多鄰居；如果你住在「巷」裡，你的鄰居可能不多。[549]如果房子所在的路名當中有個「湖」(Lake)，其價格會比全國中位數高出百分之十六，[550]是的，這有可能是因為，它們接近美景如畫的湖泊。

曼哈頓浮華地址的邪惡小聰明在於，你不需要有一個真正的湖，才能獲得「湖街」的地址，這是社交名人瑪莎・培根（Martha Bacon）學到的教訓。

一八九七年，羅伯特・培根（Robert Bacon）和瑪莎・培根搬入位於默瑞山丘（Murray Hill）上、公園大道與第三十四街路口的房子，這間哥德復興式（Gothic Revival）住屋是由古早的荷蘭坦・艾克家族（Ten Eycks）所建，房子是紅磚造，有著如童話《糖果屋》的邊飾和高高的門階。[551]這間房屋後來曾轉手出售給許多傑出人物，其中包括造船商、紙商，還有美國泌尿外科醫師協會（American Association of Genito-Urinary Surgeons）的會長（他寫過一篇題目令人羞赧不已的文章，〈論以電力治療尿道狹窄症〉〔The Curability of Urethral Stricture by Electricity〕）。[552]當羅伯特和妻子瑪莎買下這間房子的時候，他當時乃是摩根（J. P. Morgan）的得力助手，後來他還做過助理國務卿。羅伯特是位傳奇學生，他是哈佛班上的風雲人物，是足球員、划船隊員、短跑健將、拳擊手，艾森柏格（Michael Isenberg）曾指出，那個班級裡「沒有波士頓愛爾蘭人、沒有黑人、沒有義大利人、沒有瑞典人、沒有拉丁美洲人、沒有猶太人」，[553]哈佛大學一八八〇年畢業班後來被稱為「培

---

63 因為 butt 有煙頭、屁股之意；wanke 發音類似 wank 的性暗示；beaver 除海狸外，尚有陰部的意思。

愛娃・范德比與瑪莎・培根

根班」。[554]

培根家買下相鄰的排屋，將這間公園大道上的房舍擴建成大房子，配上花窗玻璃與雕花飾板。[555]瑪莎對於自己的社交責任熱情十足，她參加紐約各大德爾摩尼柯餐廳（Delmonico's）的舞會，[譯64]曾與老羅斯福（Teddy Roosevelt）共舞，且數度在華爾道夫酒店（Waldorf Astoria）舉辦晚宴。在這張與范德比夫人（Mrs. Vanderbilt）合拍的照片中，[譯65]瑪莎所戴的帽子是以鳥類翅膀所製作的。

在通訊錄上，培根家自豪地列上他們的地址「公園大道一號」。公園大道並不是一直都那麼光鮮亮麗，它也不總是「公園」，在起初格子狀都市設計時，這條路乃是年代久遠的第四大道。就像曼哈頓多數地區一樣，這裡原先樹林茂密，人們是在十七世紀時才披荊斬棘地開闢道路。[556]到十九世紀時，這條路上煙塵瀰漫，鐵軌就位於道路中央，工廠、釀造場、酒吧林立。[557]（曾有報紙報導，有工人在日後公園的所在地摘了青蘋果來吃，結果竟然感染霍亂。[558]）不過，當鐵路（當時曾由馬匹拉車）轉向地下化之後，街道環境就變得愈來愈宜人。第四大道的這一區在一八八八年時，已被雄心壯志之人重新命名為「公園」，而當時，空氣中還充塞著煤灰煙塵；又經過十年，「公園」終於開始配得上這個名號了，昔日鐵路地帶已是綠意盎然、花叢綻放，至培根

64 德爾摩尼柯家族於十九、二十世紀在紐約開了好幾家高級餐廳，遠近馳名。

65 范德比（Alva Vanderbilt）是美國社交富豪名媛，她也是婦女投票權運動的重要人物。

家搬入此地時，這裡已經是人人渴望的地址了。

「鍍金時代」是馬克・吐溫創造的語詞，用來形容美國社會問題嚴峻但同時又覆上一層鍍金薄板的時代，當時，富有的紐約客開始向曼哈頓上城遷移，以遠離群眾與霍亂。美國人並沒有歐洲那種貴族世襲制度，於是，紐約找出創造自身菁英階層的標準，四百個名字——大約就是阿斯特夫人（Caroline Astor）在其第五大道宴會廳可以容納的人數[譯66]（紐約帝國大廈建址從前是阿斯特夫人的別墅）——遂組成了紐約的上層階級。由此，「外表」意味著一切，而「外表」也包含地址。以大理石與磚為建材，哥德式別墅與有塔樓的法式豪宅，逐漸形成第五大道上的「百萬富翁行列」（Millionaire's Row）。

培根家的生活繼續維持當時的貴族生活常態。羅伯特後來成為老羅斯福總統任內的國務卿，後來還任職美國駐法大使；瑪莎曾為美國救護協會（American Ambulance Service）募款超過兩百萬美元；培根家的女兒瑪莎・碧翠絲（Martha Beatrix）嫁給摩根集團的首腦人物，結婚時穿著一件用舊蕾絲做成的禮服，還有《紐約時報》認為非常搭配而特別點出的「一串絕佳的珍珠短項鍊」，[559]手中拿的是《聖經》而非捧花；培根家的一個兒子跟隨父親腳步，在摩根集團工作。後來，在大戰結束不久，羅伯特於一場手術中染上敗血症過世，瑪莎自己安詳地獨居於公園大道一號，「除了有九個僕人以外」，《紐約時報》如是報導。[560]

直到一九二四年的某一天，瑪莎從她的大窗戶望出去，或許她看見了曼德爾（Henry Mandel）和建築師在地產上徘徊。曼德爾購入一間老舊馬車房，就在瑪莎屋子的那條路往下之處，計畫蓋一棟辦公大樓，這棟新建築原本位於第四大道，但是人脈廣闊的曼德爾說動市議員，將公園大道的範圍往南延伸兩個街區，讓自己的建物變成「公園大道一號」。[561]

如果說紐約在過去也有川普般的人物，那應該就是曼德爾。和川普一樣，曼德爾立足於父親的產業上。川普之父佛瑞德・川普（Fred Trump）在布魯克林與皇后區興建堅固的中產階級房產，並由此致富；[562]曼德爾的父親則是為經埃利斯島（Ellis Island）湧入的移民潮建造公寓樓房（tenement）。[譯67]不過，年輕的曼德爾希望觸及更高階的顧客群。[563]

在曼德爾那個時代，有時被稱為「法式公寓」（French Flat）的公寓建築，已逐漸在曼哈頓流行，通常是五層樓或六層樓。[564]傳統上，真正有錢的那群人（例如培根家）希望有專屬自己的前門，窮人則是住在公寓樓房中；但是，城市的中產階級正在興起，例如會計員、藝術家、編輯、教士等，而他們買不起房子。中產階級的市場正是曼德爾要鎖定的，他在雀兒喜區購得一整個街區，接著打造當時全世界最大的公寓建築，稱為「倫敦高臺」（London Terrace），建築群共有十四棟，以托斯卡尼式（Tuscan）型態開展，布滿整個街區，共有超過一千六百間公寓，附設一座奧運等級的游泳池（紐約大學游泳隊就在此練習），內有餐廳、一英畝大的花園、兒童遊樂場、運動場，[565]而門房的裝束

---

66 阿斯特夫人是十九世紀美國社交名媛，也就是上流「四百人」名單的主導人物。

67 tenement 比較是窮人居住、廉價的（出租式）公寓，由一間樓房區分成小間公寓，跟 apartment 的意義有些不同，但中文上難以區分兩者。

看來像是倫敦警察。[566]曼德爾大肆宣傳他的建設，他在第五大道與第三十六街上設置一間公寓複製屋的店面，裡頭附上完整的裝潢與設施，他甚至拆除部分外牆，如此一來，「有遠見的夫人才能像選車那樣，選擇自己的公寓」。[567]

有錢人也逐漸放棄原本的住家而換成豪華式公寓，由於所得稅的問題加上傭人取得困難，要在城市裡過宮殿式的生活變得太不切實際；[568]到二十世紀初的時候，幾乎已經沒有人在建造私人房屋了。[569]但是，瑪莎不願意離開公園大道一號，她可不願意讓自己的地址拱手讓給曼德爾。《公園大道社交快報》（*Park Avenue Social Bulletin*）悲嘆「培根夫人遭受不義的對待，有人意圖將她位於公園大道與第三十四街口房產的『一號』地位給奪走」，該刊物將企圖擴充公園大道範圍以涵蓋曼德爾建物的作為，稱為「刺眼的特殊立法行徑」；另外有一份媒體刊登道，支持培根的人士表示，「曼德爾乃是公園大道的商業入侵者，而他的操作使這條著名的大道陷入商業化的危機之中」。不知道這樣是好是壞，瑪莎成為了老公園大道的守護者。

曼德爾永遠不可能受到公園大道菁英的歡迎，他初至紐約時，還只是個來自烏克蘭的男孩。曼德爾迅速成為紐約最多建案、最富有的開發商，但更重要的是，他是一個猶太人，而在那個時代，猶太人——尤其是非德國裔的猶太人——是無法融入社交圈的，你多有錢都沒用。猶太人難以取得其他白領的工作，結果猶太開發商透過房地產賺錢，還蓋出數座紐約地標性建築。[570]

曼德爾擊敗了瑪莎，她的行動失敗，紐約最高法院否決瑪莎保有自己地址的訴求。

《紐約時報》對於這次雙方對決，寫道：「玫瑰若不叫玫瑰，氣味就會變糟，一棟房子的地址編號改了，實在令人厭惡。」培根案例「屬於高貴的羅馬人，在任何地方拿第一，都比在公園大道拿第二更好」，[571]瑪莎正式將地址改成七號，而她從沒更動在電話通訊錄上的地址，她的門牌號碼上只寫著：「公園大道與第三十四街東北路口」。

不久之後，瑪莎房子周圍的土地被夷平，開發商企圖花錢買下她的地，但她拒絕了，建商只好彆扭地繞開那座薑餅屋似的別墅。一九二五年的《紐約客》刊登著：「第三十四街東北轉角處，培根夫人駐守著一座堡壘，包含她的房屋以及三座赤褐砂石的正門，她是不會投降的。」瑪莎並沒有「出賣給野蠻人，當鑽頭在鋼樑上作響，工地上揚著商業的塵土，對於那些擠入紐約黃金時代城堡之間的山崖峭壁，勇敢的老衛士是不會屈服的」。[572]但是，瑪莎於一九四〇年過世，她的堡壘終究被拆毀，變作鋼筋水泥蓋起的四方體。

像川普這類的開發商，將曼德爾的想法更進一步發展，推出極其奢華的公寓，吸引那些你甚至連聽都沒聽過的「金領」階級、科技大亨、億萬富翁。而正如曼德爾那樣，川普非常擅長行銷，在兜售中央公園西大道大樓的招待中心內，你可以走進樣品屋的廚房與浴室，欣賞花崗岩的檯面、嵌入式照明。[573]如果你有興趣，你可以待在那兒觀賞一段行銷影片，片中川普會向你推銷公寓，搭配的背景音樂乃是辛納屈（Frank Sinatra）的〈紐約、紐約〉（New York, New York），雖然，據說辛納屈曾經跟川普說過：去你的！[574]

當然，曼德爾和川普都很清楚，最佳的行銷工具就是地址。在曼德爾的時代還沒有

瑪莎．培根的家，位於曼德爾的摩天大樓旁

所謂的浮華地址，他甚至不需要去買一個公園大道地址，這是市府送給他的。

曼德爾打贏培根家這場仗之後，他繼續在紐約各地建造辦公與公寓大樓。在私生活方面，曼德爾也是川普的前輩，他撇下太太去找情婦；不久之後，經濟大恐慌到來，他幾乎失去一切，欠債一千四百萬美元（他的第一任妻子主張「感情疏離」，並控告他的第二任妻子，最後獲得五十萬美元）[575]，曼德爾還因付不出贍養費，被法官判處坐牢兩個月。[576]曼德爾死時身無分文，相反地，川普將要獲得最宏偉的地址。

川普推出中央公園西大道上的新大樓之前，也曾經歷慘澹的時光，他的公司已有兩度破產紀錄，他有公開的婚外情，他離婚了。但這些好像都不算什麼，「中央公園西大道一號」鞏固川普在紐約豪華公寓大樓市場的地位，而這個市場在過去十年來不斷打破紀錄，由此，川普也是創造曼哈頓億萬富翁天堂的要角之一，曼哈頓這座城市毫不羞赧地將全然的、無盡的貪婪化妝為「奢華」。（二〇一七年，對沖基金經理人前四名的收入是三百五十萬美元——這是平均每日收入。）[577]房地產之王如曼德爾，讓瑪莎．培根與她的鍍金時代年華化為昨日黃花，而包括川普在內的現代開發商，則毫不感到羞恥地讓銀行家、財閥、那些百分之〇．〇一的人送上城市（實質上的）「頂端」。

★★★

我的母親成長於一九六〇、七〇年代的紐約，主要是在布朗克斯、布魯克林與哈林區，她的成長歷程是窮困的。當時紐約是個完全不同的地方，我媽媽那時十歲，她被教導的是，如果有陌生人接近她，就跟對方說：「你他媽地滾遠一點。」那時海洛因一包只賣兩、三美元，時代廣場上皮條客橫行，地下鐵車輛無一不被塗鴉；我媽從沒學會游泳，因為泳池那裡有一堆戀童癖，她從來沒學會騎單車，因為公園裡都是毒販。

一九七五年，當時市府阮囊羞澀，手上已無現金，律師準備向州立最高法院申請破產。（最後是靠眾工會以退休基金支持市府的貸款，破產一事才得以避免。）[578]紐約光是在一九八〇這一年，就有一千八百一十四件謀殺案，數量大約是今日的六倍，而今日的紐約人口可是比那時候還要多出一百五十萬人；而在當年，市府又再次處於破產邊緣。我母親一直希望能住在公園大道上，但每次我們去上城的巨大住宅區拜訪她時，她總是告訴我：「不管你住在曼哈頓的什麼地方，你距離地獄只有一個街區之遙。」

我母親的話已與事實相距甚遠。開發商爭相建築更高的大樓，取得更好的景觀、打造更大的游泳池、設置更完善的健身房、裝潢更豪華的私人電影院、規畫更厲害的兒童遊樂區（設有球池和小朋友農夫市集）。傑肯多夫這對開發兄弟檔，曾對於高端市場進行「心理變數研究」（psychographic study），了解買家想要在新建物中看到什麼東西，研究得出的答案是「花崗岩」；於是，傑肯多夫的中央公園一號使用了八萬七千塊花崗岩。[579]另外，有棟新建物的噱頭則是「停車套房」，也就是說，您家的車子會有專用的電梯。[580]

「地獄」裡沒剩多少空間了。就在我寫作的期間，「地獄廚房」（Hell's Kitchen）社區公寓在二〇一九年的售價中位數是一百一十六萬美元。[581]名導演華特斯（John Waters）曾於《紐約時報》撰寫一篇文章，其中談及一九七〇年代的紐約：「好吧，我當然不會緬懷那些被搶劫的日子。但當我發現，如果你要在紐約找到一個危險的街區，那就是指餐館老闆彼此鬥爭搶開店面之處，我確實有些厭倦。人們現在幾乎已經想不起來，從前在紐約只要走出門就是一種危險。」[582]

某種方式來說，今日這些熱愛大理石的階級，讓紐約「鍍金」的程度遠遠勝於瑪莎・培根時代的菁英與其在德爾摩尼柯的舞會、晚宴。建築評論家亞貝茨基（Aaron Betsky）曾說：「曼哈頓是他們的，我們只能欽羨曼哈頓。」[583]我在想，到底浮華地址的需求是不是依然存在？因為，對我來說，現在曼哈頓的每條街道，都像是公園大道。

第十四章

無家可歸：沒地址的人該住哪裡？

紐哈芬（New Haven）與曼哈頓一樣，乃是格子狀規畫的城市。當年，這個新移民地是由逃離宗教迫害的清教徒所設立，他們根據的不是費城，而是《舊約聖經》〈民數記〉（Numbers 35:1-6）當中利未人（Levite）的理想城市。[584]清教徒整齊地以四乘四的方格去設置街道，這個尺寸取自〈以西結書〉（Ezekiel 45:2），而城市的中央禮拜堂，則是複製自〈出埃及記〉（Exodus 26）的描述。城市中間的街區則成為「紐哈芬綠地」，是一個從事禮拜與呼吸新鮮空氣的園地，後來，推翻「友誼號」（*Amistad*）奴隸船的俘虜還曾被帶到這邊放風。[譯68]

清教徒也將綠地規畫為足以容納在基督再次降臨時會被拯救的人數（他們認為大概是十四萬四千人，約為代頓市〔Dayton〕或帕薩迪納市〔Pasadena〕的人口數）；今天，

---

68 「友誼號」事件發生在一八三九年，被俘虜的非洲人在這艘奴隸船上起義，此案後來被美國最高法庭判為自我防衛，頗具歷史意義。

紐哈芬綠地予人的感覺則是，它容納了被後工業時代城市所拋棄的無家可歸之人。在耶魯大學哥德式建築的陰影下，無家可歸的人們天天都在此綠地上打發時間。

清教徒來此的四百年之後，歌拉貝克—郭德曼（Sarah Golabek-Goldman）這位耶魯大學法律系一年級的學生，在紐哈芬綠地這裡找尋無家可歸的人並和他們談話。歌拉貝克—郭德曼曾經有過一次使她驚覺的經驗，那是在不久之前的暴風雪來臨之際，當時她坐在一家星巴克裡，此時的星巴克，如同任何大學城考試期間的任何咖啡館，坐滿彎著身子注視電腦或教科書、買杯拿鐵坐一整個下午的學生。歌拉貝克—郭德曼那時正在準備合同法的考試，桌面上擺滿她的判例教材，此刻，從風雪之中進來一位滿頭蒼白捲髮的女性，且帶著好多裝著東西的塑膠袋，這個女人坐下來之後卻沒有點飲料。歌拉貝克—郭德曼往那邊瞧去，有位警察開始對這個女人喊著要她離開，當歌拉貝克—郭德曼趕過去要幫對方買杯咖啡，讓她能坐在這裡時，那個女人逃走了。歌拉貝克—郭德曼準備跑出門找尋那個女人時，警察對歌拉貝克—郭德曼咆哮道：「你們耶魯高材生是不會懂的！」出了門的歌拉貝克—郭德曼，眼前只有一片茫茫的風雪。

歌拉貝克—郭德曼在就讀耶魯大學之前，就已經關心公民權的問題，她還製作過一部紀錄片，內容是去被納粹搗毀的墓地中尋找祖母墳墓，這部片曾經在美國公共電視台上播放。歌拉貝克—郭德曼是個有理想的人，同時也是個務實的人。她不是真正知道，究竟無家可歸的人實際上需要的是什麼，於是她開始像是一個想要考上耶魯的孩子那樣：做功課。

孤身一人站在紐哈芬綠地，歌拉貝克—郭德曼不太確定誰才是無家可歸的人，她尋找帶著很多袋子的人，就像是她在星巴克看到的女士那般。她會向對方解釋自己正在進行研究，人們要嘛會回答她的問題，要嘛會指引她知道某人才是無家可歸。後來，歌拉貝克—郭德曼做過好幾十次訪談，對象不只是無家可歸者，還有社會服務者；她進行訪談的地方不只是紐哈芬，還有華盛頓特區、洛杉磯，她甚至在相關組織的協助之下，進行全國性的調查。

歌拉貝克—郭德曼立即就發現，她對於無家可歸者的許多設想都是錯誤的。她原本以為，最大的問題，會是如何在紐哈芬找到合適的庇護之處。確實，紐哈芬綠地上的那些人缺少乾淨的居住處，尤其是在嚴寒的冬季，但他們也提到警察騷擾以及心理疾病醫療缺乏的問題。然而，如果和那些人們真正需求的事物相比，那些問題其實算不上是什麼，那麼，他們真正需要的是什麼呢？他們告訴歌拉貝克—郭德曼的是，一個地址。

根據定義，無家可歸的人就是沒有家的人。不過，地址並不是「家」，在今天，地址是一種身分，地址是讓社會能夠確認，你不只是一個人，而且確實是「你說自己是誰」的那個人。這種事情我自己就遇過很多次了，我必須出示地址證明，才能為孩子在學註冊、投票、開新帳戶，地址並不是讓銀行經理來我家門口拜訪用的。簡而言之，在現代世界裡，「你」就是你的地址。

有很多人號稱，自己想要永遠過沒自來水、沒接上電網的「離線」生活，他們想要過自己的「關鍵字：麵包車人生」（#vanlife）；但是，歌拉貝克—郭德曼所訪談的那些人，卻是非常希望自己能夠「連上線」，得到連上線所內含的那些東西：有家、能收到帳單、有銀行帳戶等等，本質上就是現代生活所需要的一切。最重要的是，他們想要工作，而工作需要地址。有個人和歌拉貝克—郭德曼說：「我以前有工作，但我現在沒有地址。」歌拉貝克—郭德曼也發現，許多無家可歸的人確實非常努力工作，因為他們對於自己能獲得工作覺得很感激。

當時，即將獲得耶魯大學商學與法學雙學位的歌拉貝克—郭德曼，開始蒐集星巴克、梅西百貨、傑西潘尼、Gap的工作申請表，而她一次又一次地發現，雖然雇主聯絡申請人的方式應當是透過電話或電子郵件，但所有的工作申請表都要求填上地址；其中有些申請表上還寫明，背景調查可能會確認申請人的「生活型態」。

回到自己成長的洛杉磯，歌拉貝克—郭德曼前去訪談低薪雇員。一位必勝客員工解釋道，那裡「要求的工作條件不多」，但是「你必須待在同一個地址超過幾年時間，無家可歸的人在這裡得不到工作，這件事令人難過，因為他們也希望能自立自強。」有位丹尼斯餐廳業主告訴歌拉貝克—郭德曼，自己會要求得知應徵者的地址，因為他希望知道「他們是不是在此扎根了」，他說：「我不會雇用遊民，因為他們可能又臭又髒。我同情他們的困境，但某些狀況下，是他們選擇不要有家。」一家小企業的所有人跟歌拉貝克—郭德曼說：「我絕對不會僱用遊民，因為我的工作是與兒童及家長有關，他們如果看到我的員工蓬頭垢面、有體臭、有毒癮、會酗酒、精神有問題，他們的感受會很不好。」[585]

雇主這些公然的歧視，其實部分源自於誤解無家可歸者到底是些什麼人。賓夕法尼亞大學教授柯爾翰（Dennis Culhane）從前做研究生的時候，曾經在庇護所待上好幾個星期，後來，又經過幾個月，他再度回到那個庇護所，發現許多他認識的人都不在那兒了——這些人經歷一段艱苦的時光，他們只是暫時住在庇護所而已。大約只有其中的十分之一，是常年無家可歸的人。[586]

今日，我們知道，遊民、無家可歸者的精神問題與毒癮問題比例固然較高，但有許多人其實只是遇上難關而已（嚴重的精神疾病患者如果在街頭上，當然比他們坐在車子裡、朋友的沙發上，更為顯而易見）。在無家可歸者中，有小孩的家庭竟然占其中人數的三分之一。[587]許多沒有永久住家的人已然就業；當今無論在全美國任何一個州，領最低薪資的人，都不可能買得起兩間臥室的公寓。[588]

然而，藥物濫用與不守法的刻板印象依然維持著，「無家可歸」確實背負了深深的汙名。高夫曼（Erving Goffman）是二十世紀最具影響力的社會學者之一，他花費多年時間思考並寫作與「汙名」（stigma）、不被社會接納者的相關課題，這種不被社會接納的人，包括殘障、癮君子、精神異常者，而高夫曼將「汙名」描述為一種「受損的身分」（spoiled identity）。在某項受高夫曼作品啟發的調查研究中，受訪的一位年輕人表示，在街上當遊民最困難的事情，「就是要習慣人們瞧不起遊民的態度。當你看到的所有人，幾乎都瞧不起你的時候，你對自己的感受就很難保持良好」。[589]另外，該研究讓參與研究的一般人觀看無家可歸者的影像，而參與者的大腦活動顯示，他們將這些人視為「不如人類，或缺乏人性尊嚴」。[590]

高夫曼描述，有些人會為了避免「汙名」而企圖變得正常，例如被汙名化的臉部畸形的人，可能會去接受整形手術；對於無家可歸者而言，處理「汙名」的明白作法，就是去獲取某種地址，這意味著他們不用再被醫生或潛在雇主視為「無家可歸」，而這種「正向認同」（positive identity）的需求是很重要的。心理學家馬斯洛（Abraham Maslow）的理論是，人們必須先滿足自身的基本需求，諸如庇護處、食物、水等等，然後他們才能充實自己心理與自我實現之需求。不過，實際上的順序可能沒有馬斯洛排得那麼明確：如果處在無家可歸困境的人，在脫離貧困「之前」就需要正向認同的話，那該怎麼辦？

在一項經典研究當中，德州大學（University of Texas）的研究人員發現，無家可歸者找到許多方式來適應自己的處境——或者讓自己疏離其他的遊民（我才不像「他們」），或者接納自己的地位（乞丐、流浪漢或嬉皮流浪漢），又或者是跟他人訴說自己的人生傳奇。[591]有個睡在改造倉庫水泥地板上的無家可歸者，在睡前告訴採訪者道：「明天早上，我要去拿我的錢，然後說聲『去他媽的』，我明天晚上就要搭飛機去匹茲堡（Pittsburgh），洗熱水浴，在我自己的餐廳裡吃晚餐，義大利扁麵配紅酒，懷中還有個女人。」過了一陣子，雙方再度見面，對方又表示他的錢「卡在法律訴訟裡頭」。[592]另外一位受訪的遊民，吹噓自己從前是在阿拉斯加與西伯利亞（Siberia）之間的國界巡邏（其實根本沒這條國界），和俄國的衛隊交易伏特加。[593]這些故事並不是（或未必是）精神錯亂的症狀，這是在最落魄丟臉的環境中，企圖挽救「正向認同」的一種方式。

以上所述，也是為何無家可歸者的外表各有不同的原因之一，他們並不一定看起來很髒、聞起來很臭。有許多人看起來像是有「家」可歸，但其實他們是到處當沙發客、利用加油站的廁所、使用投幣洗衣店，他們會整天待在圖書館或火車站，而不是流浪街頭，他們也會與其他遊民保持距離。一項關於流浪孩童的研究顯示，他們從捐贈箱裡只會拿流行服飾，冬衣如果不夠時髦，他們會拒穿。研究者曾經記錄一段談話：[594]一位叫羅西娜（Rosina）的女孩，與她的朋友雪萊（Shelley）和琳達（Linda）說，她討厭離她「三個床位」遠的那個孩子。

雪萊：噓！安靜，人家會聽見你，然後他們就會知道我們無家可歸。

羅西娜：我不在乎。

雪萊：我在乎。

琳達：我也在乎。你應該說你不喜歡那個離你家三間房子遠的賈邁爾（Jamal），這樣人家就會以為你是在說你的鄰居。

你可以說自己住在隔三間房子遠的地方，但你沒辦法說出那間房子的地址。沒有地址是很難行得通的，你或許可以用朋友的地址、家族成員的地址，但有許多無家之人沒有這種社會支援；或許，你可以使用庇護所的地址，但這麼做是無法唬過雇主的。紐哈芬有一位求職者曾被雇主問道：「艾拉・葛拉索大道（Ella T. Grasso Boulevard）？你住在哪裡？那裡不是商業區嗎？」這位申請者告訴歌拉貝克—郭德曼：「我知道他們想說什麼，但這是我所知唯一可住的地方。然後他們就感謝我花時間來這趟了。」[595]

如果你使用郵局寄存，郵局可以收取並保存你作為收件人的東西，在許多國家，這稱為「存局候領」（poste restante），這是郵務創始時就有的服務。克勞佛（Ronald Crawford）曾告訴一位記者，他熱愛去紐約郵務總局的配送窗口收取垃圾郵件：「我收到一些東西，上面印著我的名字，你知道嗎，我被承認了，我覺得蠻感激的。」[596]可是，郵局服務並不提供無家可歸者真正需要的東西——以不是無家可歸者的形象在社會上通行。

歌拉貝克—郭德曼想出的解決之道，就是刪掉地址，或者說，禁止雇主在錄用員工之前，就要求得知對方的地址；雇主是透過電話或電子郵件在聯絡申請者，他們到底為什麼需要得知地址？把申請書的那一欄拿掉，歧視的問題才能終止，此法也或許可以讓無家可歸的人們比較有申請工作的勇氣。

禁止申請表詢問某些問題，這並不是什麼新穎的想法。南恩（Dorsey Nunn）在一九六九年時，曾被判處終身監禁，十二年之後他被釋放，他創立一個幫助刑滿出獄者的組織，其所推動的革新作法之一，就是建議雇主「刪掉欄位」，不要要求申請人填寫自己是否有前科；雇主能不能等到審視過申請者之後，才去問這個問題？南恩走遍全國呼籲自己的點子，當沃爾瑪（Walmart）將這項欄位刪除之後，其他的企業如目標百貨

（Target）、萬能衛浴（Bed Bath & Beyond）、星巴克也紛紛跟進。美國總共有十三個州，要求所有雇主皆不得設定此欄位。[597]至今，在超過兩億美國人生活的範圍內，法律會限制在工作申請初期階段，不得要求申請者提供刑事紀錄。由此，歌拉貝克－郭德曼想要為無家可歸者做的事情，看來就很有道理了，如果雇主不能詢問你的地址，他們就不知道你是否處在無家可歸的狀態，這是在面對複雜、昂貴的難題之下，一種簡明、廉價的解決方法。

比消除地址欄更棒的唯一方式，就是讓每個人都有地址。而我發現，有人正在想辦法做到這件事。

在紐哈芬的大西洋彼岸，一間位於倫敦漢默史密斯（Hammersmith）的露天咖啡館裡，西爾德瑞（Chris Hildrey）在陽光明媚的天氣下告訴我，他的聰明點子。西爾德瑞今年三十多歲，但本人看起來更年輕，他留著平頭，臉上猶有男孩稚氣；西爾德瑞在十八歲的時候，就在全國 A 級設計課程拿下最高分，如今的他是位傑出的建築師。我首次與他會面，是在二〇一八年的時候，當時他正在重新設計倫敦自然歷史博物館（Museum of Natural History）的大門，那裡距離我們所坐的咖啡廳只有一英里遠。

從西爾德瑞當上建築師以後，倫敦就遭逢史上少見的房屋危機。房子價格飆漲（我自己所住的哈克尼區，房價在過去二十年之間幾乎漲了六倍）[598]，常人負擔得起的房屋建設遠遠不足。不過，與我曾經住過的城市大不相同，倫敦有錢人與窮人之間住得出奇地靠近，我家附近有棟要價一百五十萬英鎊的房子，它旁邊卻是龐大的公共公寓住宅；二〇一七年曾發生火災釀成七十二人死亡的格蘭菲塔大樓（Grenfell Tower），是一棟幾乎都是勞動階級居住的公營地產，而它就座落在倫敦最富有的「肯辛頓—切爾西」（Kensington and Chelsea）區當中，該區於二〇一九年的房產「平均」價格是一百七十七萬英鎊。

當然，對於有人無家可歸，最理想的解決之道就是讓每個人都有房子。美國猶他州（Utah）在十年之間讓無家可歸者的比例減少百分之九十一，其作法是提供他們免費或廉價的住處。然而，在英國，無家可歸的人數已經連年升高，其原因與保守派刪減福利政策的時期有關，從二〇一〇年至二〇一八年，英國無家可歸的「露宿者」（rough sleeper）人數增加了一．六五倍。[599]

隨著房屋危機日益加劇，政府開始要求私人開發商在其建案當中，必須加入一些常人負擔得起的房屋。西爾德瑞告訴我，開發商是如何為他們的全額公寓打造豪華的大廳與中庭，卻為平價房舍另外建造入口，並稱之為「窮酸門」（poor door）。[600]菲茨羅維亞（Fitzrovia）區內以濟貧工廠舊址興建的豪華公寓，有它專用的通道與庭院，然而平價公寓的出入口，卻要經由公共道路。有間開發商只容許全額公寓的孩子在遊樂場裡玩耍。其他投資者則有其「管道」，可以規避納入平價住房的責任。建築師在這些決策中沒什麼發言的餘地，所以，更好的設計、或是硬擠出更多空間並不能解決平價住房缺乏的問題，而開發商只想去蓋給有錢人住的房子。西爾德瑞跟我說：「如果我可以解決無家可歸問題的唯一工具，就是去蓋更多的房子，這樣恐怕不是很有效率。」

有其他的創新之道，可以讓無家可歸者的生活有所改善。設計師建議在紐約的建築物外圍蓋起艙房，或是用3D列印材料建造公寓，或者打造暫時的木製睡眠艙；但是，有一個庇護所工作人員告訴西爾德瑞說：「不要只是蓋品質良好的帳篷。」西爾德瑞決定，他不只是想要讓無家可歸者的生活改善，或者講難聽一點，使這些人的生活「讓別人覺得」比較可以接受。和歌拉貝克—郭德曼一樣，西爾德瑞開始去問問題、打電話給素不相識的庇護所、與官員進行訪談；而且，和歌拉貝克—郭德曼一樣，西爾德瑞達成了相同的結論：缺乏住家地址，竟然會壓垮人們再度得到一個家的機會。

西爾德瑞從電腦上秀出一份清單，上頭顯示的是，當一個人沒有住址的時候，有哪些事情是做不了的，例如申請身分證、護照；如果你沒有住址，你不能拿到結婚證明；而且，在英國，你如果沒地址的話，是不得使用郵政信箱的；此外，信用卡公司會利用住址來給予你信用評分；英國國民醫療保健服務（National Health Service）是以寄信的作法，來向病患通知看診日期，關於這件事，我可能是第一批知曉的人，我曾經錯過自己根本不曉得的國民醫療保健門診預約，就是因為我沒注意郵件；除此之外，雖然在技術上沒有地址也可以投票，但其實若無住址，你很難獲得證明自己具有投票資格的身分文件。

為了要獲得失業福利（英國稱為「求職者補貼」〔Jobseeker's Allowance〕），申請者必須親自前往就業中心（Jobcentre）。西爾德瑞告訴我，就業中心依然是透過寄信通知預約，如果在它寄信之後，你錯過安排的約會，你可能會被裁定喪失福利，期限可能是在四週至「三年」之間。有個人因為陪在病危的母親身邊，竟被裁定喪失補貼，即使他預先告知了就業中心；還有一個人，他因為嬰兒夭折而失約，也被裁定喪失補貼；[601]一個人在工作能力評估期間心臟病發作，他被裁定喪失補貼。[602]近來有項研究顯示，在使用無家可歸者設施與服務的人當中，居然有百分之二十一是屬於喪失補貼的人。

作為建築師，西爾德瑞很快就意識到，他沒辦法為無家可歸者蓋個家，但或許他可以給他們一個地址。他最初的念頭是，將信箱掛在路牌的後方，遊民就能夠使用這些信箱來收信，西爾德瑞曾告訴《連線》（*Wired*）雜誌道：「這真是個糟糕的想法。但我是個設計師，我是製作東西的。」[603]不過，某次拜訪英國皇家郵政分檢處，西爾德瑞看到工作人員將信件從舊地址投遞到新地址，他忽然靈光乍現，一個地址未必要連結到現實上的住所。如果你在十二月初要寫信給聖誕老人，請寄到「麋鹿地」（Reinderland）聖誕老人屋（Santa's Grotto），郵遞區號 XM4 5HQ，聖誕老公公會回函給你；顯然，（令人哀傷的是）麋鹿地其實位在貝爾法斯特，倘若聖誕老人可以有假的地址，無家可歸者為什麼不能有？

英國郵政送給西爾德瑞一份全英國所有地址的清單，他隨即開始加以分析，找出數字與數據。西爾德瑞發現，英國國內街道編號十四以下的街道，占所有房舍比例的百分之三十四（在伯明罕居然高達百分之七十四！），出於迷信因素，房屋編號並沒有十三號，那麼，他能不能把這些不幸運的數字分送給無家可歸者？可是，英國皇家郵政的郵遞系統不是這麼運作的，因為除了聖誕老公公之外，所有人的住址都必須是真實地址。[604]

西爾德瑞看出，我對他的點子實在是聽得一頭霧水，所以他講了另一個比喻。以前有所謂的固定電話（landline），人們的習慣是撥電話到某個地方，現在我們很少打去某個地方，現在我們是打給某人（當我試著教導五歲女兒過時的電話禮儀「不好意思，請問某某人在嗎？」而失敗之後，我意識到西爾德瑞說的對，我無法想像女兒什麼時候用得上電話禮儀）。為什麼地址要與此不同？

於是西爾德瑞忽然想到，何不讓無家可歸者使用空屋的地址？在英格蘭有件很詭異的事實，那就是在房價高漲與房屋短缺的同時，有超過二十萬間房屋已閒置半年以上，其中至少有一萬一千間屋子閒置已逾十年。[605]肯辛頓─切爾西區內，空屋數量超過一千六百間，其擁有者包括烏克蘭寡頭、境外公司、外國王族，甚至是彭博（如果你好奇的話，彭博擁有一間價值一千六百萬英鎊、七間臥房的古蹟豪宅）。[606]二〇一九年，全英格蘭閒置房產的數量是二十一萬六千間，總合起來價值超過五百三十億英鎊。[607]有時候，空屋的出現只是因為尋常的理由，或者有人住進了養老院，或者房子需要大規模翻修；但是，對於許多投資者來講，倫敦的房子乃是有著喬治時代（Georgian）磚頭的銀行帳戶。

當我問起西爾德瑞，房屋擁有者會不會介意？他有些發笑，他說，人們總是問他，那些無家可歸的人「怎麼進得去」？但是，這些人根本不用進屋，「地址」只是一個場所的標籤罷了。你擁有的是你的房子，而不是地址。就算你某天又搬回去住了，有人使用你的寄信地址，其實也不會有影響，事實上，就算這間房子裡頭現在有人住，這項作法還是可行，只是這種改變對人們來講似乎太激進了，西爾德瑞如此說，人們難以理解此作法對他們其實沒有風險，人們只會抱怨而已。

西爾德瑞點開筆記型電腦的一張電子表格，讓我知道該計畫如何運作。無家可歸者會收到一份空屋的地址，然後到網上資料庫填寫，他希望自己的郵件實際被轉寄到什麼地方，或許是庇護所，或許是朋友家，郵局接下來就會把郵件轉寄到該地點。雇主永遠不會知道，對方其實不是住在那個指定地址，也不會知道對方其實無家可歸。

歌拉貝克—郭德曼與西爾德瑞都很用心注意，人們如何面對自己無家可歸的困境，你會接受嗎，還是會否認呢？接受自己「沒有家」可能是件好事，你可以獲得他人的支持，取得幫助、找到庇護處；然而接受自己「沒有家」，也可能是件危險的事。你去想自己只是暫時「沒有家」，這暗示你認為自己未來能夠找到一個家；如果你認知「沒有家」是種長期而非短期的狀態，這可能使人陷入絕望之中。許多無家可歸的人告訴我，這就是為什麼，他們明明合乎資格，卻不接受無家者設施與服務的原因之一；要斷絕這個「沒有家」的想法與狀態，你經常需要想辦法假裝，有時候甚至是對自己假裝，假裝自己不是無家可歸。如果他們能幻想自己有個家，這或許是真正找到家的第一步。[608]

與西爾德瑞的會面結束之後，我搭地鐵去騎士橋區（Knightsbridge），這裡是倫敦最「頹廢」的新開發區域之一。我要去看的是海德公園一號（One Hyde Park），先前我就有聽聞，這裡是全倫敦售價最昂貴的公寓，頂層公寓售價為一億六千萬英鎊。[609]它的外觀看起來像是間高檔的希爾頓酒店（Hilton），而房屋內部有桑拿室、臭氧游泳池、高爾夫模擬器、壁球場、房間服務、個人安全室（panic room），以上這一切，實際交易價格是每平方英尺七千英鎊。二〇一九年時，有一間公寓登了出租廣告，租金「每週」四萬英鎊。

這裡大多數的公寓，其實是作為第二個、第三個、甚至第四個家，它們都是空屋。[610]記者阿爾里居（John Arlidge）寫道，在夜晚時分走過這些建築時，這裡很黑，他表示：「不是一點黑，不只是比周遭其他的房子更黑而已，是很黑、漆黑。只有些稀疏的燈光……看起來像沒人住一樣。」我盯著穿著制服、戴著圓頂帽的警衛（顯而易見，他受過英國特種部隊訓練），而他也回瞪著我看。[611]

如今，西爾德瑞正與倫敦的一個委員會，共同推廣他的聰明點子，如果這項計畫得以大規模推行，這座城市中無家可歸的人，或許能夠得到一個海德公園一號的地址。我很喜歡這個計畫的「翻轉性」，無家可歸的人可以獲得億萬富翁購得的騎士橋區豪華地址。把地址給那些需要的人用，為什麼不呢？「家」或許是空的，但「地址」可以不是。

結論

未來：地址的末日已經降臨？

一九〇五年，伯恩罕（Daniel Burnham）在聖方濟旅館（St. Francis Hotel）發表他對舊金山的新都市計畫。[612]當時，伯恩罕已躋身世界上最知名都市設計師兼建築師之林，他曾設計一八九三年芝加哥哥倫布展覽會（Columbian Exposition，即世界博覽會）當中的「白城」（White City），展覽超過一百五十棟新古典主義式（neoclassical）建築，建築外觀是以巴黎石膏所雕塑、噴上白色，外加十萬個燈泡點綴；大約有三千萬民眾造訪了伯恩罕的創作，這大約是當時美國人口的三分之一，雖然建築群實際上不過是「裝飾過的棚架」，許多人依然是帶著熱淚盈眶的敬畏心情離開。[613]

伯恩罕對於舊金山的新都市計畫廣受歡迎，然而就在一九〇六年四月時，一場地震重創舊金山，釀成三千人喪命、百分之八十的建築物倒塌，而伯恩罕的計畫副本多數儲存在舊金山市政廳中，也因為此災難而亡失。伯恩罕旅行到舊金山，想要激發人們對於該計畫的新興趣，但災後的舊金山只想要重建，而不是重新創作。

在回到芝加哥家中的長途火車上，伯恩罕的座位在麥考密克（Joseph Medill

McCormick）旁，麥考密克乃是《芝加哥論壇報》（*Chicago Tribune*）的出版人，他也是芝加哥商業俱樂部的成員。[614]麥考密克告訴伯恩罕，不如把心力轉移至芝加哥，創造出一個偉大的計畫，伯恩罕回應他道，這將是一件「繁重的工作」，自己必須再考慮考慮。回到芝加哥之後，其他商業俱樂部的成員竟然去包圍伯恩罕，力勸他擔當此任務，於是伯恩罕最後回覆道：「只要你們準備好了，我隨時都行。」[615]伯恩罕位於頂樓的辦公室，就在芝加哥藝術博物館（Art Institute of Chicago）的對面，在此，伯恩罕用接下來幾年的時光，精心設計出詳盡的規畫，要讓芝加哥成為「北美大草原上的巴黎」。[616]

這座城市亟需這項計畫，在十九世紀下半葉，芝加哥是西方世界成長最為快速的城市。起初，芝加哥只是一個與美洲原住民交易的小貿易據點，但是此地的肥沃土壤、鐵路網，還有它位於密西根湖（Lake Michigan）畔的樞紐位置，從世界各地吸引了商業、生意，也吸引一火車又一火車的移民前來。[617]但是，芝加哥很醜陋，汙水遍布的巷弄、泥濘的水岸、冒煙的煙囪，這座城市的屠宰場氣味濃烈而且飄送至市中，在一八六五年至一九〇〇年間，共有四億頭牲畜在此地遭屠宰。[618]那時，辛克萊（Upton Sinclair）的《屠場》（*The Jungle*）一書，揭露圍欄中惡劣的屠宰行徑，他寫道：「他們把豬的所有部位加以利用，除了豬的尖叫聲以外。」

伯恩罕的團隊為了新芝加哥的設計開會數百次，最終印出一本一百六十四頁的書籍，其中附有新芝加哥的優美插圖。該計畫讓魁梧的芝加哥變得很歐洲，有新穎而寬廣的對角線狀街道、公園、碼頭，城市還有開闊的臨湖景色。據說伯恩罕曾經有句名言是：「別做小計畫，它們無法讓人熱血沸騰。」他對於芝加哥的大計畫，將會讓這座城市改頭換面。

《芝加哥都市計畫》（*Plan of Chicago*）出版的前幾年，有一個很另類的芝加哥人參與了自己城市的改善計畫。布列南（Edward P. Brennan）非常清楚芝加哥街道的荒謬之處，因為他的工作是送貨員與收帳員。如里爾頓（Patrick Reardon）所描述，某年夏天，布列南帶著一綑地圖到密西根州的波波（Paw Paw）度假，想要搞清楚這團混亂的街道圖。[619]芝加哥吞併了周圍的城鎮，光是在一八八九那一年城市面積便增加一百二十五平方英里，造成街道名稱重複而編號不連貫的系統，這件事從來沒有被調整好。[620]里爾頓指出，芝加哥市內居然有不下五條路，是以科法斯（Schuyler Colfax）命名的（你可能不記得這個人，但他可是格蘭特〔Ulysses S. Grant〕[譯69]首屆總統任期時的副總統）。[621]

布列南有位表親是市議員，在對方的幫助之下，他在芝加哥街道事宜上幾乎一人獨挑大樑。他的計畫很合乎邏輯，街道的西側與北側使用偶數編號、街道的東側與南側使用奇數編號；每過一英里，編號數字就會增加八百號，如此一來，在很長的道路上，就能輕易知道某個編號位在何處。[622]重複的路名會被消除，新路名以具有歷史或文學意義者為優先；若是街道路段破碎，或者一條道路有好幾個不同名字，如今則只能有一個

[譯69] 尤里西斯・辛普森・格蘭特（一八二二－一八八五），美國內戰聯邦方的總司令，一八六九年至一八七七年間兩度擔任美國總統。

路名。[623]布列南在寫給市議員的信中提到：「所以，讓我們以打造世界博覽會的精神前進，改正我們的錯誤，並為芝加哥人民提供完善的房屋編號計畫。」[624]

伯恩罕希望讓芝加哥變得看起來像羅馬，而布列南則羨慕羅馬可以作為整個帝國的交通中心點。在一九三六年的某次報社訪談中，布列南說道：「我記得有句老話是『條條大路通羅馬』，在我看來，這句話可以用到今日當地，並將它重寫為『條條大路通往州府街與麥迪遜街』（State and Madison Streets）。」[625]州府街與麥迪遜街交叉口，將成為芝加哥市中所有號碼的起點。

市議會最終採用布列南的計畫，於是厚厚一大本的地址簿問世，而明信片賣家生意興隆，因為人們透過寄信來宣布自家的新地址。西聯匯款（Western Union）、李迪佛兄弟清潔用品（Riddiford Brothers Janitors' Supplies）、馬歇爾菲爾德百貨公司（Marshall Field's）都致信讚頌布列南的功勞；布列南則小心翼翼地把這些都貼到他的剪貼簿上。

二〇〇九年乃是伯恩罕計畫的一百周年，當地為此舉行跨三州的慶典，其主題是「膽大計畫與大膽夢想」（Bold Plans and Big Dreams），[626]數百項活動以伯恩罕之名而舉辦。為了標誌此事件，世界知名建築師哈蒂（Zaha Hadid）與凡・柏克爾（Ben van Berkel）為宏偉的「千禧公園」（Millennium Park）建築棚架；作曲家托爾克（Michael Torke）根據伯恩罕之言譜出合唱交響曲目《計畫》（*Plans*），於千禧公園首次公演；還有五年級生為芝加哥市設計出生動的地圖。如今，芝加哥內有伯恩罕港、伯恩罕圖書館、伯恩罕公園、伯恩罕中心，和一條伯恩罕大道。[627]美國都市計畫協會每年還會舉辦「丹尼爾・伯恩罕論壇」，來討論「大點子」。[628]

然而，今日只有少數人還能辨認出，布列南驚人的公共建設成果。布列南計畫落實的當年，正是伯恩罕計畫出版的那一年。布列南經常出現在芝加哥公眾歷史（public history）著作的「注腳」當中，而他的名字也保留於一條不知名的、兩個街區長的住宅區街道上，稱為「南布列南大道」（South Brennan Avenue），還有官方在州府街與麥迪遜街口的一項紀念物。

世人廣為傳誦的是，伯恩罕激發了「都市美化運動」（City Beautiful movement），由此啟發為期數十年的都市計畫。但是，在芝加哥要變美麗之前，芝加哥必須要有所組織。一九〇八年，也就是布列南街道計畫實施的前一年，芝加哥郵務主管曾發表一場演講，哀嘆一百二十五個市區有它們自己的路名和編號，而且還有五百個以上的重複路名，後來，這位郵局主管曾問道：「如果花大筆經費美化城市，人們卻找不到要找的路，這有什麼用呢？」

不過，史書喜愛的是大計畫，喜愛的是大人物。伯恩罕身材高大健美，有明亮的藍色眼珠、突出的紅色鬍子，再穿上從倫敦進口的修身剪裁西裝，伯恩罕的一位雇員曾說，他「是我見過最英俊的人」。[629]他屬於「新世界」的貴族，是第八代的美國人，他第一代來美洲的祖輩是在一六三五年抵達麻薩諸塞州的伊帕斯維奇（Ipswich）。[630]在伯恩罕製作《芝加哥都市計畫》時，他人其實已經搬離芝加哥了，因為他不願讓五個孩子在市內骯髒的街道上遊樂，於是他遷居至伊文斯頓（Evanston）一間有十六個房間的大屋。[631]

在另一方面，愛爾蘭裔的布列南則與妻子及三個女兒住在芝加哥，女兒在他每天傍晚下班時，都會跑到街角去迎接他。[632]在一張倖存的黑白照片上，有位短小精幹的男子，他穿著細條紋西裝，戴著黑框眼鏡，配著一副懷錶。伯恩罕和布列南都在奉獻自己的人生時光，但是伯恩罕是個富人，他顯然更有條件做這件事；伯恩罕是與一大群領薪的製圖員、建築師共同工作，而參加過六百場以上市議會會議的布列南，卻是櫛風沐雨不辭勞苦，他沒有支薪，多年來孤身一人在負責芝加哥的「隱形建設」如歐萊西俄（Andrew Oleksiuk）所言。[633]

「階級」或許可以用來解釋兩人知名度的落差。伯恩罕的計畫吸引菁英分子的欣賞，但他的計畫也被批評為忽略勞動階級人口的增長，只想追求抽象的美感。伯恩罕的計畫在某些方面是很成功的，例如他使芝加哥面向自身濱水區域的點子，讓城市景色出現巨大的轉變。雖然如此，最後伯恩罕的計畫並沒能全然落實，經濟大恐慌的爆發使得他某些宏大計畫的雄心壯志受挫。

不過，布列南的街道系統卻能供所有人使用，尤其是勞動階級的送貨員或郵務工人。當時，市府公開讚揚布列南的系統充滿秩序與效率，其文曰：「如今，芝加哥的路名數量減少，甚至比國內那些面積不到芝加哥一半的任何城市都少。」[634]

我覺得現在的我們並沒有什麼不同，我們總是讚揚那些我們見到的美麗，卻忽略那些隱形建設的價值，所以，我決定找出那些「今日的布列南」，這樣我就可以讓他們的功勞得到應得的肯定，結果，這些人的身分與我當初所預想的竟然不一樣。

為了了解地址的未來，請容我向你介紹一位南非醫師，他的名字是盧（Coenie Louw）。盧醫師早期是在政府診所當一般科醫師，下午一點之前，他可能就要看診一百二十位病患，他承認，這種開處方的單調工作經常讓他疲憊不堪，他覺得應該有更好的方法，可以處理自己每天工作時所看見的健康危機問題。後來，他成立了一個稱為「通路健康會」（Gateway Health Institute）的組織，目標是處理南非弱勢區域的醫療健康問題。

通路健康會計畫重點之一是產婦護理。盧醫師告訴我，醫生可能得親自在鄉村診所施行剖腹產，但那些孕婦明明應該要送到大醫院；政府方面也承認，目前擁有的救護車數量，僅是所需數量的三分之一。有些鄉村的孕婦竟是被手推車送來生產。[635]而就算孕婦有辦法打電話叫救護車，她也沒辦法告訴救護車司機怎麼找到她。我已經知悉的是，在種族隔離時期的南非，大多數地區沒有街道名稱或號碼，尤其是「市鎮」區域經常只被稱為「區塊」，而且沒有地圖，這個情況一直到今天都沒有太大改變。盧醫師想要找出解決之道，在此時，他得知了「三詞地址」（what3words）。

三詞地址是一套新興的地址系統。創辦人薛爾德里克（Chris Sheldrick）出身英格蘭南部的赫特福德郡（Hertfordshire），近來他曾在「TED演講」中談起：「每一天，人們都在為了地址的問題掙扎著。」[636]薛爾德里克以前從事音樂產業，協助舉辦節目或音樂會。（他本人也曾是音樂家，卻在某次夢遊時發出意外，撞破窗戶導致肌腱與動脈斷裂。）[637]薛爾德里克注意到，音樂家與製作公司在尋找演奏地點時經常迷路，例如明明要去羅馬北邊一小時車程處，結果人卻到了羅馬南邊一小時車程處，或者出現在搞錯的婚禮上。[638]

即便他能找到正確的地址，地址也未必會引導至正確的地方。薛爾德里克說：「我經常要設法讓三十位音樂家和貨車司機，能夠到達表演館的後門。」[639]但是，GPS導航的結果，卻可能讓人去到側門。[640]此外，其他如一片原野的地點，很可能根本沒有地址。

薛爾德里克認為自己可以處理這個問題。他有一個數學家朋友，他和這位朋友從前都是伊頓中學的西洋棋手，在朋友幫助之下，他想出絕妙的點子，也就是把全世界以三公尺乘以三公尺的方格區分，他們不用座標、而是使用字詞，因為字詞會比一串數字要來得容易記得。每個方格使用三個字詞：總共使用四萬個字詞，共有六十四兆種三詞組合。

就是這樣，三詞地址誕生了。全球地表上的任何一個位置，都有它專屬的三詞地址，在該公司網站或免費APP上都很方便查詢。泰姬瑪哈陵（Taj Mahal）的中央是位於「懷疑・轟炸・小巷」（doubt.bombard.alley），艾菲爾鐵塔（Eiffel Tower）位在「嚇人・演化・尿布」（daunting.evolves.nappy）。在沒有傳統地址的情況下，三詞地址能夠引領你到位。白宮玫瑰園所在處是「軍隊・喜歡・點唱機」（army.likes.jukebox），我的孩子喜歡溜的滑梯則是位在「發射・撲克・時鐘」（shot.pokers.clock）。

科技的運用真是無窮無盡。想要知道朋友坐著野餐的那棵樹在哪嗎？請用三詞地址；想要精確標誌你所攝照片中的那條人行道嗎？請用三詞地址；或是想要找到你在哥斯大黎加的 Airbnb 樹屋位置？三詞地址也能辦到。科技可用在許多更嚴肅的問題上。烏干達的犀牛號難民營（Rhino Refugee Camp）正在利用三詞地址，幫助人們找到營中的教堂、清真寺、市場、醫師辦事處。[641]蒙古的郵局則使用三詞地址，送信給游牧生活的家庭。而如今，盧醫師則善用三詞地址，來找到南非市鎮裡的病患。

在英國，緊急救援服務也開始採用這項科技。亨伯賽德（Humberside）警方協助一位受到性侵犯且遭綁架的女子，用她手機的 GPS 設定三詞地址，藉此，警方迅速找到這位女子並逮捕嫌犯；BBC 亦曾經報導，「週末」、「有霧」、「耳機」這幾個字，是如何幫助警方在某場車禍之後追蹤一對母子。[642]雅芳及薩莫賽特（Avon and Somerset）警方的謝波德（Sam Sheppard）是這麼說的：「我們已經逐漸放棄老式的問題，『你從哪裡來的？』、『你要去哪裡？』、『你能看到什麼？』等等，這些問題很耗時間而且未必精確。」[643]

我決定自己親自去看看「三詞地址」，它那時尚的辦公室就位在西倫敦。該公司的行銷主管瓊斯（Giles Rhys Jones）穿著紅色發熱衣、帽子反戴，騎著他的腳踏車從寒濕天氣裡來到，在公司一樓的咖啡廳與我會面。這項計畫看來既有朝氣又有理想性，但實際上做起來卻是複雜而艱辛。如今，三詞地址已有三十六種語言的版本，包括孟加拉語、芬蘭語、泰米爾語（Tamil）、泰語、阿非利肯語、祖魯語等等。

吉爾斯領我去見布朗（Jamie Brown），這位年輕的語言學家面相和善，紅髮綁了個蓬鬆的包子頭，他負責將地圖翻譯為其他種語言。這項任務不只是要將現存的世界地圖翻譯成新的語種，三詞地址還會僱用母語人士，其人選經常是招攬自倫敦各大學的語言學學程，母語人士大聲讀出各個字詞以避免可能混淆的同音詞，例如「藍色」(blue)和「吹拂」(blew)，顧問則會負責篩選出不禮貌或俚俗的語詞（「烏龜」這個詞就不在孟加拉語的詞庫中，因為人們認為在家裡看到烏龜是種厄運）；他們還會挑除不能用的詞，例如Rechtsschutzversicherungsgesellschaften，這個詞的意思是「保險公司對於法律費用所涵蓋之範圍」，對於一個力求簡短的地址來說，這個詞顯然太長了。[644]他們還要確保，每個詞在任何版本的地圖中都是獨特的，例如barn在挪威語的意思是「孩童」，但它卻不能在挪威語版地圖中使用，因為barn已經使用於英語版本當中。[645]

到最後，語言學家聰明地弄出一份字詞清單，他們將人最熟悉的那些詞，分配給該語言使用者最可能居住的地帶。在法文版地圖中，chat（貓）可能是巴黎或蒙特婁（Montreal）地區的三詞地址組成，在韓文版地圖中，韓語的「貓」也最可能在首爾地區使用；比較少用或比較複雜的三詞地址會用在北極地區（如英語版的「最後通牒．死亡．滑稽，ultimatum.deadliness.comically」），或者是阿富汗沙漠（「可能性．並行性．基礎的，capabilities.concurrency.rudimentary」）。[646]

我原本預期，我要見到的那些未來地址處理者，會像是我從前採訪過的那些專家群——書呆子地理學家、鄉紳風歷史學家、歷練有成的官僚，我沒料想到，地址革命性改革的推動者，是這樣年輕、時髦的科技高手。不只是三詞地址而已，Google 設計出了 Plus Codes，也就是運用數字字母串作為全世界任何一地的地址。[647] Plus Codes 是運用經度與緯度座標所產生的一串數字，長度類似於電話號碼，但當這串數字與地名結合的時候就可以變短，例如我去大英圖書館時的愛用座位是在「GVHC+XW Kings Cross, London」。我在第一章提及的為加爾各答貧民窟提供地址的給無地址者地址這個非營利組織，如今也在使用 Google 科技來達成它在印度的地址計畫，而且成績斐然。

Facebook 也加入了這場地址遊戲，Facebook 與麻省理工研究者組成團隊，創造出深度學習的演算法可以掃描衛星影像，並利用像素在缺少傳統地址的區域找出道路，接著，演算法「會取用這些像素，把它們結合成道路網絡後，便能夠予以分析或分割成象限」（我不確定這番話是什麼意思，但確實讓人印象深刻）。[648] 接下來，街道會根據合理的方法編上數字與字母，類似於許多美國的道路，如第一、第二等等。這些科學家將他們的演算法稱為「羅巴碼」（Robocodes）。

這些地址具有改造全球電子商務的潛能。在世界上那些沒有地址的區域，比如要從中國出口貨物經海運送至坦尚尼亞，問題並不是出在從中國運出東西，而是物流人員所謂的「最後一里路」，精確而言，那是指整趟運送過程的最後一段，而有時這段路所耗的花費，居然能占去全程的一半。[649]

現居烏干達的美國人肯特（Andrew Kent），居然可以在兩天半之內，收到從美國寄來的信用卡。他寫道：「從奧馬哈（Omaha）到坎帕拉要經過八千英里的路程，結果這張信用卡竟然沒辦法克服最後三英里，也就是從DHL快遞辦事處到我家的這段路，因為我的房子沒有地址。我必須得去DHL那邊領件。」當肯特搬到盧安達之後，他得一如既往地給予司機迂迴曲折的指引，讓對方抵達一家叫羅斯提（Rosty）的俱樂部（而他總是得強調，不是舊的那家羅斯提，是新羅斯提），結果，他的指路結尾也總是一如既往：「我去外面找你。」[650]

電子商務在非洲諸多地區已有長足且迅速的發展。舉例來說，在奈及利亞，Jumia公司正在爭取成為非洲的亞馬遜（Amazon），從發電機、香水到玉米片，它什麼都賣。新興的貨運公司爭相聘請摩托車司機將包裹送到拉哥斯的每個角落，因為地址很難找，送貨員經常需要打電話給收件者，詢問下一步怎麼走。但是，如肯特所說，電話費很貴：打一通電話可能花掉〇．四美元，這對於訂單七美元的披薩店來講可是不小的獲利折損。[651]

現在的我已經知道，缺少地址造成的傷害能有多大，而數位地址則能讓這些麻煩消失。這些新型地址為政府效率不佳的問題，提供了快速簡單的解決之道。世界銀行製作了《街道地址與城市管理》（*Street Addressing and the Management of Cities*），這是讓城市官員學習街道地址基礎建設的免費綜合性課程，基本上就是「街道地址入門」，出自經驗老道的專家，也就是我預期會處理此問題的人，課程非常棒，內容非常清楚、透徹。但是，我還是懷疑，一個發展中的城市若無充足經費與合格員工，會難以實踐這些課程。它的步驟很多而且很複雜，你必須進行一項「可行性研究」（feasibility Study）：你要先創建一份基本地圖，最好是有調查員、地圖學者或建築師的協助；你必須建立一套街道清單，包含目前所有的道路、道路狀況、道路名稱、道路編號系統（如果有的話）。而當你做到這一步的時候，你甚至都還沒開始命名任何街道。

最後，你還得選擇一套編碼系統，選擇一套命名的意識型態，並學習如何將城市劃分為不同的地址區。你必須決定如何為每間房子編號，是要照順序？是根據公制？還是十公尺制？而且，到底要如何定義，怎樣算是一間房子？這套課程把我累慘了，而我只不過是在廚房桌上寫筆記而已，其餘什麼都還沒幹。而且，再重申一遍，不能保證居民會選擇使用你分派的地址。

啟蒙運動時代的一個課題，是要把人找出來，但其實到今天，這依然是個經常打敗我們的問題。這些嶄新的科技作法，似乎是個簡易的解答，那麼，我為何沒有對這件事感到更激動、更期待？

不意外地，第一個問題就是金錢。三詞地址靠著它的巧妙發明致富，在創業時便募集了數千萬美元的資金。這對它自身來說不是壞事，畢竟要弄出三詞地址茲事體大、工作繁重，但不幸的事情就是，在這個數據重要性遠勝以往的時代中，新的數位地址卻被專利權綁定。如果不是造訪三詞地址的網站或使用APP，你就不能找出自己的三詞地址，或是你鄰居的三詞地址。雖然三詞地址告訴我，它並不是要取代傳統地址，但在某些地方，它確實有成為官方公定地址的潛力，目前蒙古的郵政已經採用了該系統。固然三詞地址公司表示，網站與APP會永遠免費，但我不太肯定自己會希望讓一個初生的新興軟體，成為我找到自己身在何處的唯一管道。

令人印象深刻的是，與三詞地址的作法不同，Google讓自己的數據都成為開放原始碼（open source）。但是，它依然是Google，全世界最有錢有勢的公司之一，而且它位於人類史上（也許）最強大的國家。就算不提別的，Google的Plus Codes也會把人拉上網，傾向使用Google的其他產品。目前我還看不太出來，Facebook要怎麼靠街道地址營利，但就算能夠賺到錢，我也不會感到意外。

但是，我的抗拒可能比較不合理，我會想念地址。我從小長大的那個房子，起初只有鄉下的郵局號碼「Route 7, Box 663A」，我喜歡在學校的資料調查表上寫下這串字，後來，房子有了老利斯特拉路（Old Lystra Road）上的正式號碼，這個號碼我也喜歡，雖然直到現在我都沒搞懂（老）「利斯特拉」是什麼玩意。可是，我不太確定，自己對於房子的三詞地址「烘烤．瓦解．頸子」（baked.crumbling.necks）會是什麼感覺。

起初，我以為堅持現有地址系統不過是種鄉愁罷了，但事情不止於如此，它也許是現代情境的一種徵狀。我們並不能知曉，不遠的未來會變成什麼樣子，無論是科技上或政治上。改變似乎每年都更加劇烈。而隨著愈多事情的改變，我們愈感覺到需要讓自己與過去有所連結，街道地址於是成為了一條記憶之道。

記憶也是數位地址辦不到的事情之一，位於約旦的札塔利（Zaatari）難民營接近敘利亞邊境，容納約八千難民，內有三十二座學校與五十八間社區中心。[652]據估計，札塔利可能是約旦的第四大「城市」，但它要直到二〇一六年開始才有街道名字：羅勒街（Basil Street）、橄欖街（Olive Street）、茴香街（Anise Street）、扎伊通街（Zaytoun Street）。譯[70] 難民伊斯梅爾（Abu Ismail）這麼告訴路透社（Reuters）：「這些路名很文明，它們讓個人想起自己的國家，如今個人擁有了地址。你住在那裡？就在這裡，這條街。感謝阿拉，我現在有了一個真正的地址。」[653]

當然，若說我從這本書裡學到什麼，那就是人們對於路名這件事未必想法一致。數位地址可以繞過關於路名意義的爭論，然而我喜歡這些爭論，爭論會分化社群，但是爭論也是使社群之所以為社群的成分。

數位地址不能創造社群，某種程度上，數位地址反倒會分化社群。你和你鄰居的三詞地址之間完全沒有關聯，你不能從他家屋子上得知他的地址，你得去查詢第三方的App。此外，你也無法在街上向人問路。還有，如地址專家萊茵德（Graham Rhind）所告知我的，三詞地址這種數位地址「不能在我們的心靈地圖與地址之間提供任何連結，而在停止這個連結的時候，地址的效果也停止了。當我在我的世界中遊歷時，跟『馬匹．城鎮．快一點』（horse.town.faster）毫無干係」。在數位地址所創造的世界裡，眾人的存在都是地圖上的點，每個點都是自己的孤島，而且是由企業所命名。正如開放數據專家艾登（Terence Eden）所指出，數位地址也會創造出一種世界，在那個世界裡，

---

[70] 「扎伊通」是阿拉伯語的「橄欖」。

奧斯威辛（Auschwitz）集中營的位址乃是「暴躁・荷爾蒙・升起」（grouchy.hormone.elevating）。[654]

即便如此，我依然敬佩三詞地址這樣的企業，它們至少企圖解決某些無地址造成的問題；我更加欽佩 Google Plus Codes 以及它的開放資料，而且支持它在印度的推行成果。我是第一手了解到這些新地址潛能的人，這能讓數以百萬計的人們，得以獲得我已視作理所當然的那些服務，如銀行、投票、貨運等。而且，如果我是一個遭到綁架至不知名地點的人質，我當然期望警方可以使用三詞地址 App 來找我。數位地址可以讓生活變得容易，但我不認為它們可以讓生命變得豐富。

寫作此書過程中，我經常仰賴學者高明的著作，他們投入自己的生涯來解答本書所提出的那些疑問。其中有一位專家是亞沙里亞滸，他是一位廣泛探討街道命名的文化地理學者，有一天我打電話給他，他當時人在以色列海法大學（University of Haifa）的研究室裡，我告訴他我遇到的矛盾，我們談了一整個小時。所以，我為什麼覺得難過呢？

我當時人在倫敦的辦公室裡，但我幾乎能看見他在地中海彼岸那端皺起的眉頭。亞沙里亞滸說：「我們不談馬克思，但我們會談論馬克思街。」爭論街道名字，已經成為爭論我們社會根本議題的一種方式，有時卻會感覺這麼做是不可能的。我們常常會被呼籲要採取立場，並決定在作為一個社群時，「我究竟們是誰」？倘若我們不繼續執行這項繪製地圖、命名地方的工作，這項持續不斷、充滿爭議、以社群為基礎的工作，我們將會丟失某部分的自我。我們應該繼續談論馬克思街。

或許，歷史發展會與我的想法有違。這已經不是第一次我們想要改造找到彼此的方法。在十八世紀時，居民對於官員進入村莊並在他們家前，用油脂與煮過骨頭製成的漆塗上號碼，發起猛烈抗議。這些人知道，無論他們喜歡與否，新號碼意味著他們會被找到、被徵稅、被巡邏、被統治；他們知道，為這個世界設置地址，並不是一個中性的舉動。

那我們知道嗎？

致謝

若無諸多學者觀點的啟發，這本書是不可能問世的。我要特別感謝 Reuben Rose-Redwood、Derek Alderman、Maoz Azarahyu 和 Anton Tantner，他們的研究、協助與支持，充分呈現於本書寫作過程中。尤其我要向 Rose-Redwood 致謝，我的旅程之初，是他帶領我到西維吉尼亞州，而且我一直都很感謝他傑出的著作，以及他回答我任何與地址相關問題的熱情。我也想要謝謝 James Scott 與已過世的 Priscilla Parkhurst Ferguson，他們激發思考的作品（前者的著作《如國家般觀看》，後者的著作《革命時的巴黎》）改變了我對這個世界的看法。

我也想要感謝許多曾經讀過、編輯過、協助過本書成書的人，尤其是 Paul MacMahon、Sina Akbari、Andrew Alpern、Kevin Birmingham、Ed Charlton、Serena Coetzee、Rebecca Richman Cohen、Bryan Di Salvatore、Rosalind Dixon、Stuart Elden、Daniel Farbman、Rachel Faulkner-Gurstein、Katherine Flynn、Ralph Frerichs、David Garrioch、Rishi Gulati、Bruce Hunt、David Kilburn、Tom Koch、Eric Idsvoog、Louisa

Jacobs、Sarah Stewart Johnson、Kate Julian、Ha Ryong Jung、Bernard Keenan、Leah Kronenberg、Howard Lee、David Madden、Hannah Marriott、Colin Marshall、Adele Nicholas、Hillary Nye、Brian O'Neill、Nichola O'Neill、Jessica Reed、Krista Reynen、Jan Schütte、Elaine McMillion Sheldon、Christina Thompson、Ian Tomb、Trina Vargo。我還要特別感謝 Ritush Dalmia、Martina Plaschka 與 Chris Shin 在翻譯方面的幫忙。

當然，本書若有任何錯誤，都是我個人的錯。

我尤其感謝我的經紀人 Laurie Abkemeier，他在本書不過是個模糊概念時，就對它有信心了。謝謝我孜孜不倦的編輯 Anna deVries，還有其他在 St. Martin's Press 的優秀員工，特別是 Alex Brown、Michelle Cashman、Dori Weintraub，以及審稿與校稿的團隊。我也感謝 Rebecca Gray 以及 Profile Books 的優秀員工，他們在倫敦充滿熱情地支持本書。

感謝超級支持我的爸爸媽媽 Allen 和 Deirdre Mask，他們賦予我生命，而且讓它變得有趣。感謝家族成員 Bryan Batch、Alton Williams、Kenny Batch、Kaleah Smith、Sydney Batch、Patrick Williams、Allen Mask、Carly Mask、Alex Mask、Anderson Shackleford、Skip Batch、Fay Batch, Julia Batch、Taylor Batch、Dakota Batch、Aaron Batch、Lloyd Vance、Jeanne Mask、Ken Mask，和我的祖母 Jean Vance 與 Gloria Mask，還有我的姪兒姪女。

也感謝我的 MacMahon 家族成員：Claire MacMahon、Marc Height、Grainne MacMahon、Christopher Collins，尤其是 Maura MacMahon，我最希望他能夠閱讀本書。

非常感謝 Danny Parker 和 Nina Gershon（感謝她容許我以她為女兒命名）無盡的智慧。Barbara Stoodley、Claudine Noury、Amena Subratie、Shakira Subratie，謝謝你們把我的孩子照顧得那麼好。Una 及 Kieran Martin，謝謝你們招待我的貝爾法斯特寫作度假。Alice Morgan 在我非常需要她的時候，挺身而出。謝謝 Margo Strucker 與 Susie Flug-Silva 二十多年來無時無刻的支持，而且還經常是跨越大洋的。Brian MacMahon，沒有你這件事我是辦不到的。我希望除了「感謝」之外，還能找到更好的說詞，但我沒找到，所以，「真的非常感謝」。

感謝大英圖書館的員工，他們總是幫忙我各式各樣的請求，不曾皺過眉頭。

當然，也感謝 Maeve 和 Nina，他們可愛的出現使我在撰寫此書時，得以有最好的調劑。

注釋

導論　街道地址為何重要？

1 這個四成的統計數字，源自議員過去一次只為了一條以紀念為目的的街道名稱進行投票。最近，市議會將多條街道新名稱的提案統整，一年只投兩次票。請見 Reuben S. Rose-Redwood, "From Number to Name: Symbolic Capital, Places of Memory and the Politics of Street Renaming in New York City," *Social & Cultural Geography* 9, no. 4 (June 2008): 438, https://doi.org/10.1080/14649360802032702。

2 Sanna Feirstein, *Naming New York: Manhattan Places and How They Got Their Names* (New York, NY:NYU Press, 2000) 提供了更多的訊息。

3 Devin Gannon, "City Council Votes to Name NYC Streets after Notorious B.I.G., Wu-Tang Clan, and Woodie Guthrie," 6sqft, Dec. 27, 2018, https://www.6sqft.com/city-council-votes-to-name-nyc-streets-after-notorious-b-i-g-wu-tang-clan-and-woodie-guthrie/.

4 Marc Santora,"Sonny Carson, 66, Figure in 60's Battle for Schools, Dies," *New York Times,*Dec. 23, 2002, https://www.nytimes.com/2002/12/23/nyregion/sonny-carson-66-figure-in-60-s-battle-for-schools-dies.html.

5 Frankie Edozien, “Mike Slams Sonny Sign of the Street,” *New York Post,* May 29, 2007, https://nypost.com/2007/05/29/mike-slams-sonny-sign-of-the-street/.

6 Azi Paybarah, “Barron Staffer: Assassinate Leroy Comrie’s Ass,” *Observer,* May 30, 2007, https://observer.com/2007/05/barron-staffer-assassinate-leroy-comries-ass/.

7 David K. Randall, “Spurned Activists ‘Rename’ a Street,” *City Room* (blog), *New York Times,* June 17, 2007, https://cityroom.blogs.nytimes.com/2007/06/17/spurned-activists-rename-a-street/

8 “Sonny Side of the Street? No Honoring a Racist,” *New York Post,* June 3, 2007, https://nypost.com/2007/06/03/sonny-side-of-the-street-no-honoring-a-racist/.

9 Reuben Rose-Redwood, “With Numbers in Place: Security, Territory, and the Production of Calculable Space,”*Annals of the Association of American Geographers* 102, no. 2 (March 2012):312, DOI:10.1080/00045608.2011.620503.

10 Ibid., 307.

11 WVVA TV, “911 Misconceptions Uncovered,” Sept. 10, 2010.

12 Rose-Redwood,“With Numbers in Place,” 311.

13 Ibid.

14 Simon Rogers, “Data Journalism Reading the Riots: What We Know. And What We Don’t,”*Datablog:UK Riots 2011, Guardian,* Dec. 9, 2011, https://www.theguardian.com/news/datablog/2011/dec/09/data-journalism-reading-riots.

15 Sukhdev Sandu, “The First Black Britons,” BBC History, accessed Sept. 16, 2019, http://www.bbc.co.uk/history/british/empire_seapower/blackbritons01.shtml.

16 “British Transatlantic Slave Trade Records: 2. A Brief Introduction to the Slave Trade and Its Abolition,”

National Archives, accessed June 23, 2019, http://www.nationalarchives.gov.uk/help-with-your-research/research-guides/british-transatlantic-slave-trade-records/.

17 Kevin Belmonte, *William Wilberforce: A Hero for Humanity* (2002; repr., Grand Rapids, MI: Zondervan, 2007), 333 詳細地描繪了這段死前的對話。

18 Kate Phillips, "G.O.P Rep Refers to Obama as'That Boy' " *New York Times,* April 14, 2008, https://thecaucus.blogs.nytimes.com/2008/08/14/gop-rep-refers-to-obama-as-that-boy.

19 Deirdre Mask, "Where the Streets Have No Name, *Atlantic,* Jan./Feb. 2013, https://www.theatlantic.com/magazine/archive/2013/01/where-the-streets-have-no-name/309186/.

第一章　加爾各答：地址如何改造貧民窟？

20 "CitiSignals," Citiscope, Sept. 1, 2015, http://archive.citiscope.org/citisignals/2015/kolkata-traffic-worsens-despite-effort-calm-drivers-music.

21 Ananya Roy, *City Requiem, Calcutta:Gender and the Politics of Poverty* (Minneapolis: University of Minnesota Press, 2003), 111.

22 Padmaparna Ghosh, "The World's Biggest Biometric ID Project Is Letting People Fall Through the Cracks," Quartz India, April, 4, 2018, https://qz.com/india/1243565/the-worlds-biggest-biometric-id-project-is-letting-people-fall-through-the-cracks/.

23 Simon Winchester, *Simon Winchester's Calcutta* (London: Lonely Planet, 2004), 41.

24 Nitai Kundu, "The Case of Kolkata, India: Understanding Slums: Case Studies for the Global Report on Human Settlements 2003," 4, https://www.ucl.ac.uk/dpu-projects/GlobalReport/pdfs/Kolkata.pdf.

25 Richard Harris and Robert Lewis, "Numbers Didn't Count: The Streets of Colonial Bombay and

Calcutta," *Urban History* 39, no. 4 (Nov. 2012): 653.

26 Harris and Lewis, "Numbers Didn't Count," 657.

27 Roy, *City Requiem,* 27.

28 W. Collin Schenk, "Slum Diversity in Kolkata," *Columbia Undergraduate Jorunal of South Asian Studies* 1, no. 2 (Spring2010): 108, http://www.columbia.edu/cu/cujsas/Volume%20I/Issue%20II /W%20 Collin%20Schenk%20 -%20Slum%20Diversity .pdf.

29 可參見 D. Asher Ghertner, *Rule by Aesthetics: World-ClassCity Making in Delhi* (New York, NY: Oxford University Press, 2015)。

30 Frederic C. Thomas, *Calcutta Poor: Inquiry into the Intractability of Poverty* (1997; repr., New York: Routledge,2015), 1.

31 Ibid., 3.

32 "Locals Spot Fire, Rush to Rescue," *Hindustan Times,* Dec. 10, 2011, https://www.hindustantimes.com/kolkata/locals-spot-fire-rush-to-rescue/story-QbXQD75LOxRw7nuEWefJ8O.html.

33 Catherine Farvacque-Vitkovi et al., *Street Addressingand the Management of Cities* (Washington, DC: World Bank, 2005), 2.

34 Universal Postal Union, *Addressing the World—An Address for Everyone* (White Paper, Switzerland, 2012), 43, http://news.upu.int/fileadmin/userupload/PDF/Reports/whitePaperAdressingEn.pdf.

35 Farvacque-Vitkovi et al., *Street Addressing,* 21.

36 "Howrah Bridge Pillars Get Protective Cover against Gutka Sputum," Hindu BusinessLine, May 2, 2013, https://www.thehindubusinessline.com/news/national/howrah-bridge-pillars-get-protective-cover-against-gutka-sputum/article23107406.ece.

37 Spence Galbraith, *Dr John Snow (1813–1858): His Early Years: An Account of the Family of Dr John Snow and His Early Life* (London: Royal Institute of Public Health, 2002), 49。還有其他著作鉅細靡遺地介紹了史諾的研究，例如 Sandra Hempel, *The Strange Case of the Broad Street Pump: John Snow and the Mystery of Cholera* (Berkeley: University of California Press, 2007) 與 Steven Johnson, *The Ghost Map: The Story of London's Most Terrifying Epidemic—andHow It Changed Science, Cities, and the Modern World* (New York: Riverhead Books, 2006)。

38 Paul G. Barash et al., *Clinical Anesthesia* (Philadelphia, PA: Lippincott, Williams, & Wilkins, 2009), 6.

39 Richard Barnett, "John Snow and Cholera," Sick City Project, March 11, 2013, https://sickcityproject.wordpress.com/2013/03/11/john-snow-and-cholera/.

40 John Snow, *On the Mode of Communication of Cholera* (London: John Churchill, 1855), 15–20.

41 Johnson, *The Ghost Map*, 147–48.

42 G. C. Cook, "Early History of Clinical Tropical Medicine in London," *Journal of the Royal Society of Medicine* 83, no. 1 (Jan. 1990): 38–41.

43 Samuel Pepys, *The Diary of Samuel Pepys*, vol. 1, *1660* (Berkeley: University of California Press, 2000).

44 Richard Barnett, "John Snow and Cholera."

45 Sandra Hempel, *The Strange Case of the Broad Street Pump: John Snow and the Mystery of Cholera* (Berkeley: University of California Press, 2007), 28.

46 Snow. *On the Mode*, 5.

47 D. E. Lilienfeld, "Celebration: William Farr (1807–1883)—An Appreciation on the 200th Anniversary

of His Birth," *International Journal of Epidemiology* 36, no. 5 (October 2007): 985–87. DOI:10.1093/ije/dym132.

48 William Farr, "Letter to the Registrar-General, from William Farr, Esq.," in *First Annual Report of the Registrar-General on Births, Deaths, and Marriages in England in 1837–8* (London: HMSO, 1839).

49 Snow, *On the Mode,* 42.

50 "Dr. Snow's Report," in *Report on the Cholera Outbreak in the Parish of St. James, Westminster, During the Autumn of 1854* (London: J.Churchill, 1855), 106.

51 S. P. W. Chave, "Henry Whitehead and Cholera in Broad Street," *Medical History* 2, no. 2 (April 1958): 96.

52 Ibid., 97.

53 在以下這個網站，你可以看到原始死亡證明書的複本：https://www.ph.ucla.edu/epi/snow/html。這個網站對想要知道史諾與霍亂的資訊的人來說，是個無價之寶。

54 Chave, "Henry Whitehead and Cholera in Broad Street," 95.

55 Samantha Hajna, David L. Buckeridge, and James A. Hanley, "Substantiating the Impact of John Snow's Contributions Using Data Deleted During the 1936 Reprinting of His Original Essay *On the Mode of Communication of Cholera,*" *International Journal of Epidemiology* 44, no. 6 (Dec. 2015): 1794–99.

56 Tom Koch, *Disease Maps: Epidemics on the Ground* (Chicago: University of Chicago Press, 2011), 29.

57 Tom Koch, "The Map as Intent: Variations on the Theme of John Snow," *Cartographica* 39, no. 4 (Winter 2004): 6.

58 *Disease Maps: Epidemics on the Ground* (Chicago: University of Chicago Press, 2011) and *Cartographies of Disease: Maps, Mapping, and Medicine* (Redlands, CA: ESRI Press, 2005), 104.

59 Jonathan M. Katz, “Haiti’s Shadow Sanitation System,” *New Yorker,* March 12, 2014, https://www.newyorker.com/tech/annals-of-technology/haitis-shadow-sanitation-system.

60 Paul Fine et al., “John Snow’s Legacy: Epidemiology Without Borders,” *Lancet* 381 (April 13, 2013): 1302.

61 關於皮亞胡在海地的工作的完整記敘，請見 Ralph R. Frerichs, *Deadly River: Cholera and Cover-Up in Post-Earthquake Haiti (The Culture and Politics of Health Care Work)* (Ithaca, NY: ILR Press, 2017)。

62 Jonathan M. Katz, “In the Time of Cholera,” *Foreign Policy,* Jan. 10, 2013, https://foreignpolicy.com/2013/01/10/in-the-time-of-cholera/.

63 Katz, “In the Time of Cholera.”

64 Randal C. Archibold, “Officials in Haiti Defend Focus on Cholera Outbreak, Not Its Origins,” *New York Times,* Nov. 17, 2010, https://www.nytimes.com/2010/11/17/world/americas/17haiti.html.

65 Ibid.

66 Chen-Shan Chin et al., “The Origin of the Haitian Cholera Outbreak Strain,” *New England Journal of Medicine* 364, no. 1 (Jan. 2011):33–42.

67 “As Cholera Returns to Haiti, Blame Is Unhelpful,” *Lancet Infectious Diseases* 10, no. 12 (Dec. 1, 2010): 813, https://www.thelancet.com/journals/laninf/article/PIIS1473-3099(10)70265-6/fulltext.

68 Somini Sengupta, “U.N. Apologizes for Role in Haiti’s 2010 Cholera Outbreak,” *New York Times,* Dec. 1, 2016, https://www.nytimes.com/2016/12/01/world/americas/united-nations-apology-haiti-cholera.html.

69 Koch, *Disease Maps*; *Cartographies of Disease.*

70 “Dr John Snow and Reverend Whitehead,” Cholera and the Thames, accessed Sept. 26, 2019, https://

www.choleraandthethames.co.uk/cholera-in-london/cholera-in-soho/.

71 漢培（Sandra Hempel）在其著作結尾也表示同樣的看法，請見 *The Strange Case of the Broad Street Pump:John Snow and the Mystery of Cholera*。漢培引用了更長的懷赫德演講段落，她指出史諾認為自己會被歷史遺忘。在這個層次上，史諾對自己研究的看法也同樣出錯了。

72 Chris Michael, "Missing Maps: Nothing Less than a Human Genome Project for Cities," *Guardian*, Oct. 6, 2014, https://www.theguardian.com/cities/2014/oct/06/missing-maps-human-genome-project-unmapped-cities.

第三章　羅馬：古羅馬人是怎麼找路的？

73 Alan Kaiser, *Roman Urban Street Networks: Streets and the Organization of Space in Four Cities* (New York: Routledge, 2011), 100–5.

74 Jeremy Hartnett, *The Roman Street: Urban Life and Society in Pompeii, Herculaneum, and Rome* (New York: Cambridge University Press, 2017), 33.

75 Claire Holleran, "The Street Life of Ancient Rome," in *Rome, Ostia, Pompeii: Movement and Space*, eds. Roy Lawrence and David J. Newsome (Oxford: Oxford University Press, 2011), 247.

76 Roger Ling, "A Stranger in Town:Finding the Way in an Ancient City," *Greece & Rome* 37, no. 2 (Oct. 1990): 204–14, DOI:10.1017/S0017383500028965.

77 Alan Kaiser, *Roman Urban Street Networks*, 36–46.

78 Ibid., 40.

79 Holleran, "The Street Life of Ancient Rome," 246–47.

80 Ibid., 247.

81 Ibid., chapter 11.

82 Kevin Lynch; Joint Center for Urban Studies, *The Image of the City* (Cambridge, MA: MIT Press, 1960), 93.

83 Ibid., 10.

84 Ibid., 4.

85 Henry Ellis, "Revisiting *The Image of the City*: TheIntellectual History and Legacy of Kevin Lynch's Urban Vision" (bachelor's thesis, Wesleyan, 2010), 102.

86 Lynch, *The Image of the City,* 22.

87 Matthew Reed Baker, "One Question: Are Boston's Streets Really Paved over Cow Paths?" *Boston Magazine,* March 6, 2018, https://www.bostonmagazine.com/news/2018/03/06/boston-streets-cow-paths.

88 Lynch, *The Image of the City,* 29.

89 Ibid., 40–41.

90 Ibid., 3.

91 Simon Malmberg, "Finding Your Way in the Subura," *Theoretical Roman Archaeology Journal* (2008): 39–51, DOI:10.16995/TRAC20083951.

92 Simon Malmberg, "Navigating the Urban Via Tiburtina," in *Via Tiburtina: Space, Movement and Artefacts in the Urban Landscape,* eds. H. Bjur and B. Santillo Frizell (Rome, Italy: Swedish Institute in Rome, 2009), 67–68.

93 Diane G. Favro, *The Urban Image of Augustan Rome* (New York: Cambridge University Press, 1996), 10.

94 Kaiser, *Roman Urban Street Networks,* 8.

95 Margaret Talbot, "The Myth of Whiteness in Classical Sculpture," *New Yorker,* Oct. 22, 2018, https://www.newyorker.com/magazine/2018/10/29/the-myth-of-whiteness-in-classical-sculpture.

96 Eleanor Betts, "Towards a Multisensory Experience of Movement in the City of Rome," in *Rome, Ostia, Pompeii,* 123, https://www.oxfordscholarship.com/view/10.1093/acprof:osobl/9780199583126.001.0001/acprof-9780199583126-chapter-5.

97 Malmberg, "Navigating the Urban Via Tiburtina," 66.

98 Ibid., 66.

99 Juvenal, satire 3, in *Satires*, trans. G. G. Ramsay (1918), http://www.tertullian.org/fathers/juvenalsatires03.htm.

100 Betts, "Towards a Multisensory Experience of Movement in the City of Rome," 121

101 Malmberg, "Navigating the Urban Via Tiburtina," 62.

102 Kate Jeffery, "Maps in the Head: How Animals Navigate Their Way Around Provides Clues to How the Brain Forms, Stores and Retrieves Memories," *Aeon,* accessed June 19, 2019, https://aeon.co/essays/how-cognitive-maps-help-animals-navigate-the-world.

103 William Beecher Scoville and Brenda Milner, "Loss of Recent Memory after Bilateral Hippocampal Lesions," *Journal of Neurology, Neurosurgery & Psychiatry* 20, no. 1 (Feb. 1957): 11–21.

104 Larry R. Squire, "The Legacy of Patient H.M. for Neuroscience," *Neuron* 61, no. 1 (Jan. 2009): 6–9, DOI:10.1016/j.neuron .2008.12.023.

105 Amir-Homayoun Javadi, Beatrix Emo, et al., "Hippocampal and prefrontal processing of network topology to simulate the future," *Nature Communications,* 8, (March 2017), https://www.nature.com/

articles/ncomms14652.

106 Mo Costandi, "The Brain Takes a Guided Tour of London," *Scientific American,* March 21, 2017, https://www.scientificamerican.com/article/the-brain-takes-a-guided-tour-of-london/.

107 Kate Jeffery; "How Cognitive Maps Help Animals Navigate the World," *Aeon,* Jan. 25, 2017, https://aeon.co/essays/how-cognitive-maps-help-animals-navigate-the-world.

108 Nicholas Carr, *The Glass Cage: Automation and Us* (New York: Norton, 2014), 132.

109 Favro, *The Urban Image of Augustan Rome,* 10.

110 Ibid., 7.

111 Lynch, *The Image of the City,* 2.

112 Ibid.

113 感謝梅姆伯格幫我翻譯。

114 Terence, *The Brothers,* 574–87.

第四章　倫敦：我們的街道名稱是怎麼來的？

115 Richard Holt and Nigel Baker, "Towards a Geography of Sexual Encounter: Prostitution in English Medieval Towns," in *Indecent Exposure: Sexuality, Society, and the Archaeological Record,*ed. Lynne Bevan (Glasgow: Cruithne Press, 2001), 213.

116 Sejal Sukhadwala, "How London's Food and Drink Streets Got Their Names," Londonist, May 19, 2017, https://londonist.com/2016/06/how-london-s-food-and-drink-streets-got-their-names.

117 "Pudding Lane," Placeography, Map of Early Modern London, https://mapoflondon.uvic.ca/PUDD1.htm.

118 "From Amen Court to Watling Street: More Ingoldsby-Related Streets," Street Names, https://

thestreetnames.com/tag/amen-corner/.

119 "Knightrider Street," Placeography, Map of Early Modern London, https://mapoflondon.uvic.ca/KNIG1.htm.

120 "Artillery Gardens in Spitalfields," London Remembers, https://www.londonremembers.com/subjects/artillery-gardens-in-spitalfields.

121 Holt and Baker, "Towards a Geography of Sexual Encounter,"208.

122 "Attitudes to Potentially Offensive Language and Gestures on TV and Radio: Research Report," Ofcom, Sept. 2016, https://www.ofcom.org.uk/data/assets/pdffile/0022/91624/OfcomOffensiveLanguage.pdf.

123 Ibid., 44.

124 "Oxford's Crotch Crescent Named 5th Most Embarrassing Street in England," JACKfm, accessed June 24, 2019, https://www.jackfm.co.uk/news/oxfordshire-news/oxfords-crotch-crescent-named-5th-most-embarrassing-street-in-england/.

125 Rob Bailey and Ed Hurst, *Rude Britain: 100 Rudest Place Names in Britain* (London: Boxtree, 2005).

126 Judith Flanders, *The Victorian City: Everyday Life in Dickens' London* (New York: St. Martin's Press, 2014), 10.

127 Ibid., 60.

128 Ibid., 58.

129 "London Street Names," *Spectator,* Jan. 23, 1869, 12–13, http://archive.spectator.co.uk/article/23rd-january-1869/13/london-street-names-london-street-names.

130 *Punch,* July–Dec. 1849, quoted in "Sanitary Street Nomenclature," Victorian London, http://www.victorianlondon.org/health/sanitary.htm.

131 P. W. J. Bartrip, " 'A Thoroughly Good School': An Examination of the Hazelwood Experiment in Progressive Education," *British Journal of Educational Studies* 28, no. 1 (Feb. 1980): 48–49.

132 Duncan Campbell-Smith, *Masters of the Post: The Authorized History of the Royal Mail* (London: Allen Lane,2011), 124.

133 Ibid.

134 Rowland Hill and George Birkbeck Hill, *The Life of Sir Rowland Hill and the History of Penny Postage* (London: Thos. De La Rue, 1880), 53.

135 Eunice Shanahan and Ron Shanahan, "The Penny Post," The Victorian Web, accessed Nov. 21, 2019, http://www.victorianweb.org/history/pennypos.html.

136 Rowland Hill, *Post Office Reform: Its Importance and Practicability* (London: Charles Knight, 1837), 8.

137 William Ashurst, *Facts and Reasons in Support of Mr. Rowland Hill's Plan for a Universal Penny Postage* (London: H. Hooper, 1838), 107.

138 Ibid., 1.

139 Catherine J. Golden, *Posting It: The Victorian Revolution in Letter Writing* (Gainesville: University of Florida Press, 2009), 27.

140 Campbell-Smith, *Masters of the Post,* 130.

141 Ibid., 128.

142 Samuel Laing, *Notes of a Traveller, on the Social and Political State of France, Prussia, Switzerland, Italy, and Other Parts of Europe, during the Present Century* (London: Longman, Brown, Green, and Longmans, 1842), 174–75.

143 Edward Mogg, *Mogg's New Picture of London and Visitor's Guide to it Sights* (London: E. Mogg, 1844),

quoted in Victorian London, accessed June 19, 2019, https://www.victorianlondon.org/communications/dickens-postalregulations.htm.

144 James Wilson Hyde, *The Royal Mail: Its Curiosities and Romance* (Edinburgh and London: William Blackwood and Sons, 1885), xi, http://www.gbps.org.uk/information/downloads/files/historical-studies/The%20Royal%20Mail,%20its%20Curiosities%20and%20Romance%20(1885)%20-%20James%20Wilson%20Hyde .pdf.

145 Ibid., 193-195.

146 Natasha Mann, "People Send the Funniest Things," *Guardian,* Jan. 25, 2003, https://www.theguardian.com/uk/2003/jan/27/post.features11.

147 "Where Do Missing Letters Go?," BBC News, March 20, 2001, http://news.bbc.co.uk/1/hi/uk/1231012.stm.

148 Harriet Russell, *Envelopes: A Puzzling Journey through the Royal Mail* (New York: Random House, 2005).

149 James H. Bruns, "Remembering the Dead," Smithsonian National Postal Museum *EnRoute* 1, no. 3 (July–Sept. 1992), accessed June 24, 2019, https://postalmuseum.si.edu/research/articles-from-enroute/remembering-the-dead.html.

150 Ibid.

151 Ibid.

152 Kihm Winship, "The Blind Reader," Faithful Readers, Aug. 16, 2016, https://faithfulreaders.com/2016/08/16/the-blind-reader/.

153 Bruns, "Remembering the Dead."

154 Ibid.; Bess Lovejoy, "Patti Lyle Collins, Super-Sleuth of the Dead Letter Office, Mental Floss, Aug. 25, 2015, http://mentalfloss.com/article/67304/patti-lyle-collins-super-sleuth-dead-letter-office.

155 *Ladies' Home Journal,* Sept. 1893, quoted in Winship, "The Blind Reader."

156 "Sir Rowland Hill KCB, FRS and the General Post Office," maps.thehunthouse, https://www.maps.thehunthouse.com/Streets/MetropolitanBoroughs.htm.

157 "London Street Names. London Street Names," *Spectator* Archive, Jan. 23, 1869, 12, http://archive.spectator.co.uk/article/23rd-january-1869/13/london-street-names-london-street-names.

158 Tom Hughes, "Street Fighting Men," Marylebone Village, https://www.marylebonevillage.com/marylebone-journal/street-fighting-men.

159 Ibid.

160 Bruce Hunt, "London Streets Lost to the Blitz," https://www.maps.thehunthouse.com/eBooks/London_Streets_Lost_to_the_Blitz.htm。杭特（Bruce Hunt）嚴謹地對照了倫敦大轟炸前後的街景。若欲了解更多，請至他的網站：http://www.maps.thehunthouse.com。

161 Felicity Goodall, "Life During the Blackout," *Guardian*, Nov. 1, 2009, https://www.theguardian.com/lifeandstyle/2009/nov/01/blackout-britain-wartime.

162 Jean Crossley, "A Middle Class War 1939–1947," unpublished private papers of Mrs. J. Crossley, Imperial War Museum, 1998, 20.

163 Laura Reynolds, "Why Is There No NE or S London Postcode District?" Londonist, Aug. 2015, https://londonist.com/2015/08/why-is-there-no-ne-or-s-london-postcode-district.

164 Niraj Chokshi, "The Bounty ZIP Codes Brought America," *Atlantic,* April 23, 2013, https://www.theatlantic.com/technology/archive/2013/04/the-bounty-zip-codes-brought-america/275233/.

165 Douglas Martin, “Robert Moon, an Inventor of the ZIP Code, Dies at 83,” *New York Times,* April 14, 2001, 36, https://www.nytimes.com/2001/04/14/us/robert-moon-an-inventor-of-the-zip-code-dies-at-83.html.

166 Smithsonian NPM, “Swingin’ Six Zip Code Video,” YouTube, Nov. 2, 2011, https://www.youtube.com/watch?v=QIChoMEQ4Cs.

167 Chokshi, “The Bounty ZIP Codes Brought America.”

168 Nick Van Mead, “Where the Streets Have New Names: The Airbrush Politics of Renaming Roads,” *Guardian,* June 28, 2016, https://www.theguardian.com/cities/2016/jun/28/streets-new-names-airbrush-politics-renaming-roads.

169 William J. Hoy, “Chinatown Devises Its Own Street Names,” *California Folklore Quarterly* 2, no. 2 (1943): 71–75, DOI:10.2307/1495551.

170 Devin Gannon, “Chinese Immigrants Use Slang Names and Maps to Navigate the Streets of NYC,” 6sqft, Aug. 14, 2017, https://www.6sqft.com/chinese-immigrants-use-slang-names-and-maps-to-navigate-the-streets-of-nyc/.

171 Daniel Oto-Peralías, “What Do Street Names TellUs? The ‘City-Text’ as Socio-cultural Data,” *Journal of Economic Geography* 18, no. 1 (Jan. 2018): 187–211.

172 Daniel Oto-Peralías, “What Do Street Names Tell Us? An Application to Great Britain’s Streets,” *Journal of Economic Geography,* accessed June 20, 2019, https://papers.ssrn.com/sol3/papers.cfm?abstractid=3063381.

173 Marek K pa, “Poland’s Most Popular Street Names: An Adventure in Statistics,” Culture.Pl, Jan. 17, 2018, https://culture.pl/en/article/polands-most-popular-street-names-an-adventure-in-statistics.

174 Jaspar Copping, "England's Changing Street Names: Goodbye Acacia Avenue, Welcome to Yoga Way," *Telegraph,* March 28, 2010, https://www.telegraph.co.uk/news/newstopics/howaboutthat/7530346/Englands-changing-street-names-goodbye-Acacia-Avenue-welcome-to-Yoga-Way.html.

175 Oliver Gee, ' "Sexist' Paris Streets Renamed in Feminist Stunt," The Local, Aug. 26, 2015, https://www.thelocal.fr/20150826/paris-neighbourhood-gets-a-feminist-makeover.

176 Doreen Massey, "Places and Their Pasts," *History Workshop Journal* 39 (Spring 1995): 187, https://www.jstor.org/stable/4289361.

177 "Black Country Geology," Geology Matters, http://geologymatters .org.uk/the-black-country/.

第五章　維也納：門牌號碼告訴我們什麼有關權力的知識？

178 Anton Tantner, "Gallery of House Numbers," accessed Sept. 27, 2019, https://homepage.univie.ac.at/anton.tantner/housenumbers/exhibition.html.

179 Anton Tantner, "Addressing the Houses: The Introduction of House Numbering in Europe," *Histoire & Mesure,* 24, no 2. (Dec. 2004), 7。若欲了解更多，請見 Anton Tantner, *House Numbers: Pictures of a Forgotten History,* trans. Anthony Mathews (London: Reaktion Books, 2015).

180 Edward Crankshaw, *Maria Theresa* (New York: Viking Press, 1970), 3。歷史網站「哈布斯堡王朝的世界」（The World of the Hapsburgs）可提供關於哈布斯堡家族的概觀 "Maria Theresa—the Heiress," The World of the Hapsburgs, accessed June 20, 2019, https://www.habsburger.net/en/chapter/maria-theresa-heiress。

181 The World of the Hapsburgs, "Maria Theresa in the Eyes of Her Contemporaries," https://www.habsburger.net/en/chapter/maria-theresa-eyes-her-contemporaries.

182 Michael Yonan, "Conceptualizing the Kaiserinwitwe: Empress Maria Theresa and Her Portraits," in *Widowhood and Visual Culture in Early Modern Europe* (Burlington: Ashgate Publishing, 2003), 112.

183 關於房屋編號的更多細節，坦特納不僅寫了一篇包羅萬象的文章，還有一本精彩的著作 Tantner, *House Numbers*：Tantner, "Addressing the Houses," 7–30。

184 "The Signs of Old London," Spitalfields Life, Oct. 5, 2011, http://spitalfieldslife.com/2011/10/05/the-signs-of-old-london/.

185 Kathryn Kane, Regency Redingote: Historical Snipets of Regency England, Feb. 10, 2012, https://regencyredingote.wordpress.com/2012/02/10/on-the-numbering-of-houses/.

186 "Review of the First Report of the Postmaster-General, on the Post Office," *London Quarterly Review,* 1855, quoted in Kate Thomas, *Postal Pleasures: Sex, Scandal, and Victorian Letters* (New York: Oxford University Press, 2012), 20.

187 Milton Esterow, "Houses Incognito Keep Us Guessing as They Did in New York of 1845," *New York Times,* Jan. 24, 1952, https://timesmachine.nytimes.com/timesmachine/1952/01/24/93344794.html?pageNumber=29.

188 Ibid.

189 Ibid.

190 Mark Twain, *The Chicago of Europe, and Other Tales of Foreign Travel,* ed. Peter Kaminsky (New York: Union Square Press, 2009), 197–98.

191 James C. Scott, *Seeing Like a State: How Certain Schemes to Improve the Human Condition Have Failed* (New Haven: Yale University Press, 1998), 1–2.

192 Ibid., 2.

193 Ibid., 88.

194 Ibid.

195 Edwin Garner, "Seeing Like a Society: Interview with James C. Scott, *Volume* 20 (July 20, 2008), http://volumeproject.org/seeing-like-a-society-interview-with-james-c-scott/.

196 Scott, *Seeing Like a State,* 65.

197 James C. Scott et al., "The Production of Legal Identities Proper to States: The Case of the Permanent Family Surname," *Comparative Studies in Society and History* 44, no. 1 (Jan. 2002): 8.

198 Daniel Lord Smail, *Imaginary Cartographies: Possession and Identity in Late Medieval Marseille* (Ithaca: Cornell University Press, 2000), 188.

199 Ibid., 189.

200 Ibid., 192.

201 對於紀堯特的著作，比里尼亞尼與薩瑪友都提供了精彩的闡釋，請見 Cesare Birignani, "The Police and the City: Paris, 1660–1750" (doctoral dissertation, Columbia University, 2013), DOI:10.7916/D87P95K6 與 Grégoire Chamayou, "Every Move Will Be Recorded," MPIWG, accessed Sept. 17, 2019, https://www.mpiwg-berlin.mpg.de/news/features/features-feature14。

202 Chamayou, "Every Move Will Be Recorded."

203 Ibid.

204 Ibid.

205 Marco Cicchini, "A New 'Inquisition'? Police Reform, Urban Transparency and House Numbering in Eighteenth-Century Geneva," *Urban History* 39, no. 4 (Nov. 2012): 617, DOI:10.1017/S0963926812000417.

206 Ibid., 620.

207 Tantner, "Addressing the Houses: The Introduction of House Numbering in Europe,"16.

208 *Charleston City Directory* (1860), quoted in Reuben Skye Rose-Redwood, "Governmentality, the Grid, and the Beginnings of a Critical Spatial History of the Geo-Coded World" (doctoral dissertation, Pennsylvania State University, Feb. 10, 2006), https://etda.libraries.psu.edu/catalog/6981.

209 Françoise Jouard, "Avec ce numero, 'il lui semblera etre dans une inquisition," *AEG* (Oct. 1782): 13967, quoted in Marco Cicchini, "A New'Inquisition'?"

210 Tantner, *House Numbers,* 24.

211 Ibid., 25.

212 Jennifer Schuessler, "Professor Who Learns from Peasants," *New York Times,* Dec. 4, 2012, https://www.nytimes.com/2012/12/05/books/james-c-scott-farmer-and-scholar-of-anarchism.html.

213 Peer Schouten, "James Scott on Agriculture as Politics, the Danger of Standardization and Not Being Governed," Theory Talks, May 15, 2010, http://www.theory-talks.org/2010/05/theory-talk-38.html.

214 Scott, *Seeing like a State*, 223–26.

215 Ibid., 223.

216 James C. Scott, John Tehranian, and Jeremy Mathias, "The Production of Legal Identities Proper to States: The Case of the Permanent Family Surname," *Comparative Studies in Society and History* 44, no. 1 (2002): 18–29.

217 Dietz Bering, *The Stigma of Names: Antisemitism in German Daily Life, 1812–1933,* trans. Neville Plaice (Ann Arbor: University of Michigan Press, 1991), 15, quoted in Scott et al., "The Production of Legal Identities," 17.

218 James Scott, "The Trouble with the View from Above," *Cato Unbound* (Sept. 10, 2010), https://www.cato-unbound.org/print-issue/487.

219 The Vocabularist, "The Very French History of the Word 'Surveillance,' " *Magazine Monitor* (blog), BBC, https://www.bbc.co.uk/news/blogs-magazine-monitor-33464368.

220 Tantner, *House Numbers,* 32.

221 Baron Ferdinand de Rothschild, *Reminiscences,* July 1887, Windmill Hill Archive, Waddesdon Manor, inv. no. 177.1997, quoted in Dora Thornton, "Baron Ferdinand Rothschild's Sense of Family Origins and the Waddesdon Bequest in the British Museum," *Journal of the History of Collections* 31, no. 1 (March 9, 2019): 184, DOI:10.1093/jhc/fhx052.

第六章　費城：為何美國人熱愛編號的街道？

222 Jim Dwyer, "The Sounds of 'Mannahatta' in Your Ear," *New York Times,* April 25, 2017, https://www.nytimes.com/2017/04/25/nyregion/the-sounds-of-mannahatta-in-your-ear.html.

223 Peter Miller, "Before New York," *National Geographic* (online), Sept. 2009, https://www.nationalgeographic.com/magazine/2009/09/manhattan/.

224 Eric W. Sanderson, *Mannahatta: A Natural History of New York City* (New York, NY: Harry N. Abrams, 2013), 21.

225 "Welikia Map," Welikia: Beyond Mannahatta, accessed June 15, 2019, https://welikia.org/explore/mannahatta-map/.

226 Pauline Maier, "Boston and New York in the Eighteenth Century," *Proceedings of the American Antiquarian Society; Worcester, Mass.* 91, no. 2 (Jan. 1, 1982): 186.

227 Gerard Koeppel, *City on a Grid: How New York Became New York* (Boston: Da Capo Press, 2015), 128.

228 Thomas Foster, "Reconsidering Libertines and Early Modern Heterosexuality: Sex and American Founder Gouverneur Morris," *Journal of the History of Sexuality* 22, no. 1 (Jan. 2013): 76.

229 "The Commissioners, The 1811 Plan," The Greatest Grid: The Master Plan of Manhattan 1811–Now, accessed June 15, 2019, http://thegreatest-grid.mcny.org/greatest-grid/the-commissioners.

230 Ibid.

231 Ibid.

232 Marguerite Holloway, *The Measure of Manhattan: The Tumultuous Career and Surprising Legacy of John Randel Jr., Cartographer, Surveyor, Inventor* (New York: Norton, 2013), 146.

233 Dorothy Seiberling, "The Battle of Manhattan," *New York,* Oct. 20, 1975, http://socks-studio.com/2015/07/16/the-battle-of-manhattan-reliving-the-1776-revolution-in-the-city-of-today/.

234 Holloway, *The Measure of Manhattan,* 60.

235 Sam Roberts, "Hardship for John Randel Jr., Street Grid's Father," *New York Times,* March 20, 2011, https://www.nytimes.com/2011/03/21/nyregion/21randel.html.

236 Holloway, *The Measure of Manhattan,* 61.

237 Ibid.

238 Edward K. Spann, "The Greatest Grid: The New York Plan of 1811," in *Two Centuries of American Planning*, ed. Daniel Schaffer (Baltimore, MD: John Hopkins University Press, 1988), 27.

239 Jason M. Barr, *Building the Skyline: The Birth and Growth of Manhattan's Skyscrapers* (New York: Oxford University Press, 2016), 1.

240 Trevor O'Grady, "Spatial Institutions in Urban Economies: How City Grids Affect Density and

Development" (partial submission for doctoral dissertation, Harvard University, Jan. 2014), 4, https://scholar.harvard.edu/files/ogrady/files/citygrids.pdf.

241 Maier, "Boston and New York in the Eighteenth Century," 185.

242 Ibid., 190.

243 Ibid., 192.

244 Reuben Rose-Redwood and Lisa Kadonaga, " 'The Corner of Avenue A and Twenty-Third Street': Geographies of Street Numbering in the Untied States," *The Professional Geographer*, vol 68, 2016–Issue 1, https://www.tandfonline.com/doi/full/10.1080/00330124.2015.1007433.

245 Jani Vuolteenaho, "Numbering the Streetscape: Mapping the Spatial History of Numerical Street Names in Europe," *Urban History* 39, no. 4 (Nov. 2012): 678. DOI:10.1017/S0963926812000442.

246 Ibid., 662.

247 Ibid.

248 John Bruce, "VIII.—Observations upon William Penn's Imprisonment in the Tower of London, A.D. 1668 With Some New Documents Connected Therewith, Communicated by Robert Lemon, Esq., F.S.A," *Archaeologia* 35, no. 1 (1853): 90, DOI:10.1017/S0261340900012728.

249 Thomas N. Corns and David Loewenstein, *The Emergence of Quaker Writing: Dissenting Literature in Seventeenth-Century England* (London: Frank Cass, 1995), 116.

250 Mary Maples Dunn, "The Personality of William Penn," *Proceedings of the American Philosophical Society* 127, no. 5 (Oct. 14, 1983): 317.

251 Bruce, "VIII.—Observations upon William Penn's Imprisonment in the Tower of London," 90.

252 John A. Phillips and Thomas C. Thompson, "Jurors v. Judges in Later Stuart England: The Penn/Mead

Trial and Bushell's Case" *Law & Inequality: A Journal of Theory and Practice* 4, no. 1 (1986): 197.

253 Ibid.

254 Ibid.

255 Ibid.

256 Michael J. Lewis, *City of Refuge: Separatists and Utopian Town Planning* (Princeton, NJ: Princeton University Press, 2016), 81.

257 Dunn, "The Personality of William Penn," 316.

258 Ibid.

259 John William Reps, "William Penn and the Planning of Philadelphia," *Town Planning Review* 27, no. 4 (April 1956): 404, https://journals.psu.edu/pmhb/article/viewFile/30007/29762.

260 Ibid., 403.

261 Ibid., 80–84.

262 Priscilla Parkhurst Ferguson, *Paris as Revolution: Writing the Nineteenth-Century City* (Berkeley: University of California Press, 1994), 32.

263 "Holme," in *Colonial and Revolutionary Families of Pennsylvania,* vol. 1, ed. John W. Jordan (1911; repr., Baltimore: Genealogical Publishing for Clearfield Co., 2004), 344.

264 Peter Marcuse, "The Grid as City Plan: New York City and Laissez-faire Planning in the Nineteenth Century," *Planning Perspectives* 2, no. 3 (Sept. 1, 1987): 293, DOI:10.1080/02665438708725645.

265 Vernon Carstensen, "Patterns on the American Land," *Publius: The Journal of Federalism* 18, no. 4 (Jan. 1988): 31, DOI:10.1093/oxfordjournals.pubjof.a037752.

266 Ibid.

267 Ibid.

268 Michael T. Gilmore, *Surface and Depth: The Quest for Legibility in American Culture* (New York: Oxford University Press, 2003), 25–26.

269 Samuel Pepys, *The World of Samuel Pepys: A Pepys Anthology,* eds. Robert Latham and Linnet Latham (London: HarperCollins, 2010), 155.

270 Matthew Green, "Lost in the Great Fire: Which London Buildings Disappeared in the 1666 Blaze?," *Guardian,* Aug. 30, 2016, https://www.theguardian.com/cities/2016/aug/30/great-fire-of-london-1666-350th-anniversary-which-buildings-disappeared.

271 Mark S. R. Jenner, "Print Culture and the Rebuilding of London after the Fire: The Presumptuous Proposals of Valentine Knight," *Journal of British Studies* 56, no. 1 (Jan. 2017): 13, DOI:10 .1017/jbr.2016.115.

272 Adam Forrest, "How London Might Have Looked: Five Masterplans after the Great Fire," *Guardian,* Jan. 25, 2016, https://www.theguardian.com/cities/2016/jan/25/how-london-might-have-looked-five-masterplans-after-great-fire-1666.

273 Koeppel, *City on a Grid,* 215–16.

274 Richard S. Dunn, "William Penn and the Selling of Pennsylvania, 1681–1685," *Proceedings of the American Philosophical Society* 127, no. 5 (1983): 322.

275 Michael T. Gilmore, *Surface and Depth*, 22.

276 William Penn, Frame of Government, April 25, 1682.

277 Hans Fantel, *William Penn: Apostle of Dissent* (New York: William Morrow & Co., 1974), 254–56.

278 Letter, "Thomas Jefferson to Peter Stephen Duponceau," Nov. 16, 1825, https://rotunda.upress.virginia.

edu/founders /default.xqy?keys=FOEA-print-04-02-02-5663.

第七章　韓國與日本：誰說街道一定要有字？

279 Roland Barthes, *Empire of Signs,* trans. Richard Howard (1982, repr. New York: Hill and Wang), 33.

280 Colin Marshall, "Ways of Seeing Japan:Roland Barthes's Tokyo, 50 Years Later," *Los Angeles Review of Books,* Dec. 31, 2016, https://lareviewofbooks.org/article/ways-seeing-japan-roland-barthess-tokyo-50-years-later/.

281 Anatole Broyard, "Empire of Signs," *New York Times,* Nov. 10, 1982, https://timesmachine.nytimes.com/timesmachine/1982/11/10/020710.html?ageNumber=85cite.

282 Roland Barthes, "Digressions" in *The Grain of the Voice* (Evanston, IL: Northwestern University, 2009), 122.

283 Ibid.

284 Adam Schatz, "The Mythologies of R.B.," *New York Review of Books*, June 7, 2018, https://www.nybooks.com/articles/2018/06/07/mythologies-of-roland-barthes/.

285 西佛斯（Derek Sivers）對此做了很好的解釋，請見 Derek Sivers, "Japanese Addresses: No Street Names. Block Numbers," June 22, 2009, https://sivers.org/jadr。

286 Barthes, *Empire of Signs,* 34.

287 Barrie Shelton, *Learning from the Japanese City: Looking East in Urban Design* (London: Routledge, 2012), 16.

288 Peter Popham, *Tokyo: The City at the End of the World* (New York: Kodansha International (Distributed in the U.S. through Harper & Row),1985), 48.

289 Ibid., 48–49.

290 Shelton, *Learning from the Japanese City,* 48–49.

291 Ibid., 181.

292 Ibid.

293 Barthes, *Empire of Signs,* 36.

294 Augusto Buchweitz, Robert A. Mason, Mihoko Hasegawa, and Marcel A. Just, "Japanese and English Sentence Reading Comprehension and Writing Systems: An fMRI Study of First and Second LanguageEffects on Brain Activation," *Bilingualism: Language and Cognition* 12 (Jan. 28, 2009): 141–51, DOI:10.1017/S1366728908003970.

295 Linda Himelstein, "Unlocking Dyslexia in Japanese," *Wall Street Journal* (online), July 5, 2011.

296 Lera Boroditsky, "How Does Our Language Shape the Way We Think?" *Edge,* June 11, 2009, https://www.edge.org/conversation/lera_boroditsky-how-does-our-language-shape-the-way-we-think.

297 Lera Boroditsky, "How Language Shapes Thought," *Scientific American,* Feb. 2011, https://www.scientificamerican.com/article/how-language-shapes-thought/.

298 Boroditsky, "How Does Our Language Shape the Way WeThink."

299 馬歇爾（Colin Marshall）也把薛爾敦的理論應用在韓國城市上，例如 Colin Marshall, "Learning from the Korean City," *The Korea Blog*, *Los Angeles Review of Books*, March 6, 2016, http://blog.lareviewofbooks.org/the-korea-blog/learning-korean-city/。

300 F. A. McKenzie, *The Tragedy of Korea* (London: Hodder, 1908), 145.

301 Ki-Moon Lee, "The Inventor of the Korean Alphabet," in *The Korean Alphabet: Its History and Structure* (Honolulu: University of Hawaii Press, 1997), 11–31.

302 Ibid., 27.

303 "Young-Key Kim-Renaud, *The Korean Alphabet: Its History and Structure* (Honolulu: University of Hawaii Press, 1997), 3.

304 Shin, "The Paradox of Korean Globalization" (research paper, Stanford University, January 2003), 5, http://citeseerx.ist.psu.edu/viewdoc/download?doi=10.1.1.194.7598&rep=rep1&type=pdf.

305 Ibid.

306 "From the Headmaster," KMLA, accessed Sept. 27, 2019, http://english.minjok.hs.kr/contents/about.php?id=2.

307 Hijoo Son, "Paradox of Diasporic Art from There: Antidote to Master Narrative of the Nation?" *Journal of Korean Studies* 17, no. 1 (Spring 2012): 167.

308 John Finch and Seung-kyung Kim, "Thinking Locally, Acting Globally: Redefining Traditions at the Korean Minjok Leadership Academy," *Korean Studies* 33 (2009), 129.

309 Ibid., 129.

310 Michael Breen, *The New Koreans: The Story of a Nation,* 1st ed. (New York: Thomas Dunne Books/St. Martin's Press, 2017), 33.

311 Ibid.

312 National/Politics, "Foreign Street Names Baffle Koreans," *The Chosunilbo,* Jan. 28, 2014, http://english.chosun.com/site/data/html_dir/2014/01/28/2014012801759.html.

第八章　伊朗：街道名稱為何追隨革命分子？

313 想知道更多莫雅萊米恩對絕食抗議的故事，請參見論文集 Pedram Moallemian, "The Night We

Named Bobby Sands Street," in *Hunger Strike: Reflections on the 1981 Hunger Strike,* ed. Danny Morrison (Dingle, Ireland: Brandon, 2006), 131–34。

314 Laura Friel, "Kieran Nugent Dies: The First H Block Blanket Man," *An Phoblacht,* May 11, 2000, https://www.anphoblacht.com/contents/6211.

315 Bobby Sands, "Thursday 5th," in *The Diary of Bobby Sands* (Dublin, Ireland: Sinn Fein, 1981), https://www.bobbysandstrust.com/writings/prison-diary.

316 Conor Macauley, "Bobby Sands AnniversaryMarked Politicisation of Republicans," BBC News, May 5, 2011, https://www.bbc.com/news/uk-northern-ireland-13287848.

317 Herve Armoric and Stefan Smith, "British Pressure on Tehran to Change Street Name Resented," *Business Recorder,* Jan. 26, 2004, https://fp.brecorder.com/2004/01/20040126194760/.

318 David Greason, "Embracing Death: The Western Left and the Iranian Revolution, 1978–83," *Economy and Society* 34, no. 1 (Feb. 2005): 117.

319 Alyssa Goldstein Sepinwall, T*he Abbé Grégoire and the French Revolution: The Making of Modern Universalism* (Berkeley: University of California Press, 2005), 130.

320 Ibid.

321 Ibid., 95.

322 Alexis de Tocqueville, *The Ancien Régime and the Revolution,* trans. Gerald Beran (New York: Penguin, 2008), 145.

323 Priscilla Parkhurst Ferguson, *Paris as Revolution: Writing the Nineteenth-Century City* (Berkeley: University of California Press, 1994), 12–13.

324 Roderick Munday, "The Girl They Named Manhattan: The Law of Forenames in France and

England,"*Legal Studies* 5, no. 3 (Nov. 1985): 332.

325 Ibid.

326 "The French Baby Names the Law Wouldn't Allow," *Local,* Nov. 18, 2016, https://www.thelocal.fr/20161118/french-baby-names-banned-nutella-renault.

327 Ferguson, *Paris as Revolution,* 23.

328 Ibid., 27.

329 Ibid., 32.

330 Ibid., 27–28.

331 Ibid., 23.

332 Victoria Thompson, " 'Telling Spatial Stories': Urban Space and Bourgeois Identity in Early Nineteenth-century Paris," *Journal of Modern History* 75, no. 3 (Sept. 2003): 534.

333 Ferguson, *Paris as Revolution,* 23.

334 Ken Ellingwood, "Mexico City: A Sea of Juarez Streets," *Los Angeles Times,* March 17, 2008, https://www.latimes.com/travel/la-trw-streetnames17mar17-story.html.

335 Laura Šakaja and Jelena Stani , "Other(ing), Self(portraying), Negotiating: The Spatial Codification of Values in Zagreb's City-Text," *Cultural Geographies* 18, no. 4 (Oct. 2011): 510.

336 Gideon Lichfield, "Russia Has More than 5,000 Streets Named for Lenin, and One Named for Putin," Quartz, June 10, 2015, accessed June 24, 2019, https://qz.com/424638/russia-has-more-than-5000-streets-named-for-lenin-and-one-named-for-putin/.

337 Zeinab Mohammed Salih, "Sudanese Campaigners 'Rename' Streets After Protestors Killed in Uprising," *Guardian,* Sept. 2, 2019, https://www.theguardian.com/world/2019/sep/02/sudanese-campaigners-

rename-streets-after-protesters-killed-in-uprising.

338 Jonathan Hassid, "Place Names, Symbolic Power and the Chinese State" (Paper, Iowa State University, Social Science Research Network, Aug. 1, 2013), 7, https://papers.ssrn.com/abstract=2308814.

339 Ibid., 7.

340 Ibid., 7–8.

341 Ibid., 8.

342 "What Is the District of Columbia? What Does D.C. Stand For?" *Ghosts of DC,* July 24, 2013, https://ghostsofdc.org/2013/07/24/washington-dc-district-of-columbia/.

343 Matt Johnson, "Here's Why DC's Streets Have the Names They Do," Greater Greater Washington, July 5, 2016, https://ggwash.org/view/42103/heres-why-dcs-streets-have-the-names-they-do.

344 Benjamin Forgey, "L'Enfant's Plan Also Included a Peter Principle," *Washington Post,* Aug. 30, 2003, https://www.washingtonpost.com/archive/lifestyle/2003/08/30/lenfants-plan-also-included-a-peter-principle/e9ee260b-74bb-4ffe-96cd-7e2c22529458/?utm_term=.76f957fb28e6.

345 "Interview: Danny Morrison: There's an Inner Thing in Every Man," *An Phoblacht,* Dec. 14, 2006, https://www.anphoblacht.com/contents/16190.

346 Kevin Bean, *The New Politics of Sein Fein* (Liverpool University Press, 2007), 63.

347 Petition, "To His Excellency Hojjatoleslam Sayed Mohammad Khatami, President of Iran," https://www.bobbysandstrust.com/wp-content/uploads/2008/10/iranian-petition.pdf.

348 Ibid.

349 "Will NI's Peace Walls Come Down by 2023 to Meet a 10-Year Target?," BBC News, May 3, 2018, https://www.bbc.co.uk/news/uk-northernireland-43991851.

350 Brian Wawzenek, “U2 Gets Cinematic on ‘Where the Streets Have No Name’: The Story Behind Every ‘Joshua Tree’ Song,” *Diffuser,*Feb. 28, 2017, https://diffuser.fm/u2-where-the-streets-have-no-name/.

351 Bobby Sands, “The Birth of a Republican,” *Republican News,* Dec. 16, 1978.

352 Henry McDonald, “Republicans Feud over Hunger Striker’s Legacy,” *Observer,* March 18, 2001, https://www.theguardian.com/uk/2001/mar/18/northernireland.northernireland.

第九章　柏林：納粹的街道名稱如何讓我們反省歷史？

353 Susan Hiller, *The J Street Project,* Contemporary Jewish Museum, YouTube, https://www.youtube.com/watch?v=594aCcLjHgs. 關於希爾勒計畫緣起的更多訊息，請見 Susan Hiller, *The J. Street Project, 2002–2005* (Warwickshire, UK: Compton Verney; Berlin Artists-in-Residence Programme/DAAD, 2005)。

354 Susan Hiller, ed., *The Myth of Primitivism: Perspectives on Art* (1991; repr., Abingdon, UK: Routledge, 2006), 1–2.

355 Contemporary Jewish Museum, “Susan Hiller,” YouTube video, 9:00, posted Sept. 4. 2009, https://www.youtube.com/watch?v=594aCcLjHgs.

356 Willy Brandt, *Links und Frei: Mein Weg 1930–1950* (Hamburg: Hofmann und Camp), 81, quoted in Maoz Azaryahu, “Renaming the Past in Post-Nazi Germany: Insights into the Politics of Street Naming in Mannheim and Potsdam,” *Cultural Geographies* 19, no. 3 (July 2012): 385, DOI:10.1177/1474474011427267.

357 Saul Friedländer, *Nazi Germany and the Jews,* vol. 1, *The Years of Persecution, 1933–1939* (London: Weidenfeld and Nicolson, 1997), 229–30.

358 Associated Press, "Google Apologises over Reviving Adolf-Hitler-Platz in Berlin," *Guardian,* Jan. 10, 2014, https://www.theguardian.com/technology/2014/jan/10/google-apologises-hitler-platz-berlin.

359 "Reich Town Forbids Jews to Walk on Hitlerplatz," *Jewish Daily Bulletin,* Sept. 3, 1933, http://pdfs.jta.org/1933/1933-09-032638.pdf?ga 2.169184673.1804865581.1566613708-866652241.1566613708, available at Jewish Telegraphic Agency Archive, accessed June 16, 2019, https://www.jta.org/1933/09/03/archive/reich-town-forbids-jews-to-walk-on-hitlerplatz.

360 Ingeborg Grolle, "Renaming of Hamburg Streets under National Socialism: Hallerstraße," trans. Insa Kummer, Key Documents of German-Jewish History, Sept. 22, 2016, https://jewish-history-online.net/article/grolle-renaming-streets.

361 Ibid.

362 Ibid.

363 Joseph Goebbels, "*Einsatz des Lebens,*" *Der Angriff,* April 19, 1929, quoted in English in Jesús Casquete, "Martyr Construction and the Politics of Death in National Socialism," *Totalitarian Movements and Political Religions* 10, no. 3–4 (Sept. 2009): 274, https://www.academia.edu/918222/MartyrConstructionandthePoliticsofDeathin_National Socialism.

364 感謝布拉許卡（Martina Plaschka）與伊德福格（Eric Idsvoog）翻譯這些信件。

365 Goebbels, "*Einsatz des Lebens,*" 274.

366 Jesús Casquete, "Martyr Construction and the Politics of Death in National Socialism," *Totalitarian Movements and Political Religions* 10, no. 3–4 (Sept. 2009): 274, https://www.academia.edu/918222/Martyr_Construction_and_the_Politics_of_Death_in_National_Socialism.

367 Daniel Siemens, *The Making of a Nazi Hero: The Murder and Myth of Horst Wessel,* trans. David

Burnett (London: I. B. Tauris, 2013), 24.

368 Tony Judt, *Postwar: A History of Europe Since 1945* (London: Vintage, 2010), 21.

369 Ibid., 19–26.

370 Ibid., 22.

371 Hsu-Ming Teo, "The Continuum of Sexual Violence in Occupied Germany, 1945–49," *Women's History Review* 5, no. 2 (1996): 191, https://www.tandfonline.com/doi/pdf/10.1080/09612029600200111.

372 Lara Feigel, *The Bitter Taste of Victory: Life, Love, and Art in the Ruins of the Reich* (London: Bloomsbury, 2016), 105.

373 Maoz Azaryahu, "Street Names and Political Identity: The Case of East Berlin," *Journal of Contemporary History* 21, no. 4 (Oct. 1, 1986): 583–84, DOI:10.1177/002200948602100405.

374 Dirk Verheyen, "What's in a Name? Street Name Politics and Urban Identity in Berlin," *German Politics & Society* 15, no. 3 (Fall 1997): 49.

375 Azaryahu, "Street Names and Political Identity," 588–89, 594–597.

376 Ibid., 589.

377 Ibid., 588.

378 Ibid., 600.

379 關於更多的柏林街道名稱細節，見 Brian Ladd, *The Ghosts of Berlin* (Chicago, IL: University of Chicago Press, 2018)。

380 Patricia Pollock Brodsky, "The Power of Naming in the Postunification Attack on the German Left," *Nature, Society, and Thought* 14, no. 4 (Oct. 2001): 425; Imre Karacs, "Berlin's Street signs take a right turn," *The Independent,* Dec. 18, 1995, https://www.independent.co.uk/news/world/berling-street-signs-

take-a-right-turn-1526146.html.

381 Brian Ladd, *The Ghosts of Berlin: Confronting German History in the Urban Landscape* (Chicago: University of Chicago Press, 1997), 209.

382 Brodsky, "The Power of Naming in the Postunification Attack on the German Left," 425.

383 George Katsiaficas, ed., *After the Fall: 1989 and the Future of Freedom* (New York: Routledge, 2013), 88.

384 Brodsky, "The Power of Naming in the Postunification Attack on the German Left," 425.

385 John Borneman, *After the Wall: East Meets West in the New Berlin* (New York: Basic Books, 1991), vii.

386 Christiane Wilke, "Making Sense of Place: Naming Streets and Stations in Berlin and Beyond," *Public Seminar* (blog), Jan. 22, 2014, http://www.deliberatelyconsidered.com/2012/03/making-sense-of-place-naming-streets-and-stations-in-berlin-and-beyond/.

387 Peter Steiner, "Making a Czech Hero: Julius Fu ík Through His Writings," *Carl Beck Papers in Russian and East European Studies,* no. 1501 (Sept. 2000): 8, https://carlbeckpapers.pitt.edu/ojs/index.php/cbp/article/view/86/87.

388 Brodsky, "The Power of Naming in the Postunification Attack onthe German Left," 431.

389 Ian Johnson, " 'Jews Aren't Allowed to Use Phones': Berlin's Most Unsettling Memorial," *New York Review of Books,* June 15, 2017, https://www.nybooks.com/daily/2013/06/15/jews-arent-allowed-use-telephones-berlin-memorial/.

390 Ibid.

391 John Rosenthal, "Anti-Semitism and Ethnicity in Europe," *Policy Review,* Oct. 2003, 17–38.

392 Kate Kellaway, "Susan Hiller, 75: 'Self-Doubt Is Always Present for Artists,' " *Guardian,* Nov. 15, 2015,

https://www.theguardian.com/artanddesign/2015/nov/15/susan-hiller-interview-self-doubt-is-always-present.

393 Hiller, *The J. Street Project,* 7.

394 Verheyen, "What's in a Name?" 45.

395 Lagenscheidt online German-English dictionary, https://en.langenscheidt.com/german-english/vergangenheitsbewaeltigung.

第十章 佛羅里達州好萊塢：為何美國人總要爭論邦聯的街道名稱？

396 Joan Mickelson, *Joseph W. Young, Jr., and the City Beautiful: A Biography of the Founder of Hollywood, Florida* (Jefferson, NC: McFarland, 2013), 7.

397 Ibid., 46.

398 Angela Fritz, "Boston Clinches Snowiest Season on Record amid Winter of Superlatives," *Washington Post,* March 15, 2015, https://www.washingtonpost.com/news/capital-weather-gang/wp/2015/03/15/boston-clinches-snowiest-season-on-record-amid-winter-of-superlatives/?utmterm=.f58dd7a4e36c.

399 Nixon Smiley, *Knights of the Fourth Estate: The Story of the Miami Herald* (Miami, FL: E. A. Seeman, 1974), 54.

400 Mehmet Odekon, *Boom and Busts: An Encyclopedia of Economic History from the First Stock Market Crash of 1792 to the Current Global Economic Crisis* (Abingdon, UK: Routledge, 2015), 283.

401 Mickelson, *Joseph W. Young, Jr., and the City Beautiful,* 108.

402 Michael Newton, *The Invisible Empire: The Ku Klux Klan in Florida* (Gainesville: University Press of Florida, 2001), 33.

403 Joan Mickelson, *A Guide to Historic Hollywood: A Tour Through Place and Time* (Charleston, SC: History Press Library Editions, 2005), 201.

404 Ibid.

405 Emily Yellin, "A Confederate General's Final Stand Divides Memphis," *New York Times,* July 19, 2015, https://www.nytimes.com/2015/07/20/us/a-confederate-generals-final-standdivides-memphis.html.

406 Timothy S. Huebner, "Confronting the True History of Forrest the Slave Trader," *Commercial Appeal,* Dec. 8, 2017, https://eu.commercialappeal.com/story/opinion/contributors/2017/12/08/confronting-true-history-forrest-slave-trader/926292001.

407 Mark Potok, "A Different Kind of Hero," *Intelligence Report,* Southern Poverty Law Center, Dec. 21, 2004, https://www.splcenter.org/fighting-hate/intelligence-report/2004/different-kind-hero.

408 Charles Royster, "Slave, General, Klansman," *Atlantic Monthly* 271 (May 1993): 126.

409 William J. Stier, "Nathan Bedford Forrest," *Civil War Times,* Dec. 1999.

410 Will Hickox, "Remember Fort Pillow!" *Opinator* (blog), *New York Times,* April 11, 2014, https://opinionator.blogs.nytimes.com/2014/04/11/remember-fort-pillow/.

411 Ibid.

412 Ibid.

413 Government Printing Office, Report of the Joint Select Committee to Inquire into the Condition of Affairs in the Late Insurrectionary States. Made to the Two Houses of Congress, Feb. 19, 1872 (Washington, DC: Government Printing Office, 1872).

414 Ibid.

415 Newton, *The Invisible Empire*, 8.

416 Ibid.

417 Megan Garber, " 'Ashokan Farewell': The Story Behind the Tune Ken Burns Made Famous," *Atlantic,* Sept. 25, 2015, https://www.theatlantic.com/entertainment/archive/2015/09/ashokan-farewell-how-a-20th-century-melody-became-an-anthem-for-the-19th/407263/.

418 Dan Piepenbring, "Tools of the Trade," *Paris Review,* Nov. 17, 2014, https://www.theparisreview.org/blog/2014/11/17/tools-of-the-trade/.

419 Ta-Nehisi Coates, "The Convenient Suspension of Disbelief," *Atlantic,* June 13, 2011, https://www.theatlantic.com/national/archive/2011/06/the-convenient-suspension-of-disbelief/240318/.

420 Coates, "The Convenient Suspension of Disbelief."

421 Jamelle Bouie and Rebecca Onion, "Slavery Myths Debunked," *Slate,* Sept. 29, 2015, https://slate.com/news-and-politics/2015/09/slavery-myths-seven-lies-half-truths-and-irrelevancies-people-trot-out-about-slavery-debunked.html.

422 Southern Poverty Law Center, "Whose Heritage?: Public Symbols of the Confederacy," 2016, https://www.splcenter.org/sites/default/files/comwhoseheritage.pdf.

423 Lisa Demer, "In Western Alaska, a Push to Rename District That Honors Slave-Owning Confederate General," *Anchorage Daily News,* April 25, 2015, https://www.adn.com/rural-alaska/article/upset-growing-over-western-alaska-area-named-confederate-general-and-slave-owner/2015/04/26/.

424 David W. Blight, *Race and Reunion:The Civil War in American Memory* (Cambridge, MA: Belknap Press of Harvard University Press, 2001), 382–83.

425 David W. Blight, *Beyond the Battlefield: Race, Memory, and the American Civil War* (Amherst: University of Massachusetts Press, 2002), 140–42.

426 James P. Weeks, "A Different View of Gettysburg: Play, Memory, and Race at the Civil War's Greatest Shrine," *Civil War History* 50, no. 2 (June 2004): 175–91.

427 Nina Silber, *The Romance of Reunion:Northerners and the South, 1865–1900* (Chapel Hill: University of North Carolina Press, 1993), 124.

428 David W. Blight on the Civil War in American History, video, minute 9:00, https://www.hup.harvard.edu/catalog.php?isbn=9780674008199.

429 Patricia Mazzei and Alexandria Bordas, "In South Florida, Black Residents Live on Confederate Streets. They're Sick of It," *Miami Herald,* June 29, 2017, https://www.miamiherald.com/news/local/community/broward/article158904359.html.

430 Maurice Halbwachs, *The Collective Memory* (New York: Harper & Row, 1980), 52.

431 Pierre Nora, "Between Memory and History: *Les Lieux de Mémoire,*" *Representations* (Spring 1989), https://www.jstor.org/stable/2928520?seq=1#page scantabcontents.

432 Nikosz Fokasz and Ákos Kopper, "The Media and Collective Memory Places and Milieus of Remembering," paper presented at Media, Communication and Cultural Studies Association 2010, http://www.lse.ac.uk/media%40lse/events/MeCCSA/pdf/papers/FOKASZ%20and%20KOPPER%20 -%20 MEDIA%20AND%20COLLECTIVE%20MEMORY%20-%20MECCSA%202010%20 -%20LSE .pdf.

433 Milan Kundera, "Part One: Lost Letters," in *The Book of Laughter and Forgetting* (New York: Alfred A. Knopf, 1979), 22.

434 Miles Parks, "Confederate Statues Were Built to Further a 'White Supremacist Future,' "NPR, Aug. 20, 2017, https://www.npr.org/2017/08/20/544266880/confederate-statues-were-built-to-further-a-white-supremacist-future.

435 Ibid.

436 Clyde N. Wilson, "John C. Calhoun and Slavery as a 'Positive Good': What He Said," Abbeville Institute, June 26, 2014, https://www.abbevilleinstitute.org/clyde-wilson-library/john-c-calhoun-and-slavery-as-a-positive-good-what-he-said.

437 Confederate Monuments Are Coming Down Across the United States. Here's a List," *New York Times,* Aug. 28, 2017, https://www.nytimes.com/interactive/2017/08/16/us/confederate-monuments-removed.html.

438 Patricia Mazzei, "Black Lawmaker: I Was Called 'Monkey' at Hollywood Protest to Change Confederate Street Signs," *Miami Herald,* June 21, 2017, https://miamiherald.typepad.com/nakedpolitics/2017/06/black-lawmaker-i-was-called-monkey-at-hollywood-protest-to-change-confederate-street-signs.html.

439 Jerry Iannelli and Isabella Vi Gomas, "White Supremacist Arrested for Charging Crowd at Hollywood Confederate Street-Name Protest Updated," *Miami New Times,* Aug. 30, 2017, https://www.miaminewtimes.com/news/white-supremacist-arrested-at-hollywood-florida-confederate-street-sign-protest-9631690.

440 "In Depth with Shelby Foote," CSPAN, user created clip, https://www.c-span.org/video/?c4500025/shelby-footes-accent.

441 Paul Bois, "Florida City Votes to Remove Confederate Street Names," *Dailywire,* Sept. 1, 2017, https://www.dailywire.com/news/20536/florida-city-council-removes-confederate-street-paul-bois.

442 "Debate Continues over Controversial Instagram Photo," WRAL .com, May 9, 2015, https://www.wral.com/chapel-hill-parents-students-demand-action-over-controversial-instagram-photo/14631007/.

第十一章　聖路易斯：金恩博士大道如何揭示當代美國的種族問題？

443 Martin Luther King Jr., "A Realistic Look at the Question of Progress in the Area of Race Relations," address delivered at St. Louis Freedom Rally, April 10, 1957, Martin Luther King Jr. Papers Project, https://swap.stanford.edu/20141218225503/http://mlk-kpp01.stanford.edu/primarydocuments/Vol4/10-Apr-1957ARealisticLook.pdf.

444 Federal Writer's Project, *A WPA Guide to Missouri: The Show-Me State* (San Antonio, TX: Trinity University Press, 2013).

445 Wendi C. Thomas, "Where the Streets Have MLK's Name," *National Geographic,* April 2018, https://www.nationalgeographic.com/magazine/2018/04/martin-luther-king-streets-worldwide/.

446 Derek H. Alderman, "Naming Streets for Martin Luther King Jr.: No Easy Road," in *Landscape and Race in the United States,* ed. Richard H. Schein (New York: Rutledge, 2006), 229.

447 Ibid., 227.

448 Matthew L. Mitchelson, Derek H. Alderman, and E. Jeffrey Popke, "Branded: The Economic Geographies of Streets Named in Honor of Reverend Dr. Martin Luther King, Jr.," *Social Science Quarterly* 88, no. 1 (March 2007): 121.

449 *New York Times* Obituaries, "Dr. J.J. Seabrook," *New York Times,* May 3, 1975, https://www.nytimes.com/1975/05/03/archives/dr-jj-seabrook.html.

450 Michael Barnes, 'The Truly Remarkable life of Austin's Emma Lou Linn," *Austin American-Statesman*, Dec. 13, 2014, https://www.statesman.com/article/20141213/NEWS/312139699.

451 Richard H. Schein (ed.), *Landscape and Race in the United States* (London, UK: Routledge, 2006), 226.

452 Jonathan Tilove, *Along Martin Luther King: Travels on Black America's Main Street* (New York, NY:

Random House, 2003).

453 Demorris Lee, “MLK Streets Racially Divided: Some Roads Named after King Go Only through Black Areas,” *News and Observer* (Raleigh, NC), Jan. 19, 2004.

454 Frank Kovarik, “Mapping the Divide,” *St. Louis,* Nov. 24, 2018, https://www.stlmag.com/Mapping-the-Divide/.

455 Colin Gordon, *Mapping Decline: St. Louis and the Fate of the American City* (Philadelphia: University of Pennsylvania Press, 2008), 81.

456 Ibid., 83.

457 “Zip Code Tabulation Area in St. Louis city, MO-IL Metro Area, Missouri, United States, 63113,” Census Reporter, accessed June 22, 2019, http://censusreporter.org/profiles/86000US63113-63113/.

458 Matthew L. Mitchelson, Derek H. Alderman, and E. Jeffrey Popke, “Branded: The Economic Geographies of Streets Named in Honor of Reverend Dr. Martin Luther King, Jr.,” *Social Science Quarterly* 88, no. 1 (March 2007): 140, DOI:10 .1111/j.1540-6237.2007.00450.x.

第十二章　南非：誰歸屬於南非的路牌？

459 Constitutional Court Oral History Project, Jan. 13, 2012 (Johannesburg, South Africa: Historical Papers Research Archive), http://www.historicalpapers.wits.ac.za/inventories/invpdfo/AG3368/AG3368-R74-001-jpeg.pdf.

460 Franny Rabkin, “Law Matters: Judges’ Claws Come out in Pretoria Street Name Case,” *Business Day,* Aug. 2, 2016, https://www.businesslive.co.za/bd/opinion/columnists/2016-08-02-law-matters-judges-claws-come-out-in-pretoria-street-name-case/.

461 News24Wire, “Tshwane Can Replace Apartheid Era Street Names with Struggle Heroes,” BusinessTech, July 22, 2016, https://businesstech.co.za/news/government/130982/tshwane-can-replace-apartheid-era-street-names-with-struggle-heroes/.

462 Ibid.

463 Constitutional Court Trust Oral History Project, Mogoeng Mogoeng, Feb. 2, 2012 (Johannesburg, South Africa: Historical Papers Research Archive, 2014), http://www.historicalpapers.wits.ac.za/inventories/invpdfo/AG3368/AG3368-M57-001-jpeg.pdf.

464 Mogoeng Mogoeng.

465 *City of Tshwane Metropolitan Municipality v AfriForum and Another* [2016] ZACC 19, http://www.saflii.org/za/cases/ZACC/2016/19.html.

466 Celia W. Dugger, “In South Africa, a Justice Delayed Is No Longer Denied,” *New York Times,* Jan. 23, 2009, https://www.nytimes.com/2009/01/24/world/africa/24cameron.html.

467 *City of Tshwane Metropolitan Municipality v AfriForum and Another*.

468 *South African Human Rights Commission,Equality Report, 2017/18,* 20, https://www.sahrc.org.za/home/21/files/SAHRC%20Equality%20Report%202017 18.pdf.

469 Peter S. Goodman, “End of Apartheid in South Africa? Not in Economic Terms,” *New York Times,* Oct. 24, 2017, https://www.nytimes.com/2017/10/24/business/south-africa-economy-apartheid.html.

470 Ferdinand Mount, “Too Obviously Cleverer,” reviews of *Supermac: The Life of Harold Macmillan,* by D. R. Thorpe, and *The Macmillan Diaries,* vol. 2, *Prime Minister and After 1957–66,* ed. Peter Catterall, *London Review of Books* 33, no. 17 (Sept. 8, 2011), https://www.lrb.co.uk/v33/n17/ferdinand-mount/too-obviously-cleverer.

471 Frank Myers, "Harold Macmillan's 'Winds of Change' Speech: A Case Study in the Rhetoric of Policy Change," *Rhetoric & Public Affairs* 3, no. 4 (Jan. 2000): 556.

472 Martha Evans, *Speeches That Shaped South Africa: From Malan to Malema* (Cape Town, South Africa: Penguin Random House South Africa, 2017), 32; Saul Dubow, "Macmillan, Verwoerd, and the 1960 'Wind of Change' Speech," *Historical Journal* 54, no. 4 (Dec. 2011): 1097.

473 Evans, *Speeches That Shaped South Africa*, 32.

474 Ibid.

475 Ibid., 32.

476 Mississippi Laws 1960, ch. 519, House Concurrent Resolution no. 67.

477 Dubow, "Macmillan, Verwoerd, and the 1960 'Wind of Change' Speech," 1107.

478 Roberta Balstad Miller, "Science and Society in the Early Career of H. F. Verwoerd," *Journal of Southern African Studies* 19, no. 4 (Dec. 1993): 640.

479 Anthony Sampson, "The Verwoerd Assassination," *Life,* Sept. 16, 1966, 42.

480 Hermann Giliomee, "The Making of the Apartheid Plan, 1929–1948," *Journal of Southern African Studies* 29, no. 2 (June 2003): 378.

481 Ibid., 374.

482 Martin Meredith, *Diamonds, Gold, and War: The British, the Boers, and the Making of South Africa* (New York: Public Affairs, 2007), 6–8.

483 Ibid., 7.

484 Ibid., 8–10.

485 Jonas Kreienbaum, *A Sad Fiasco: Colonial Concentration Camps in Southern Africa, 1900–1908,* trans.

Elizabeth Janik (New York: Berghahn Books, 2019), 39.

486 Francis Wilson, interview by Mary Marshall Clark, session 2, Aug. 3, 1999, http://www.columbia.edu/cu/lweb/digital/collections/oralhist/carnegie/pdfs/francis-wilson.pdf.

487 "First Inquiry into Poverty," Special Feature: Carnegie in South Africa, Carnegie Corporation Oral History Project, Columbia University Libraries Oral History Research Office, accessed June 21, 2019, http://www.columbia.edu/cu/lweb/digital/collections/oralhist/carnegie/special-features/.

488 "Carnegie Corporation in South Africa: A Difficult Past Leads to a Commitment to Change," *Carnegie Results,* Winter 2004, https://www.carnegie.org/media/filerpublic/f3/54/f354cbf9-f86c-4681-8573-c697418ee786/ccnycresults2004southafrica.pdf; Jeremy Seekings, "The Carnegie Commission and the Backlash Against Welfare State-Building in South Africa, 1931–1937," Centre for Social Science Research, CSSR Working Paper 159, May 2006, http://www.uct.ac.za/sites/default/files/imagetool/images/256/files/pubs/wp159.pdf.

489 Giliomee "The Making of the Apartheid Plan," 386.

490 Mike Wooldridge, "Mandela Death: How He Survived 27 Years in Prison," BBC News, Dec. 11, 2013, https://www.bbc.co.uk/news/world-africa-23618727.

491 Christo Brand with Barbara Jones, *Mandela: My Prisoner, My Friend* (London: John Blake, 2004), 42.

492 Kajsa Norman, *Bridge over Blood River: The Rise and Fall of the Afrikaners* (London: Hurst, 2016), 248–49.

493 Elwyn Jenkins, *Falling into Place: The Story of Modern South African Place Names* (Claremont, South Africa: David Philip Publishers, 2007), 127.

494 Ibid.

495 Mcebisi Ndletyana,"Changing Place Names in Post-Apartheid South Africa: Accounting for the Unevenness," *Social Dynamics* 38, no. 1 (2012), DOI:10 .1080/02533952.2012.698949.

496 "Durban's New Street Names Vandalised," *Sunday Tribune,* Aug. 24, 2008.

497 James Duminy, "Street Renaming, Symbolic Capital, and Resistance in Durban, South Africa," *Environment and Planning D: Society and Space* 32, no. 2 (Jan. 2014): 323.

498 "Johannes Maisha (Stanza)Bopape," South African History Online, Feb. 17, 2011, https://www.sahistory.org.za/people/johannes-maisha-stanza-bopape.

499 Gareth van Onselen, "AfriForum's Disgraceful and Immoral Documentary," BusinessLIVE, March 13, 2019, https://www.businesslive.co.za/bd/opinion/columnists/2019-03-13-gareth-van-onselen-afriforums-disgraceful-and-immoral-documentary/.

500 "Apartheid Not a Crime against Humanity': Kallie Kriel AfriForum," *Eusebius McKaiser Show,* Omny.FM, published May 14, 2018, https://omny.fm/shows/mid-morning-show-702/apartheid-was-not-a-crime-against-humanity-kallie.

501 Afriforum, "Farm murders: Feedback from Washington—setting the facts straight," YouTube video, 31:10, posted May 5, 2018, https://www.youtube.com/watch?v=ZIn7f8bg51.

502 Andre Goodrich, and Pia Bombardella, "Street Name-Changes, Abjection and Private Toponymy in Potchefstroom, South Africa," *Anthropology Southern Africa* 35, no. 1–2 (Jan. 2012): 20–30.

503 Ibid., 26.

504 *Oxford English Dictionary,* s.v. "Lost," accessed Sept. 4, 2019, https://www.oed.com/view/Entry/110417.

505 Jason Burke, "South African Army Sent into Townships to Curb Gang Violence, *Guardian,* July 19, 2019, https://www.theguardian.com/world/2019/jul/19/south-african-army-townships-gang-violence.

506 Norimitsu Onishi, "White Farmers Are Jailed in South Africa for Killing Black Teenager," *New York Times,* March 6, 2019, https://www.nytimes.com/2019/03/06/world/africa/south-africa-white-farmers-black-teenager.html.

507 Kimon de Greef, "After Children Die in Pit Toilets, South Africa Vows to Fix School Sanitation," *New York Times,* Aug. 14, 2018, https://www.nytimes.com/2018/08/14/world/africa/south-africa-school-toilets.html.

508 Henri Lefebvre, *The Production of Space,* trans. Donald Nicholson-Smith (Oxford: Blackwell, 1991), 54.

509 Jacob Dlamini, *Native Nostalgia* (Sunnyside, South Africa: Jacana Media, 2009), 137.

510 Ibid.

511 Ibid., 144.

512 *AfriForum and Another v. University of the Free State* [2017] ZACC 48, http://www.saflii.org/za/cases/ZACC/2017/48.pdf.

513 *AfriForum and Another v. University of the Free State.*

第十三章　曼哈頓：街道名稱值多少？

514 Phoebe Hoban, "Trump Shows Off His Nest," *New York Times,* May 25, 1997, https://www.nytimes.com/1997/05/25/style/trump-shows-off-his-nest.html.

515 Herbert Muschamp, "Architecture View; Going for Gold on Columbus Circle," *New York Times,* Nov. 19, 1995, https://www.nytimes.com/1995/11/19/arts/architecture-view-going-for-the-gold-on-columbus-circle.html.

516 Herbert Muschamp, "Trump Tries to Convert 50's Style Into 90's Gold; Makeover Starts on Columbus Circle Hotel," *New York Times,* June 21, 1995, https://www.nytimes.com/1995/06/21/nyregion/trump-tries-convert-50-s-style-into-90-s-gold-makeover-starts-columbus-circle.html.

517 David W. Dunlap, "Former Gulf and Western Building to Be a Luxury Apartment Tower," *New York Times,* March 23, 1994, https://www.nytimes.com/1994/03/23/nyregion/former-gulf-and-western-building-to-be-a-luxury-apartment-tower.html.

518 Vivian Yee, "Donald Trump's Math Takes His Towers to Greater Heights," *New York Times,* Nov. 1, 2016, https://www.nytimes.com/2016/11/02/nyregion/donald-trump-tower-heights.html.

519 Letter from Office of the President of the Borough of Manhattan, to 15 Columbus Circle Associates, June 7, 1989, and letter to Robert Profeta, agent for the owner, One Central Park West Associates, Sept. 7, 1995, http://www.manhattantopographical.com/addresses/15%20Columbus%20Circle.pdf.

520 Ben McGrath, "Room Without a View," *New Yorker,* Nov. 24, 2003, https://www.newyorker.com/magazine/2003/11/24/room-without-a-view.

521 Ibid.

522 Donald Trump and Tony Schwartz, *Trump: The Art of the Deal* (New York: Random House, 1987), 54–55.

523 Reuben S. Rose-Redwood, "From Number to Name: Symbolic Capital, Places of Memory and the Politics of Street Renaming in New York City," *Social & Cultural Geography* 9, no 4 (June 2008): 438, https://www.tandfonline.com/doi/abs/10.1080/14649360802032702?journalCode=rscg2.

524 Catherine McNeur, "The Shantytown: Nineteenth-Century Manhattan's 'Straggling Suburbs,' " *From the Stacks* (blog), New-York Historical Society, June 5, 2013, http://blog.nyhistory.org/the-shantytown-

nineteenth-century-manhattans-straggling-suburbs/.

525 Rose-Redwood, "From Number to Name," 438–42.

526 Ibid., 439–40.

527 Charles Dickens, *American Notes for General Circulation,* vol. 1 (London: Chapman & Hall, 1842), 205, 207.

528 Michael Gross, "Hotel Hermit Got $17M to Make Way for 15 Central Park West," *New York Post,* March 2, 2014, https://nypost.com/2014/03/02/hotel-hermit-got-17m-to-make-way-for-15-central-park-west/.

529 Paul Goldberger, "Past Perfect," *New Yorker,* Aug. 20, 2007, https://www.newyorker.com/magazine/2007/08/27/past-perfect-2.

530 Ibid.

531 Charles V. Bagli, "$40 Million in Air Rights Will Let East Side Tower Soar," *New York Times,* Feb. 25, 2013, https://www.nytimes.com/2013/02/26/nyregion/zeckendorfs-pay-40-million-for-park-avenue-churchs-air-rights.html.

532 Jessica Dailey, "Zeckendorfs Buy Air Rights, Address from Park Ave. Church," Curbed New York, March 3, 2014, https://ny.curbed.com/2014/3/3/10137320/zeckendorfs-buy-air-rights-address-from-park-ave-church.

533 "Addresses and House Numbers," Office of the President of the Borough of Manhattan, http://www.manhattanbp.nyc.gov/downloads/pdf/address-assignments-v-web.pdf.

534 Clyde Haberman, "A Nice Address, but Where Is It Really?" *New York Times,* March 22, 2010, https://www.nytimes.com/2010/03/23/nyregion/23nyc.html.

535 Ibid.

536 Joanne Kaufman, "A Park Avenue Address, Not Exactly," *New York Times,* Feb. 13, 2015, https://www.nytimes.com/2015/02/15/realestate/a-park-avenue-address-not-exactly.html.

537 Reuben S. Rose-Redwood, "Governmentality, the Grid, and the Beginnings of a Critical Spatial History of the Geo-Coded World" (PhD thesis, Pennsylvania State University, May 2006), https://etda.libraries.psu.edu/files/finalsubmissions/5324, 197–201.

538 Kaufman, "A Park Avenue Address, Not Exactly."

539 Ibid.

540 Ibid.

541 Andrew Alpern, *Luxury Apartment Houses of Manhattan: An Illustrated History* (New York: Dover, 1993), 3–5.

542 Joseph A. Kirby, "City Goes After Vanity Addresses," *Chicago Tribune,* April 13, 1995, https://www.chicagotribune.com/news/ct-xpm-1995-04-13-9504130068-story.html.

543 "Odd Jobs: Manhattan Map Keeper,"Wall Street Journal video, Nov. 1, 2010, https://www.wsj.com/video/odd-jobs-manhattan-map-keeper/8A5E1921-3D07-4BE7-9900-5C3A5765749A.html.

544 Simon Leo Brown, "House Prices Lower on Streets with Silly Names, High School Students Find," ABC News, Nov. 27, 2017, https://www.abc.net.au/news/2017-11-27/house-prices-lower-on-streets-with-silly-names/9197366.

545 Harry Wallop, " 'If It Had a Lovely, Posh Name, It Might Have Been Different': Do Street Names Matter?" *Guardian,* Oct. 22, 2016, https://www.theguardian.com/society/2016/oct/22/street-names-matter-property-values.

546 "What's in a Street Name? Over L600k If You Live on a 'Warren,' " Zoopla, accessed June 17, 2019,

https://www.zoopla.co.uk/press/releases/whats-in-a-street-name-over-k-if-you-live-on-a-warren/.

547 Ibid.

548 Spencer Rascoff and Stan Humphries, "The Secrets of Street Names and Home Values," *New York Times,* Jan. 24, 2015, https://www.nytimes.com/2015/01/25/opinion/sunday/the-secrets-of-street-names-and-home-values.html?r=0.

549 Ibid.

550 Ibid.

551 Tom Miller, "The Lost Ten Eyck House—Park Avenue and 34th Street," "Daytonian in Manhattan," *Daytonian* (blog), Feb. 13, 2017, http://daytoninmanhattan.blogspot.com/2017/02/the-lost-ten-eyck-house-park-avenue-and.html。米勒（Tom Miller）的部落格詳述了該屋歷史。

552 Ibid.

553 Michael T. Isenberg, *John L. Sullivan and His America* (1988; repr., Champaign: University of Illinois Press, 1994), 40.

554 Ibid.

555 Andrew Alpern and Seymour Durst, *Holdouts!: The Buildings That Got in the Way* (New York: Old York Foundation, 2011), 128; Miller, "The Lost Ten Eyck House."

556 Francis Collins, *The Romance of Park Avenue:A History of the Growth of Park Avenue from a Railroad Right of Way to the Greatest Residential Thoroughfare in the World* (1930; repr., Ann Arbor: University Microfilms International, 1989), 102.

557 Ibid., 104.

558 Ibid., 102.

559 "Country Wedding for Martha Bacon; Daughter of Ex-Ambassador Marries George Whitney in Quaint Church at Westbury," *New York Times,* June 3, 1914, https://www.nytimes.com/1914/06/03/archives/country-wedding-for-martha-bacon-daughter-of-exambassador-marries.html.

560 Christopher Gray, "History Lessons by the Numbers," *New York Times,* Nov. 7, 2008, https://www.nytimes.com/2008/11/09/realestate/09scape.html.

561 Ibid.

562 Emily Badger, "How Donald Trump Abandoned His Father's Middle-Class Housing Empire for Luxury Building," *Washington Post,* Aug. 10, 2015, https://www.washingtonpost.com/news/wonk/wp/2015/08/10/the-middle-class-housing-empire-donald-trump-abandoned-for-luxury-building/.

563 Christopher Gray, "Streetscapes/Seventh Avenue Between 15th and 16th Streets; Four 30's Apartment Buildings on 4 Chelsea Corners," *New York Times,* May 23, 2004, https://www.nytimes.com/2004/05/23/realestate/streetscapes-seventh-avenue-between-15th-16th-streets-four-30-s-apartment.html.

564 Elizabeth C. Cromley, *Alone Together: A History of New York's Early Apartments* (Ithaca, NY: Cornell University Press, 1990), 62.

565 Tom Miller, "The 1931 London Terrace Apartments," *Daytonian in Manhattan* (blog), June 30, 2010, http://daytoninmanhattan.blogspot.com/2010/06/1931-london-terrace-apartments.html.

566 Ibid.

567 Gray, "Streetscapes/Seventh AvenueBetween 15th and 16th Streets."

568 Andrew Alpern, *Historic Manhattan Apartment Houses* (New York: Dover, 1996), vi.

569 Cromley, *Alone Together,* 4.

570 Andrew S. Dolkart, "Abraham E. Lefcourt and the Development of New York's Garment District," in

Chosen Capital: Jewish Encounters with American Capitalism (New Brunswick, NJ: Rutgers University Press, 2012), eds. Rebecca Kobrin et al.

571 "Number One Park Avenue," *New York Times,* Feb. 10, 1925, http://timesmachine.nytimes.com/timesmachine/1925/02/10/101984245.html.

572 "On the southeast corner of Thirty-fourth Street," "Siege," Talk of the Town, *New Yorker,* Oct. 17, 1925, https://www.newyorker.com/magazine/1925/10/17/siege.

573 Robin Pogrebin, "52-Story Comeback Is So Very Trump; Columbus Circle Tower Proclaims That Modesty Is an Overrated Virtue," *New York Times,* April 25, 1996, https://www.nytimes.com/1996/04/25/nyregion/52-story-comeback-so-very-trump-columbus-circle-tower-proclaims-that-modesty.html.

574 Natasha Salmon, "Frank Sinatra Told Donald Trump to 'go f*** himself,' New Book Reveals," *Independent,* Oct. 8, 2017, https://www.independent.co.uk/news/world/americas/frank-sinatra-donald-trump-new-book-f-himself-revealed-casino-a7988666.html.

575 "Mrs. B. W. Mandel Sues; Accuses Realty Man's Present Wife of Breaking Up Home," *New York Times,* May 23, 1933, https://timesmachine.nytimes.com/timesmachine/1933/05/23/99910229.html.

576 "Henry Mandel Freed; Alimony Slashed; Court Reduces Payments by Builder From $32,500 to About $3,000 a Year," *New York Times,* July 8, 1933, https://www.nytimes.com/1933/07/08/archives/henry-mandel-freed-alimony-slashed-court-reduces-payments-by.html.

577 Robert Frank, "These Hedge Fund Managers Made More than $3 Million a Day Last Year," CNBC, May 30, 2018, https://www.cnbc.com/2018/05/30/these-hedge-fund-managers-made-more-than-3-million-a-day-last-year.html.

578 Ralph Blumenthal, "Recalling New York at the Brink of Bankruptcy," *New York Times,* Dec. 5, 2002,

https://www.nytimes.com/2002/12/05/nyregion/recalling-new-york-at-the-brink-of-bankruptcy.html.

579 Arthur Lubow, “The Traditionalist,” *NewYork Times,* Oct. 15, 2010, https://www.nytimes.com/2010/10/17/magazine/17KeyStern-t.html.

580 Kevin Baker, “The Death of a Once Great City,” *Harper’s,* July 2018, https://harpers.org/archive/2018/07/the-death-of-new-york-city-gentrification/.

581 Warburg Realty “Market Snapshot—Hell’s Kitchen,” May 15, 2019, warburgrealty.com/nabes/market.snapshot.hells.kitchen.

582 Edmund White, “Why Can’t We Stop Talking About New York in the Late 1970s?” *New York Times,* Sept. 10, 2015, https://www.nytimes.com/2015/09/10/t-magazine/1970s-new-york-history.html.

583 ‘Aaron Betsky, “Manhattan Is Theirs, We Just Get to Admire It,” *Dezeen,* Nov. 15, 2015, https://www.dezeen.com/2015/11/15/opinion-aaron-betsky-manhattan-new-york-skyscrapers-iconic-skyline-capitalist-jerusalem/.

第十四章　無家可歸：沒地址的人該住哪裡？

584 Michael J. Lewis, *City of Refuge: Separatists and Utopian Town Planning* (Princeton, NJ: Princeton University Press, 2016), 79–80.

585 Sarah Golabek-Goldman, “Ban the Address: Combating Employment Discrimination Against the Homeless,” *Yale Law Journal* 1801, no. 6 (2017): 126, https://www.yalelawjournal.org/note/ban-the-address-combating-employment-discrimination-against-the-homeless.

586 Malcolm Gladwell, “Million-Dollar Murray,” *New Yorker,* Feb 5, 2006, http://archives.newyorker.com/?i=2006-02-13#folio =100.

587 US Interagency Council on "Homelessness in America: Focus on Families with Children," Sept. 2018, https://www.usich.gov/resources/uploads/assetlibrary/Homeslessness_in_America_Families_with_Children.pdf.

588 "How Much Do You Need to Afford a Modest Apartment in Your State," Out of Reach 2019, National Low Income Housing Coalition, accessed June 18, 2019, https://reports.nlihc.org/oor.

589 David A. Snow and Leon Anderson, "Identity Work Among the Homeless: The Verbal Construction and Avowal of Personal Identities," *American Journal of Sociology* 92, no. 6 (May 1987): 1340.

590 Lasana T. Harris and Susan T. Fiske, "Dehumanizing the Lowest of the Low: Neuroimaging Responses to Extreme Out-Groups," *Psychological Science* 17, no. 10 (Oct. 2006): 847–53, DOI:10 .1111/j.1467-9280.2006.01793.x.

591 Snow and Anderson, "Identity Work Among the Homeless," 1355.

592 Ibid., 1362.

593 Ibid., 1360.

594 Anne R. Roschelle and Peter Kaufman, "Fitting In and Fighting Back: Stigma Management Strategies among Homeless Kids," *Symbolic Interaction* 27, no. 1 (Winter 2004): 34–35.

595 Golabek-Goldman, "Ban the Address."

596 Sean Alfano, "Home Is Where the Mailbox Is," *CBS Evening News with Norah O'Donnell,* March 24, 2006, https://www.cbsnews.com/news/home-is-where-the-mailbox-is/.

597 Beth Avery, "Ban the Box: U.S. Cities, Counties, and States Adopt Fair Hiring Policies," NELP, July 1, 2019, https://www.nelp.org/publication/ban-the-box-fair-chance-hiring-state-and-local-guide.

598 Prudence Ivey, "Top Borough: Hackney House Prices See Highest 20-Year Rise in UK, Boosted by Tech

Sector and New Homes Building," *Evening Standard,* June 6, 2018, https://www.homesandproperty.co.uk/property-news/hackney-house-prices-see-highest-20year-rise-in-uk-boosted-by-tech-sector-and-new-homes-building-a121061.html.

599 Ministry of Housing, Communities & Local Government, "Rough Sleeping Statistics Autumn 2018, England (Revised)," Feb. 25, 2019, https://assets.publishing.service.gov.uk/government/uploads/system/uploads/attachmentdata/file/781567/Rough_Sleeping_Statistics_2018_release.pdf.

600 Tom Wall and Hilary Osborne, " 'Poor Doors' Are Still Creating Wealth Divide in New Housing," *Observer,* Nov. 25, 2018, https://www.theguardian.com/society/2018/nov/25/poor-doors-developers-segregate-rich-from-poor-london-housing-blocks.

601 Patrick Butler, "Benefit Sanctions: The 10 Trivial Breaches and Administrative Errors," *Guardian,* March 24, 2015, https://www.theguardian.com/society/2015/mar/24/benefit-sanctions-trivial-breaches-and-administrative-errors.

602 Julia Rampen, "A Kebab with Debbie Abrahams: 'My Constituent Was Sanctioned for Having a Heart Attack,' " *New Statesman,* Nov. 28, 2016, https://www.newstatesman.com/politics/staggers/2016/11/kebab-debbie-abrahams-my-constituent-was-sanctioned-having-heart-attack.

603 Rowland Manthorpe, "The Radical Plan to Give Every Homeless Person an Address," *Wired UK,* March 14, 2018, https://www.wired.co.uk/article/proxy-address-design-museum-homelessness.

604 Ibid.

605 Sophie Smith, "Number of Empty Homes in England Rises for the First Time in a Decade," *Telegraph,* May 10, 2018, https://www.telegraph.co.uk/property/uk/number-empty-homes-england-rises-first-time-decade/.

606 Peter Walker and David Pegg, "Huge Number of Empty Homes near Grenfell 'Simply Unacceptable,' " *Guardian,* Aug. 2, 2017, https://www.theguardian.com/uk-news/2017/aug/02/revelations-about-empty-homes-in-grenfell-area-simply-unacceptable.

607 David Batty, Niamh McIntyre, David Pegg, and Anushka Asthana, "Grenfell: Names of Wealthy Empty-Home Owners in Borough Revealed," *Guardian,* Aug. 2, 2017, https://www.theguardian.com/society/2017/aug/01/names-of-wealthy-empty-home-owners-in-grenfell-borough-revealed.

608 For more, see Randall E. Osborne, "I May Be Homeless But I'm Not Helpless: The Costs and Benefits of Identifying with Homelessness," *Self & Identity* 1, no. 1 (2002): 43–52.

609 Batty, McIntyre, Pegg, and Asthana, "Grenfell: Names of Wealthy Empty-Home Owners in Borough Revealed."

610 John Arlidge, *Sunday Times,* quoted in Nicholas Shaxson, "A Tale of Two Londons," *Vanity Fair,* March 13, 2013, https://www.vanityfair.com/style/society/2013/04/mysterious-residents-one-hyde-park-london.

611 Nicholas Shaxson, "The Shadowy Residents of One Hyde Park—And How the Super-Wealthy Are Hiding Their Money," *Vanity Fair*, April 2013, https://www.vanityfair.com/style/society/2013/04/mysterious-residents-one-hyde-park-london.

結論　未來：地址的末日已經降臨？

612 Gary Kamiya, "SF's Lost Opportunity to be Reborn as 'Paris, with Hills,' " *San Francisco Chronicle,* Oct. 27, 2017, https://www.sfchronicle.com/bayarea/article/SF-s-lost-opportunity-to-be-reborn-as-Paris-12312727.php.

613 Denis McClendon, "The Plan of Chicago: A Regional Legacy," Burnham Plan Centennial, Chicago

Community Trust, http://burnhamplan100.lib.uchicago.edu/files/content/documents/Plan_of_Chicago_booklet.pdf.

614 Carl Smith, *The Plan of Chicago: Daniel Burnham and the Remaking of the American City* (Chicago: University of Chicago Press, 2006), 68.

615 Ibid.

616 Dena Roché, "Paris of the Prairie: Exploring Chicago's Rich Architectural Past and Present," *Iconic Life,* accessed Sept. 14, 2019, https://iconiclife.com/chicagos-architectural-past-and-present.

617 "How Chicago Lifted Itself Out of the Swamp and Became a Modern Metropolis," *Zócalo Public Square* (blog), Oct. 11, 2018, https://www.zocalopublicsquare.org/2018/10/11/chicago-liftedswamp-became-modern-metropolis/ideas/essay/.

618 Union Stock Yard & Transit Co., Encyclopedia of Chicago, accessed Sept. 4, 2019, http://www.encyclopedia.chicagohistory.org/pages/2883.html.

619 Patrick T. Reardon, "Who Was Edward P. Brennan? Thank Heaven for Edward Brennan," *The Burnham Plan Centennial,* Nov. 23, 2009, http://burnhamplan100.lib.uchicago.edu/node/2561. (Also *Chicago Daily News,* Oct. 2, 1936.)

620 "Annexation," Encyclopedia of Chicago, accessed Sept. 4, 2019, http://www.encyclopedia.chicagohistory.org/pages/53.html.

621 Patrick T. Reardon, "Who Was Edward P. Brennan? Thank Heaven for Edward Brennan."

622 Chris Bentley and Jennifer Masengarb, "The Unsung Hero of Urban Planning Who Made It Easy to Get Around Chicago," WBEZ91.5Chicago, May 20, 2015, https://www.wbez.org/shows/wbez-news/the-unsung-hero-of-urban-planning-who-made-it-easy-to-get-around-chicago/43dcf0ab-6c2b-49c3-9ccf-

08a52b5d325a.

623 Patrick T. Reardon, "A Form of MapQuest Back in the Day," *Chicago Tribune,* Aug. 25, 2015, https://www.chicagotribune.com/opinion/ct-xpm-2013-08-25-ct-perspec-0825-madison-20130825-story.html.

624 Bentley and Masengarb, "The Unsung Hero."

625 Karen Craven, "Agnes Brennan, 'Answer Lady,' " *Chicago Tribune,* May 21, 1999, https://www.chicagotribune.com/news/ct-xpm-1999-05-21-9905210343-story.html.

626 "The Burnham Plan Centennial," accessed Sept. 15, 2019, http://burnhamplan100.lib.uchicago.edu/.

627 Bentley and Masengarb, "The Unsung Hero."

628 Ibid.

629 Thomas S. Hines, *Burnham of Chicago: Architect and Planner*, 2nd ed. (University of Chicago Press, 2009), 3.

630 Ibid.

631 Smith, *The Plan of Chicago*, 58.

632 Patrick T. Reardon, "Adelaide Brennan, 1914–2014," *Chicago Tribune,* April 1, 2014, https://www.chicagotribune.com/news/ct-xpm-2014-04-01-ct-adelaide-brennan-obituary-met-20140401-story.html.

633 Reardon, "Adelaide Brennan, 1914–2014."

634 Chicago City Council, "The Proceedings of the Chicago City Council," April 21, 1937.

635 Tim Adams, "The GPS App That Can Find Anyone Anywhere," *Guardian,* June 23, 2018, https://www.theguardian.com/technology/2018/jun/23/the-gps-app-that-can-find-anyone-anywhere.

636 "Chris Sheldrick: A Precise, Three-Word Addressfor Every Place on Earth," TED Talk, accessed Sept. 14, 2019, https://ted2srt.org/talks/chris_sheldrick_a_precise_three_word_address_for_every_place_on_

earth.

637 Tim Adams, “The GPS App That Can Find Anyone,” *Guardian,* June 23, 2018, https://www.theguardian.com/technology/2018/jun/23/the-gps-app-that-can-find-anyone-anywhere.

638 “How what3words Is ‘Addressing the World,’ ”MinuteHack, July 12, 2016, https://minutehack.com/interviews/how-what3words-is-addressing-the-world.

639 Lottie Gross, “Lost? Not Anymore,” Adventure .com, Sept. 26, 2018, https://adventure.com/what3words-map-navigation-app/.

640 “Our Story,” what3words, accessed Sept. 14, 2019, https://what3words.com/our-story.

641 “Improving Living Conditions in Rhino Refugee Camp, Uganda,” what3words, accessed Sept. 14, 2019, https://what3words.com/news/humanitarian/how-what3words-is-being-used-to-address-refugee-settlements-in-uganda.

642 Jane Wakefield, “Three-Unique-Words ‘Map’ Used to Rescue Mother and Child,” BBC News, March 26, 2019, https://www.bbc.co.uk/news/technology-47705912.

643 Ibid.

644 Jamie Brown, “What Is a Word?” Medium, Feb. 20, 2019, https://medium.com/@what3words/what-is-a-word-9b7532ed9369.what3words.

645 Victoria Turk, “What3words Changed How We Mapped the World. And It Didn’t Stop There,” *Wired,* Aug. 18, 2018, https://www.wired.co.uk/article/what3words-languages-translation-china-launch.

646 David Rocks and Nate Lanxon, “This Startup Slices the World Into 58 Trillion Squares,” *Bloomberg Businessweek,* Aug. 28, 2018, https://www.bloomberg.com/news/features/2018-08-28/mapping-startup-aims-to-disrupt-addresses-using-three-word-system.

647 “Addresses for Everyone,” Plus Codes, accessed Sept. 15, 2019, https://plus.codes/.

648 A. J. Dellinger, “Facebook and MIT Tap AI to Give Addresses to People Without Them,” *Engadget,* Nov. 30, 2018, https://www.engadget.com/2018/11/30/facebook-mit-assign-addresses-with-ai/.

649 Martin Joerss, Jürgen Schröder, Florian Neuhaus, Christoph Klink, and Florian Mann, *Parcel Delivery: The Future of the Last Mile* (New York: McKinsey, 2016), 6, https://www.mckinsey.com/~/media/mckinsey/industries/travel%20transport%20and%20logistics /our%20insights/how%20customer%20demands%20are%20reshaping%20last%20mile%20delivery/parcel_delivery_the_future_of_last_mile.ashx.

650 Andrew Kent, “Where the Streets Have No Name: How Africa Could Leapfrog the Humble Address and Lead the World inGPS-Based Shipping,” Afrikent, Oct. 26, 2015, https://afrikent.wordpress.com/2015/10/26/where-the-streets-have-no-name-how-africa-could-leapfrog-the-humble-address-and-lead-the-world-in-gps-based-shipping/.

651 Ibid.

652 UN High Commission for Refugees, “Zaatari RefugeeCamp—Factsheet, February 2019,” Reliefweb, March 25, 2019, https://reliefweb.int/report/jordan/zaatari-refugee-camp-factsheet-february-2019.

653 “Zaatari Street Names Give Syrian Refugees a Sense ofHome,” Reuters, March 21, 2016, https://www.orient-news.net/en/newsshow/106715/0/Zaatari-street-names-give-Syrian-refugees-a-sense-of-home.

654 @edent, “Why Bother with What Three Words?” *Terence Eden’s Blog,* March 28, 2019, https://shkspr.mobi/blog/2019/03/why-bother-with-what-three-words.

國家圖書館出版品預行編目 (CIP) 資料

門牌下的真相 : 地址 , 能告訴你什麼 ? 一場橫跨身分、種族、貧富和權力的反思 / 迪兒德芮 . 麥斯葛 (Deirdre Mask) 作 ; 韓翔中譯 . -- 初版 . -- 新北市 : 臺灣商務印書館股份有限公司 , 2021.10
面 ; 17×23 公分 . -- (人文)

譯自 :The address book : what street addresses reveal about identity, race, wealth, and power.
ISBN 978-957-05-3362-0 (平裝)

1. 階級社會 2. 區位

546.1 110014912

人文

門牌下的真相：
地址，能告訴你什麼？
一場橫跨身分、種族、貧富和權力的反思

作　　者——迪兒德芮・麥斯葛（Deirdre Mask）
譯　　者——韓翔中
發 行 人——王春申
選書顧問——林桶法、陳建守
總 編 輯——張曉蕊
責任編輯——徐　鉞
特約編輯——李尚遠
封面設計——萬勝安
內頁排版——薛美惠

行銷組長——張家舜
電商平台業務組長——王建棠

出版發行——臺灣商務印書館股份有限公司
231023 新北市新店區民權路 108-3 號 5 樓（同門市地址）
電話：（02）8667-3712　傳真：（02）8667-3709
讀者服務專線：0800056196
郵撥：0000165-1
E-mail：ecptw@cptw.com.tw
網路書店網址：www.cptw.com.tw
Facebook：facebook.com.tw/ecptw

局版北市業字第 993 號
初　　版——2021 年 10 月
初版 1.7 刷——2022 年 05 月
印 刷 廠——沈氏藝術印刷股份有限公司
定　　價——新臺幣 550 元

法律顧問——何一芃律師事務所

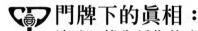